O CARCEREIRO
O Japonês da Federal e os presos da Lava Jato

LUÍS HUMBERTO CARRIJO

O CARCEREIRO
O Japonês da Federal e os presos da Lava Jato

ROCCO

Copyright © 2018 *by* Luís Humberto Carrijo

Direitos desta edição reservados à
EDITORA ROCCO LTDA.
Av. Presidente Wilson, 231 – 8º andar
20030-021 – Rio de Janeiro, RJ
Tel.: (21) 3525-2000 – Fax: (21) 3525-2001
rocco@rocco.com.br
www.rocco.com.br

Printed in Brazil/Impresso no Brasil

Preparação de originais
BRUNO FIUZA

Foto de Capa
Rodolfo Buhrer /Fotoarena/Folhapress
[O registro data de 25 de maio de 2016, quando o retratado Newton Hidenori Ishii era funcionário da Polícia Federal. Visto que os fatos tratados no livro se referem a esse período, a foto se integra ao assunto.]

CIP-Brasil. Catalogação na fonte.
Sindicato Nacional dos Editores de Livros, RJ.

C312c	Carrijo, Luís Humberto O carcereiro: o Japonês da Federal e os presos da Lava Jato /Luís Humberto Carrijo. – Primeira edição – Rio de Janeiro: Rocco, 2018. ISBN 978-85-325-3120-9 ISBN 978-85-8122-748-1 (e-book) 1. Ishii, Newton Hidenori, 1955-. 2. Policiais – Brasil – Biografia. 3. Corrupção na política – Brasil. I. Título.
18-49807	CDD-920.93632 CDU-929:351.741

Leandra Felix da Cruz – Bibliotecária – CRB-7/6135

O texto deste livro obedece às normas do
Acordo Ortográfico da Língua Portuguesa.

Para minha mãe, Lígia,
e meu filho, Fernando,
princípio e continuidade disso tudo.

SUMÁRIO

Prefácio 9
Capítulo 1 – Passa a bola, Japonês! 17
Capítulo 2 – Na Polícia Federal 24
Capítulo 3 – Operação Sucuri 39
Capítulo 4 – Tragédia na família 47
Capítulo 5 – Na Lava Jato 57
Capítulo 6 – A prisão de Cerveró 71
Capítulo 7 – O Japonês da Federal 77
Capítulo 8 – A carceragem 95
Capítulo 9 – Delação premiada 128
Capítulo 10 – Os presos 149
    JOSÉ DIRCEU 176
    NESTOR CERVERÓ 180
    EDUARDO CUNHA 181
    PEDRO CORRÊA 184
    RENATO DUQUE 186
    ADIR ASSAD 190
    MARCELO ODEBRECHT 196
    ALBERTO YOUSSEF 210
Epílogo 227
Apêndices 237
Agradecimentos 243
Notas 245

PREFÁCIO

Quando alguém conta um conto, um lado sempre sobressai. Não é à toa que a História costuma ser narrada pelos vencedores. Aos derrotados, resta o esquecimento ou a infâmia. Escrevo isso como antídoto às previsíveis críticas de que este livro é parcial ou que distorce a realidade, a fim de sublimar uns e descer o sarrafo em outros. A realidade, meus amigos, é inevitavelmente distorcida, dependendo de quem a vê e com que interesse a vê. A dissonância cognitiva entre quem relata e quem lê determina os julgamentos.

A presente obra tem essa característica comum a outros livros de não ficção. É falha por não suportar várias perspectivas, mas é meritosa por conter o olhar privilegiado de um personagem que não só viveu de perto um dos eventos mais importantes da história do Brasil, mas foi seu protagonista. Foi alçado ao estrelato pelo acaso e, sem dizer uma só palavra, conseguiu polarizar a nação entre os que o amam e aqueles que o odeiam. Virou um ícone da maior operação policial contra a corrupção no país e conviveu de perto com os mais ilustres e poderosos presos da Lava Jato.

A ideia de colocar num livro a vida do agente da Polícia Federal Newton Ishii nasceu logo após eu ter intermediado uma entrevista dele para o proeminente correspondente Jonathan Watts, do periódico britânico *The Guardian*. À época, a agência de comunicação Rapport, da qual sou *principal*, cuidava da assessoria de imprensa de uma entidade que representava os policiais federais. O contato com nossa assessoria foi feito no dia 28 de abril de 2016. Newton já era uma celebridade, mas ninguém sabia dizer ao certo se a fama teria vida longa. O jornalista inglês estava apenas começando a apurar uma reportagem especial sobre a Lava Jato para expor ao mundo o surpreendente universo de corrupção deslindado pela força-tarefa e suas implicações políticas e socioeconômicas no Brasil.

O correspondente se comprometera a ir pessoalmente a Curitiba, acompanhado de uma tradutora. Entrei em contato com o agente federal por telefone e tentei sensibilizá-lo a aceitar o convite. Argumentei que era uma oportunidade única ser notícia numa publicação com a seriedade do *Guardian*, de maneira, se não totalmente positiva, ao menos objetiva. Ficou de pensar. Estava arredio. Havia poucos meses, cedera uma entrevista ao *Correio Braziliense*, da qual ainda colhia repercussão negativa dentro da corporação. Sua visibilidade incomodava muita gente, principalmente os jovens delegados federais, enciumados com sua projeção. Ao mesmo tempo, era ressuscitado na Justiça seu processo decorrente da Operação Sucuri. Fora aconselhado pela chefia a ficar quieto e evitar mais polêmicas.

Procurei convencê-lo de que não havia com que se preocupar. Caso ele se sentisse mais seguro, eu mesmo poderia seguir para Curitiba e acompanhar a entrevista, a fim de aconselhá-lo quanto às respostas a perguntas que pudessem constrangê-lo ou comprometê-lo. Com essa condição, acabou cedendo. No dia 4 de maio de 2016, estávamos todos em Curitiba, em seu apartamento, no bairro de Bigorrilho. Eu, vindo de São Paulo, e Jonathan, do Rio de Janeiro.

O *Guardian* sempre me fora uma referência de jornalismo verdadeiramente independente e profissional, por ser um truste empresarial sustentado basicamente por leitores e apoiadores. No Brasil, ao contrário, a grande imprensa é custeada sobretudo por anunciantes públicos e privados, justamente os *players* que em dobradinha participaram da pilhagem do país, como revelado pela Lava Jato.

Por uma lógica linear, se um jornal como o *Guardian* estava interessado na versão do Japonês da Federal, a história desse personagem contada em livro também poderia despertar o interesse de um público maior. Além do

PREFÁCIO

mais, tanto eu como a equipe do correspondente inglês fomos muito bem recebidos e tratados pelo agente e sua filha, Jordana, empatia que me animou a me aproximar da família.

Mas foi ao longo da entrevista que me dei conta de que, de fato, Newton era um baú de revelações surpreendentes e testemunha viva de aspectos ainda inexplorados pela indústria editorial e pela mídia. A imprensa tratou aqui e ali de eventos relacionados à custódia da Polícia Federal, em Curitiba, por meio de vazamentos de dentro da própria polícia, de advogados e familiares dos presos, porém de maneira espaçada e tímida – mas não por falta de visão jornalística. Ao contrário, colunistas e repórteres de política se empenharam numa guerra por audiência atrás de curiosidades da rotina do *entourage* criminoso da Lava Jato e do próprio Japonês da Federal. Qualquer notícia sobre o que acontecia na carceragem de Curitiba repercutia e gerava milhares de cliques. Muitas vezes, a informação não passava de boato. Mas quem se importava?

A conversa de Newton Ishii com Jonathan Watts tornou-se ainda mais rica quando, longe da formalidade do gravador, o agente federal, mais relaxado, desatou a contar casos interessantes e engraçados da vida dos encarcerados. Antes mesmo de nascer o projeto deste livro, Newton já dava mostras de como seria a produção da obra – formal e evasivo diante *on the record*, falante e fofoqueiro em *off*.

Essa natureza de andar em círculos me deu trabalho adicional no levantamento dos casos, fazendo-me viajar a Curitiba diversas vezes. O agente federal, escaldado das bordoadas que levara da imprensa e de colegas por suas declarações – ou simplesmente por existir –, desenvolveu o hábito de tergiversar ou de ficar horas falando para dizer pouco, um reflexo de autodefesa. Sabendo de suas travas, procurei provocá-lo enquanto estávamos despretensiosamente papeando, quando ele era apenas Newton Ishii, não o Japonês da Federal nem o chefe do Núcleo de Operações. As melhores histórias surgiram nesses momentos.

Outro traço do agente que chama a atenção é sua aversão a polêmicas. Newton evita emitir opinião sobre situações que podem gerar ruídos. Foi assim quando a Justiça bloqueou os bens de seu algoz da Operação Sucuri, ou quando o ex-presidente Luiz Inácio Lula da Silva foi preso. Ficou calado.

Os eventos narrados por Newton foram refinados por meio de pesquisa, de outros depoimentos e de consultorias técnicas de especialistas em segurança pública e em assuntos tributários, ora para evitar imprecisões, ora para complementar informações que careciam de explicações ou que mereciam maior detalhamento.

Contornar o aparente desapego de Newton em relação ao projeto literário foi talvez o maior desafio. Mas escrever um livro com olhar jornalístico inevitavelmente apresentará obstáculos, e por sorte estes não foram insuperáveis. Foi somente em setembro de 2016, depois que propus que o livro fosse uma espécie de biografia não autorizada, que ele concordou em me receber novamente.

No começo de outubro, seguimos eu e minha esposa para a "República de Curitiba", para a primeira entrevista. Eu com um bloco de anotações e um gravador nas mãos, e a Ana Paula como uma *filmmaker* improvisada, com uma câmera no tripé. Registrar as entrevistas em vídeo se mostrou um fracasso. As falas saíam rasas e pouco espontâneas. Abandonamos a ideia e nos concentramos apenas em estimular o conto de causos e de acontecimentos inéditos e arrancar suas impressões.

Foi preciso uma boa dose de paciência até descobrir as formas mais eficazes de obter o melhor de Newton. Tratar com ele, cujo humor varia conforme a pressão a que é submetido, requereu psicologia. Mas, a partir da descoberta, o trabalho fluiu. Newton deu qualidade a algumas inconfidências. Sua experiência como chefe do Núcleo de Operações da Superintendência da Polícia Federal mostrou-se rica, e seu testemunho da vida de encarcerados famosos, de quem se tornou confidente e amigo, era surpreendente.

Se o conteúdo das revelações de Newton já parecia suficiente para render um bom livro, quando os condenados de Sérgio Moro, em sinal de gratidão, aceitaram dar depoimentos sobre carcereiro, a Lava Jato e sobre si

PREFÁCIO

mesmos, o conteúdo atingiu outro patamar. O espectro se ampliou. A obra não seria somente a respeito do Japonês da Federal, mas traria um esboço das mentes dessas figuras e dos bastidores da corrupção no país.

Alberto Youssef me recebeu em seu apartamento na Vila Nova Conceição, bairro nobre de São Paulo. Depois de advogados e familiares, eu fui o primeiro a falar com ele fora da carceragem, em regime de prisão domiciliar. Tivemos quatro horas de produtiva conversa (havia assunto e disposição para outras quatrocentas), mas não sem antes de se precaver. Tomou meu celular, abriu todos os aplicativos para se certificar de que eu não tentaria gravar a entrevista e me devolveu o aparelho.[1] Youssef me pareceu acolhedor, assim como os demais com quem conversei no parlatório da Superintendência da Polícia Federal, em Curitiba, também com o compromisso de registrar a entrevista apenas por escrito. Em comum entre eles, a simpatia, a satisfação em retribuir os cuidados e a atenção de Newton durante seus anos de má sorte, e a necessidade de se explicarem para um estranho, como num desabafo.

O aspecto mais positivo de trabalhar com Newton foi que ele me deixou à vontade para conduzir o projeto, sem pressões nem censuras. O conteúdo da obra e a forma da narrativa ficaram exclusivamente a meu critério. E, para um escritor, essa autonomia é uma dádiva, pois tive liberdade de permitir que a inspiração me guiasse. Pude deixar que construções literárias se complementassem até seu formato final, num exercício diário de reformulações e ajustes finos.

Os testemunhos para o livro só se encerraram em março de 2018, quando o agente federal Newton Ishii já estava aposentado. Foram dezessete meses de entrevistas, mas a apuração e pesquisa continuaram até o final do processo de edição, para deixar este projeto o mais atualizado possível, totalizando quase dois anos de entrega intelectual e emocional, nos quais o projeto do livro foi o eixo central de minha vida, com inevitáveis implicações para minha vida social e familiar. O projeto só não foi inteiramente solitário porque tive o incentivo de minha esposa, meu filho e de amigos, com quem compartilhei trechos de meu lirismo por WhatsApp, muitas vezes nas madrugadas. Os *feedbacks* foram mãos providenciais para conduzir meu leme e levar o barco à terra firme.

Este livro espera contribuir com mais um olhar para que consigamos dar sentido ao turbilhão de informações, por vezes contraditórias, que nos atropelam sobre um dos mais importantes eventos políticos da história brasileira e que chacoalhou as estruturas deste país. Reuni informações inéditas e públicas de várias fontes, acreditando que, quando agrupamos tudo, revelamos algo novo. Embora os fatos estejam colocados por uma perspectiva pessoal, eivada de impressões e enquadramentos particulares, os depoimentos são fundamentalmente fidedignos e textuais.

Os pensamentos de Newton Ishii, o Japonês da Federal, e seus julgamentos sobre a Lava Jato, a Polícia Federal e o Brasil, assim como os de personagens, sem os quais não seria possível tornar realidade a corrupção por aqui, estão postos. Quem discordar da história contada nesta obra, que conte a sua.

– Luís Humberto Carrijo,
maio de 2018

Quanto a mim, sou relativamente honesto e, contudo, de tais coisas poderia acusar-me, que melhor seria que minha mãe não me tivesse posto neste mundo. Sou muito orgulhoso, vingativo, ambicioso, com mais pecados na cabeça do que pensamentos para concebê-los, fantasia para dar-lhes forma ou tempo para executá-los. Por que hão de existir pessoas como eu para se arrastarem entre o céu e a terra? Todos nós somos consumados canalhas; não te fies em nenhum de nós.

– Hamlet, ato III, cena I

CAPÍTULO 1
Passa a bola, Japonês!

Foi logo após o expediente. Ele havia saído para almoçar num restaurante próximo à Superintendência da Polícia Federal, em Curitiba. Como sempre, assim que a porta se fechou, já na calçada, acendeu seu cigarro, que costuma fumar em apenas quatro longas tragadas. Ali perto, invisível tanto aos pedestres que circulavam distraídos e atrasados como ao Estado, um cidadão franzino, de rosto curtido e maltratado, envolto em trapos e de chinelo estourado, largou o carrinho atulhado de papelão que puxava e foi em sua direção.

À medida que se aproximava, a expressão cansada e desiludida foi dando lugar a um sorriso, os olhos pareciam vidrar, como se vislumbrassem a imagem de alguém com poder para arrancar com as próprias mãos toda a injustiça que a vida lhe reservara.

– Aí meti a mão no bolso, né, cara? Pensei: Ah, vai pedir uma grana. Quando se aproximou, ele perguntou: "Posso falar com o senhor?" E eu: "Pode." "Posso te dar um abraço?" Veio aquele choque: Caraca! Tirei a mão do bolso e perguntei: "Mas por quê?" E ele falou: "Poxa, tenho visto o senhor na televisão. O senhor é minha esperança de que vai mudar o Brasil." Fui almoçar em seguida. Aquilo me arrepiou, ao mesmo tempo que me deixou envergonhado por achar que ele vinha pedir um dinheiro, sabe? Aí você vê. Puxa vida! Um camarada que está trabalhando, mesmo informal e tudo, catando papelão, está atualizado sobre o que se passa no Brasil, falando que a Polícia Federal é a promessa de que o país vai melhorar... Isso é o que te dá forças. Te dá forças pra caramba.

As palavras são do agente Newton Hidenori Ishii, com um orgulho acanhado, para o correspondente do periódico britânico *The Guardian,* Jonathan Watts, que saíra do Rio de Janeiro apenas para uma entrevista com ele. O jornalista chegara um dia antes a Curitiba para sentir a cidade, entender seus moradores, perceber a atmosfera da capital-símbolo do combate à corrupção no Brasil. Escrevia uma reportagem especial sobre a Operação Lava Jato. Newton Ishii era parte importante da história, que contava para o mundo de como uma operação policial no Brasil tinha descoberto talvez o maior esquema de corrupção da história moderna.[1]

Foi naquele momento com o catador de papel que o agente da Polícia Federal, chefe do Núcleo de Operações da Polícia Federal em Curitiba, responsável pela carceragem onde estavam trancafiados os mais famosos e poderosos presos do país, compreendeu que sua identidade ganhara outra dimensão. Não era mais apenas Newton Ishii. Compartilhava com o juiz Sérgio Moro o símbolo de redenção da ética e da moralidade no Brasil. Ele era o "Japonês da Federal".

"Japonês", uma expressão que transcendera para ele. Não revelava somente suas origens. Incorporava também a representação de um homem da lei, que como Davi combatia um Golias – a aliança mafiosa de políticos inescrupulosos com empresários gananciosos para drenar dos cofres públicos o dinheiro da saúde, da educação, do saneamento básico, da moradia e da segurança pública, e em consequência a oportunidade, a vida digna, o sonho e o bem-estar social do brasileiro. O escândalo da Petrobras, principal alvo da Lava Jato, pode ter provocado perdas de 42 bilhões de reais à petroleira,[2] e com a progressão da operação foi como puxar o fio do novelo. Todo ano, numa estimativa baixa, mais de cem bilhões de reais são tungados do bolso de mais de cem milhões de brasileiros economicamente ativos devido ao custo da corrupção.[3]

Mas nem sempre havia sido assim. A palavra "japonês" lhe trazia cicatrizes vivas na alma, sentimentos ruins, lembranças desagradáveis de um tempo de menino em Nova Esperança, onde foi morar logo após seu nascimento, em Carlópolis, norte do Paraná, divisa com o estado de São Paulo.

– Passa a bola, Japonês! Larga a mão de ser fominha! – zangou Tonho, o grandalhão que amedrontava os garotos menores no recreio e nas aulas de educação física do Colégio Nossa Senhora da Esperança.

Mais do que a bronca, o que o incomodava mesmo era ser chamado de japonês. Sentia-se caçoado, assim como os milhares de imigrantes e seus quase dois milhões de descendentes que vivem no Brasil.[4] As gerações mais recentes hoje reagem nas redes sociais a essas abordagens, como no famoso canal Yo Ban Boo, do YouTube. Mas, na época de Newton, os jovens que lutavam para ser aceitos pela branquitude brasileira costumavam não responder a manifestações racistas, porque o custo social era muito alto.

– Eu tenho nome, poxa vida! E não é Japonês! – ruminou amuado, do alto de seus doze anos de idade. "O meu nome é Newton, porra!", respondeu, valente, em pensamento. As troças se replicavam em muitas outras situações: nas brincadeiras de rua, nos dias de prova de português, quando tentava se aproximar de uma menina, e nas peladas de futsal, que adorava jogar como armador. Dava trabalho aos adversários, o que irritava os garotos brancos. "Como assim aparece aqui um japonês que joga bola?", ainda recorda, com uma satisfação denunciada pela sutil contração dos olhos amendoados.

A discriminação acontecia mesmo nos anos de ginásio, quando os nisseis eram maioria nas salas de aula – dos 28 colegas de Newton, dezoito eram descendentes de japoneses. Se por um breve momento os colegas conseguiam destruir sua autoestima, o pequeno Newton engolia em seco e seguia adiante. Não deixava de enfrentar seus medos, sair para brincar na rua como uma criança normal e viver sua rotina. À tarde frequentava uma escola japonesa e ia aos treinos de beisebol, esporte pelo qual chegou a disputar o Campeonato Paranaense. Mas a mágoa nunca o deixou.

Com o tempo, aprendeu a superar sua natural timidez e o recato transmitido pela tradição oriental com a empatia, o que lhe rendia amigos por onde quer que passasse. Foi disciplinado na rígida educação familiar, que recebeu sobretudo dos avós paternos, com quem morou, junto com os dois irmãos, nos primeiros anos de vida, em Nova Esperança. Os costumes eram valorizados. Dentro de casa, por exemplo, só se falava japonês, língua que aprendeu cedo, mas que de pouco lhe serviu na vida social e profissional, a despeito de ter contribuído para fortalecer os laços com os parentes e a numerosa comunidade nipônica do interior do Paraná, e consolidado valores como disciplina e autocontrole. O pouco do idioma que conservou também foi útil nas vezes em que esteve no Japão para visitar o filho mais velho, Eduardo. Admite que hoje em dia precisa de fluência. Mas quem se importa?

O pai de Newton deixou Fukushima em 1933 com a família. Na época, o governo japonês estimulava a emigração como alternativa à problemática superpopulação urbana no arquipélago. Já casado, com faro para negócios, seu Hideo proporcionou uma vida próspera à família, mas com austeridade. Cuidava com afinco de seu comércio de secos e molhados. Em Nova Esperança, cidade que na época era um polo de desenvolvimento econômico do noroeste paranaense, o patriarca tinha portas abertas e tapetes estendidos entre os plantadores de café, de quem era fiador.

Chamado pelos amigos brasileiros por Hugo, procurava sempre que possível agradar a esposa, com a qual era muito carinhoso, cuidado que serviu de exemplo na vida marital dos filhos. O pequeno Newton gostava da convivência com o pai, que pouco se ausentava.

O que ninguém esperava é que a fartura estava com os dias contatos. No inverno de 1967, uma forte geada arrasou quinhentos milhões de pés de café no norte do Paraná, levando à falência fazendeiros e arrastando junto seu Hideo, que era avalista da maioria deles.[5] Naquela época, eram comuns as histórias de decadências repentinas. A dos Hidenori Ishii foi uma delas. Experimentaram da noite para o dia o gosto amargo da penúria. Perderam tudo. Mal tinham para comer. A mãe tentava tranquilizá-los com carinho e palavras de conforto. O pai pouco falava, mas agia. Dizia aos filhos que aquela carestia era provisória, mas teriam que ter força e determinação para enfrentar um longo período de privações. Seus atos transmitiam otimismo. As escassas palavras sobre esse momento de angústia do pai foram: "A vida é cheia de quedas. Em todas elas, seja forte, levante-se e siga adiante. Nunca viva no passado, para não perder o presente."

Não tinham mais o que fazer em Nova Esperança. Em 1968, então com treze anos, Newton e a família seguiram para Curitiba. Foram tempos difíceis. Na capital, cidade fria e grande para seus padrões, sem amigos nem referências, enfrentou ainda mais segregação – agravada por uma situação financeira desfavorável. Para sustentar a família, seu pai recomeçou a vida como feirante.

– Coitado, era um homem com muito dinheiro, que se viu de repente acordando às três da manhã para ir ao Mercado Municipal comprar frutas e verduras e revendê-las nos bairros de Curitiba. De um homem que comprava o caminhão ou o carro do ano, passou a dirigir um Toyota a diesel sem o vidro de trás, o que era duro no inverno rigoroso de Curitiba. Às vezes a gente acordava às quatro da manhã para empurrar o jipe e fazer com que ele pegasse na ladeira – conta, revelando a nítida admiração que nutria pelo pai. – Mas ele estava sempre sorrindo, mesmo nas adversidades – completa, sob o olhar interessado do jornalista inglês, como se o desgosto maior foi assistir impotente ao sacrifício do seu Hideo, e não às próprias privações.

Deixava de se divertir nos fins de semana para ajudar na feira os pais e os avós, que os acompanharam na mudança para Curitiba. Nas tardes de domingo, dirigiam-se a um hospital para tuberculosos, próximo de casa, para vender cestas de frutas com maçãs, laranjas e bananas aos que iam visitar os pacientes. Ele e os irmãos tiveram que cumprir sua quota de trabalho porque o pai os matriculara no Colégio Bom Jesus, um dos melhores e mais caros de Curitiba, onde só estudavam filhos de abastados industriais e comerciantes.

– Desde aquela época, ele se preocupava em nos colocar em escolas de bom nível.

Para seu pai, o sucesso de um homem começava na educação e nos valores familiares. Não havia moleza. O avô os acordava todos os dias às quatro e meia da manhã para que estudassem até seis e meia, quando seguiam para o colégio.

– Era uma rotina. Todo dia, a essa hora, meu avô, com a xícara de café na mão, vinha nos acordar.

Para bancar uma das melhores escolas de Curitiba, o pai economizou também na alimentação. O custo de um ensino de qualidade foi que, no primeiro ano em Curitiba, passaram a base de arroz e batata-doce, cardápio restrito que depois, na vida adulta, evitou por um bom tempo. Mais tarde, a dieta pobre ganhou um significado maior, de superação, e Newton voltou a gostar do tubérculo.

O pai cobrava muito seu desempenho escolar. Tinha regularmente que mostrar o retorno do caro e sacrificante investimento. Quando voltava de uma prova, o pai perguntava se havia ido bem. Depois, queria saber que nota exata que tirara e comparar com a dos colegas de sala, a fim de checar se o filho estava mesmo se diferenciando. Por sorte, elas costumavam ser boas, principalmente em exatas, o que lhe assegurou a admiração entre os mais fracos da sala. Sua popularidade só crescia, até porque também jogava bem futebol, o que lhe garantiu presença nas peladas e a intimidade dos colegas mais ricos da escola. Newton soube neutralizar as diferenças sociais, bem como as de etnia, que poderiam ter gerado conflitos no ambiente escolar.

– O que eles tinham de dinheiro eu tinha de conhecimento, porque estudava muito. Em dia de prova, lógico, todo mundo procurava sentar perto de mim, na tentativa de colar. Acabei ganhando muitas amizades. Primeiro, por interesse, mas depois se tornaram relações sinceras.

Newton cultivou o costume de passar as tardes na casa de amigos mais endinheirados, ajudando-os nas tarefas, numa prova de que era possível uma relação sem preconceitos entre o filho de um verdureiro e de um industrial.

– Não havia essa discriminação como tem hoje – afirma.

Mas não deixava de ser uma simbiose social. À medida que nutria o amigo de conhecimento, recebia de seu hospedeiro as gratificações do círculo social que deixara de usufruir em seguida à falência do pai, incluindo aí as guloseimas, tirando-o provisoriamente da dieta forçada à base de batata-doce.

Certo dia, quando Newton passeava com a filha, Jordana, em Curitiba, cruzou com um conhecido daquela época. O antigo colega o reconheceu, fez questão de cumprimentá-lo, voltou para Jordana, visivelmente emocionado: "Olha, eu só me formei por causa do seu pai."

Socialmente hábil na escola e entre amigos de classe social mais elevada, Newton soube desenvolver e aplicar esse traço no pouco amistoso e desigual ambiente corporativo da Polícia Federal. Essa característica lhe permitiria construir uma inter-relação na corporação, tanto entre superiores e subordinados como entre colegas de trabalho, facilitando o fluxo interpessoal e o bom andamento em todos os departamentos nos quais trabalhou – principalmente no Núcleo de Operações da Superintendência da Polícia Federal, em Curitiba, onde teve que lidar com chefias enciumadas e presos com grande poder de decisão na economia e na esfera pública.

CAPÍTULO 2
Na Polícia Federal

Nunca ninguém lhe perguntara com real interesse o que ele queria ser quando crescer. Mas ele já sabia. O sonho de Newton Ishii não era ser policial. Ele se via com quepe de piloto comercial, voando para todo canto do mundo. O fascínio pelas aeronaves era reflexo da era da Corrida Espacial, que assombrava o mundo. Em 1969, aos quatorze anos, viu pela televisão a Apollo 11 pousar na superfície da Lua, para delírio seu e da humanidade. No ano seguinte, seu sonho pueril foi abatido pelo sorriso de uma carioca, filha de um policial federal, chegada havia pouco em Curitiba.

– Nos conhecemos nas festinhas que fazíamos, no esquema de rodízio, na casa de amigos. Uns levavam refrigerantes, outros salgadinhos. Eu levava os discos do Tim Maia.

O início do namoro de Newton e Maria de Fátima foi embalado pelas canções "Azul da cor do mar", "Primavera" e "Eu amo você", que chacoalhavam o Brasil em 1970, ano do tricampeonato mundial de futebol e auge da repressão do regime militar. Os dois formavam um casal comportado, o que não os impediu de uma vez serem expulsos de um ônibus, em Curitiba, pelo entusiasmo com que namoravam.

– O motorista cismou que estávamos nos beijando. Descemos envergonhados.

No ano seguinte, a família de Fátima retornou ao Rio de Janeiro, forçando o jovem a encarar, uma vez por mês, as vinte horas de viagem de ônibus entre as duas cidades pela BR-116, rotina que manteve por cinco anos.

A devoção conquistou todos da família, em particular o pai de Fátima, que tinha especial apreço pelo candidato a genro e se preocupava com o futuro dos dois.

Certa noite, em 1973, o sogro o puxou de lado na ampla varanda de ladrilhos vermelhos e perguntou se Newton não queria seguir a carreira de agente federal. Haveria um concurso público em breve.

– Eu, sinceramente, nem sabia o que fazia a Polícia Federal – confessa.

Ansioso por ter um salário para poder se casar, aceitou o conselho. O sogro trabalhava no aeroporto e também pouco entendia sobre a parte operacional.

– Eu não queria saber o que ele fazia, o que ele deixava de fazer...

Com a tão esperada independência financeira em vista, Newton se inscreveu no concurso. Passou na primeira tentativa. De junho a dezembro de 1975, frequentou o curso da Academia Nacional da Polícia Federal. Em janeiro do ano seguinte, foi lotado em Guaíra, oeste do Paraná. Era um local desolado. Não tinha nada, não tinha asfalto, não tinha televisão, rádio, não tinha lazer nas horas de folga, somente trabalho duro de combate ao contrabando.

– Naquela época era terrível, sabe? – recorda, sem saudade. Para o jovem agente, não havia nada de atrativo naquela cidade, cotovelo do Paraná, confluência tríade com o então Mato Grosso e o Paraguai.

Os primeiros meses não foram fáceis. Tudo para Newton era novo demais, perigoso demais, áspero demais. Sentia falta de Fátima, com quem se comunicava constantemente por intermináveis cartas. Muitas vezes, encarou viagens ainda mais longas para vê-la no Rio de Janeiro. Longe das pessoas de que gostava e do seu mundo, nada parecia fazer muito sentido.

Pouca coisa acontecia ali. A monotonia tomava conta dos dias e lhe sugava o ar a ponto de sufocá-lo, de tirar suas esperanças. Na ausência de Fátima, sem perceber, Newton buscava adrenalina. Soube de que precisava de excitação mental quando realizou sua primeira apreensão, um carregamento ilegal de insetos. Um colega entrou afoito na delegacia, anunciando: "Vai cruzar a fronteira daqui a pouco um contrabando de lepidópteros." Foi aquela correria. O que era esse tal de lepidóptero?

"Lepidóptero, lepidóptero, eu já ouvi essa palavra. Corre aqui com a apostila, caramba!", gritou acelerado para o colega. Newton sabia que algo grande tinha caído em seu colo. Ele ainda estava com a cabeça fresca das aulas na Academia e se lembrou. "Putz, é borboleta!" Consultaram rapidamente o material didático e se certificaram de que se tratava mesmo de um carregamento proibido. Em sua cabeça, se fixou a ideia de que o papel do policial federal era mesmo combater o tráfico de drogas e contrabando.

– Foi nosso primeiro flagrante. Isso me animou, porque eu estava descobrindo coisas novas, o que era crime e o que não era.

Passaram a se divertir no trabalho. Quando detinham um suspeito numa barreira, brincavam tentando adivinhar se o sujeito estaria armado, e com que tipo de arma. "Ah, esse aí tem um 38!" "Não, um 32." Naquela época, quase não havia pistola. "Poxa, ele tá com um 32. Um a zero pra você." Trabalhavam assim, para aliviar a tensão e afugentar o tédio. E, mais do que isso, começou a gostar de sua atividade, porque percebia que estava fazendo algo bom para a sociedade.

– Sabia que fazia jus àquilo que estava ganhando. Me enchia de orgulho. E foi justamente o momento em que a Polícia Federal começou a aparecer na mídia.

Apesar do desconsolo e da inexperiência, seu comprometimento no trabalho começou a lhe dar visibilidade. Chamou a atenção dos superiores, que o designaram para substituir um delegado titular, em férias.

– Imagine, recém-ingressado na PF, e já sentado atrás de uma mesa recebendo advogados, prefeito, juiz... Poxa, tudo aquilo era muita novidade, e ao mesmo tempo era muito assustador.

De fato, com apenas 21 anos, Newton, ainda imberbe, era responsável por uma delegacia regional de fronteira, numa visada rota de entrada ilegal de café e principalmente de cigarros. O contrabando no Brasil é uma atividade que continua altamente lucrativa para o crime organizado com forte prejuízo para a arrecadação no país. Só de 2015 a 2017, o Estado perdeu quase 350 bilhões de reais em tributos com esse crime.[1] Assim como em Foz do Iguaçu, o volume de entrada ilegal de mercadoria em Guaíra era grande, mas o efetivo para dar conta do patrulhamento tinha metade do tamanho. Uma carne de pescoço, como costumavam dizer os novatos, deslocados para lá em período probatório de quatro anos.

O contrabando de cigarro ainda é tão intenso que em Salto del Guaíra, o lado paraguaio, concentra-se boa parte das mais de trinta *tabacaleras* paraguaias, que abastecem um terço do mercado brasileiro, movimentando mais de cinco bilhões de reais por ano. De tão lucrativo, o negócio do contrabando elegeu, em 2013, um de seus líderes à Presidência do Paraguai, o empresário Horacio Cartes, proprietário da Tabacalera Del Este S.A.

O enorme volume de dinheiro que circula nesse comércio clandestino acaba por ser a força motriz de parte da economia de Guaíra, no lado brasileiro, a ponto de, quando os agentes da Polícia Federal patrulham incansáveis, subindo e descendo de lancha o rio Paraná, dizer que no dia seguinte nem as padarias abrem, porque não tem para quem vender. As pessoas evaporam.

Newton, inexperiente, teve que atravessar essa provação, ora enfrentando a recriminação evidente no olhar dos moradores, que dependem do negócio ilegal, ora sendo sabotado por policiais militares, boa parte recrutada pelo crime organizado como olheiros das operações. Agentes públicos da Receita Federal, da Polícia Rodoviária Federal e da própria Polícia Federal também eram assediados. Como a corregedoria da Polícia Federal era pouco atuante naquela época, não causava espanto que houvesse corrupção nos postos de fronteira, realidade para a qual Newton não estava preparado. Estar nesse ambiente sem se envolver representava um risco constante.

Aquele foi um laboratório e tanto, por esse e outros riscos que encarou, como a ameaça de morte que recebeu de contrabandistas de café. Um pistoleiro fora contratado para dar cabo de Newton num domingo, quando estivesse de folga. O atentado acabou frustrado por um informante, e os colegas correram a tempo de dar cobertura a ele. Soube-se mais tarde que o pistoleiro chegara próximo à guarita da rua onde o agente morava, mas teria desistido ao vê-lo cercado por vários outros policiais federais.

Seu encantamento pela profissão crescia, mas não a ponto de conter a saudade de Fátima. A vontade de ficar com a carioca era maior do que qualquer ambição profissional. Havia apenas duas alternativas em vista, e nenhuma delas era abandoná-la: ou deixava a Polícia Federal ou se casava com ela, mesmo contrariando a tradição familiar de matrimônios apenas entre descendentes japoneses. Newton não quis saber das súplicas de seus pais e decidiu noivar, o que tornou a vida mais fácil para o casal, porque Fátima recebeu permissão do pai para ir com mais frequência a Curitiba, a fim de procurar uma casa para morar, cuidar do enxoval de casamento, "aquele negócio todo".

– Era uma mulher sensacional.

No ano seguinte, receberam as bênçãos somente dos pais de Fátima, numa cerimônia simples, no Rio de Janeiro. O sogro o adotara como filho. Ainda em Guaíra, em 1977, nasceu Eduardo, o primeiro filho do casal. Fátima abandonara o trabalho como professora primária para cuidar do bebê. Era muita coisa para Newton assimilar. Os eventos se sucediam em alta velocidade, mas ainda estavam dentro do controle e da vontade do jovem agente.

Guaíra, com sua aridez, nunca soube conquistar Newton. Agora com um recém-nascido em casa, mudar-se para uma cidade maior e que oferecesse melhores condições para educar o filho deixou de ser apenas opção para se tornar uma necessidade. Os acontecimentos continuavam em ritmo acelerado. Em 1978, transferiu-se para Londrina.

– A mudança foi feita em cima de um caminhão de carregamento de madeira – lembra, bem-humorado.

Na época, sem dinheiro nem auxílio da Polícia Federal, tiveram que se virar como podiam. Chegaram a Londrina à noite. O apartamento era no terceiro andar de um prédio sem elevador.

– Imagina, eu, a Fátima, mais o Dudu, nenê ainda, subindo geladeira, fogão, cama... Foi um sufoco. Outra época, né? – comenta, resignado.

As dificuldades pareciam pequenas. Newton recebia o apoio e o sorriso de Fátima, essenciais para superar os percalços até se estabilizarem financeira e profissionalmente. Procuravam não esconder nada um do outro, o que consolidou a cumplicidade. Lidar com ela era descomplicado, pela alegria fácil que exibia e pela sinceridade com que se manifestava.

Ainda nos primeiros anos de Polícia Federal, Newton assumiu a chefia do Serviço de Operações. Afortunado, sua geração de cerca de trezentos policiais se destacou e deu projeção ao trabalho da instituição, a despeito dos escassos recursos.

– No início, trabalhávamos com o jaleco da Academia. Não tínhamos sequer uniformes. Foi realmente difícil. Na abordagem, você se identificava como policial federal e as pessoas perguntavam: "Cadê a farda?" Ficávamos desmoralizados. Também não havia estrutura, era Fusca faltando pedaço, não tinha combustível. Éramos obrigados a cobrir essas despesas. Se furasse o pneu, tínhamos que tirar do nosso bolso para receber não sei quantos meses depois – conta, com um riso contido.

Quase todos atiravam mal, porque não havia sequer munição para praticar. Foi na vida real, na troca de tiros com os contrabandistas, que aperfeiçoaram o domínio da arma de fogo. O curso de formação policial era muito diferente na década de 1970.

– Quem passava pela Academia, entrava gordo e saía magro. Hoje, os alunos terminam o curso fortes – compara. – Na minha época, exigia-se pouco da parte física. Eu me lembro que, para passar, tínhamos que fazer somente dez barras. Nossa, era um sacrifício fazer dez barras. Hoje os caras fazem cinco séries de vinte – diverte-se.

Mas, para Newton, o que importava era a dedicação e a vocação.

– Graças a Deus, eu estava numa equipe muito boa. Minha geração gostava de ser *polícia*, vestia a camisa e seguia em frente mesmo com as adversidades estruturais.

Na Polícia Federal, Newton considera-se um predestinado. Construiu sua carreira no núcleo com que mais se identificava, o operacional, onde aprendeu a trabalhar na rua, apreender mercadorias e prender pessoas. O lado penoso era a instabilidade. Nunca sabia por quanto tempo continuaria no setor de que tanto gostava, se seria enviado para outra cidade, ou pior, se seria transferido para departamentos burocráticos, como a Delegacia de Polícia de Imigração, responsável pela emissão de passaportes. Entendia que as mudanças faziam parte do pacote, mas estava seguro de que com o tempo mostraria seu valor, até o dia em que pudesse ele mesmo escolher onde ficar e o que fazer.

Foi assim em 1982, quando ele e sua equipe fizeram a maior apreensão de cocaína no Paraná até então, algo como quatrocentos gramas. Para a época, um acontecimento.

– Virou notícia. Foi parar no Jornal Nacional! Quatrocentos gramas hoje são para consumo próprio – diz.

Com a profissionalização do tráfico de drogas, que conta hoje com uma estrutura empresarial e ramificações em outros países, essa quantidade é motivo de piada. Em junho de 1994,[2] a Polícia Federal no Mato Grosso do Sul interceptou um carregamento de sete toneladas e meia da droga, que em valores da época estavam avaliadas em torno de setenta milhões de dólares.

– É indescritível. Maconha você apreendia sempre, mas de cocaína nem se ouvia falar. Eu mesmo não conhecia. Nunca tinha visto uma amostra sequer, nem na Academia da PF, para que os agentes pudessem reconhecer e confirmar de que se tratava da droga. Pra gente prender o traficante, eu tive que coagi-lo a confessar que aquilo era cocaína. Mas ele negava.

"O que é isso aí?", gritou o agente Newton Ishii para o suspeito, de camisa florida, desabotoada até o abdome, ostentando um cordão de ouro pesado, que contrastava com os poucos dentes cariados e com o rosto marcado pelas pústulas, que o deixavam com um aspecto grotesco. Estavam no centro de Londrina, numa rua pouco iluminada, mas movimentada por prostitutas, cafetões, clientes sorrateiros, bêbados conhecidos e batedores de carteira. Do outro lado da calçada, testemunhavam a abordagem uma mulher de sobretudo longo, que, apesar do frio, estava aberto, oferecendo seu corpo modulado pelo espartilho; um boiadeiro moço de barba cerrada, olhar duro, chapéu cinza de aba larga e arredondada para sombrear o rosto, com um par de esporas e nas mãos uma chibata de couro, como que indicando que estava pronto para montar a qualquer momento um cavalo invisível; e um clérigo gordo, bochechas inchadas e vermelhas e olhos pequeninos, agitados, que se movimentavam descoordenados.

"Não, mas o senhor sabe o que é, não sabe?", respondeu o traficante, numa mistura de sarcasmo e incredulidade, imaginando que a pergunta era algum tipo de humor dos homens da lei que ele ignorava.

"Não, eu sei, mas eu quero que você diga com todas as letras o que é isso", insistiu o inexperiente agente da Polícia Federal, desconcertado, receoso em se passar por palhaço e virar motivo de chacota entre os colegas. Não queria que aquele episódio virasse algo burlesco na Polícia Federal. Newton estava havia pouco na chefia de um departamento e sua autoridade poderia ir pelo ralo abaixo. Só que a situação começava a sair do controle. O agente não podia segurar por muito mais tempo o sujeito nem dar ordem de prisão sem ter certeza da materialidade do crime. Newton estava prestes a deixar escapar o que seria seu primeiro grande feito. Mas venceu o traficante pelo cansaço.

– O cara acabou falando. Na hora dá um arrepio na gente, uma emoção danada. – Ri de sua ingenuidade na época.

Mas, longe de ser pueril, o agente apresentava novas credenciais que ele mesmo desconhecia. Percebeu que naquele momento florescia uma capacidade natural de levar as pessoas na conversa, habilidade que aperfeiçoou na Polícia Federal e lhe foi útil no Núcleo de Operações (NO) da superintendência, em Curitiba.

— Foi uma festa. Comemoramos muito, porque todos ali eram moleques, na faixa dos vinte e poucos anos. Naquela época, a pessoa em geral entrava para a Polícia Federal não por causa do salário, que não era bom, mas porque gostava de ser *polícia* — explica, enquanto o correspondente Jonathan Watts recorre à interprete que levou consigo para a entrevista. Apesar de mais de quatro anos no Brasil, não tinha ainda domínio do português.

Newton hoje vê a Polícia Federal com certo desgosto. Para ele, as últimas safras de agentes, sobretudo de delegados, são muito fracas. "Só pensam no salário", costuma dizer a poucos ouvidos. Dentro da Polícia Federal, os agentes enxergam os delegados, por exemplo, como "concurseiros" frustrados, que não passaram nas provas para juiz ou procurador.

— Os delegados chegam aqui na PF só com o diploma de advogado debaixo do braço, sem experiência, sem conhecimento de gestão, sem vocação, sem interesse de serem policiais, doidos para aparecer na mídia — lamenta, atribuindo intuitivamente a sanha narcisista à espetacularização do jornalismo. Newton redime apenas os delegados da força-tarefa.

— São focados, trabalham muito, mas, de novo, não são gestores — ressalva. Para ele, dos sessenta delegados lotados na Superintendência da Polícia Federal, em Curitiba, "no máximo seis se aproveitam". Mas não poupa os colegas policiais. Dos cem, somente vinte seriam sérios e competentes.

— Não dá para trabalhar com quem entra na PF apenas pelo salário e, uma vez lá dentro, cria uma série de dificuldades. Um tem restrição para usar arma, outro não pode sair para uma investigação porque à noite tem festinha da amiga da filha... — irrita-se. — A Polícia Federal precisa de um chacoalhão.

Tem também um olhar crítico sobre alguns ministros da Justiça, como Alexandre de Moraes, "um bobo que chegou ao ministério por indicação, não por competência". Preferia o ex-ministro José Eduardo Cardozo (2011-2016), que "tinha mais substância jurídica". Moraes teve progressão rápida na gestão do presidente Michel Temer, que logo o escolheria para ocupar a vaga no Supremo Tribunal Federal aberta com a morte do ministro Teori Zavascki.

Por conta de tantas deficiências apontadas por Newton na Polícia Federal, seria de surpreender que a Lava Jato tenha ido tão longe, um sucesso reconhecido por especialistas como um ponto fora da curva.[3] O verdadeiro retrato é que os índices de solução de crimes de corrupção são medíocres. Apenas 27,7% dos inquéritos policiais concluídos em todos os estados e no Distrito Federal resultam em denúncias à Justiça Federal,[4] ineficiência que se espraia para outros tipos de delitos. Mesmo não havendo um banco de dados centralizado que possa quantificar os crimes solucionados e sua natureza, é possível ter uma noção de baixa produtividade nas delegacias federais e civis somente pelos assassinatos no país. Dados oficiais da Estratégia Nacional de Justiça e Segurança Pública apontam que somente 6% dos homicídios dolosos (com intenção de matar) são solucionados. Esse índice é de 90% no Reino Unido, 80% na França e 65% nos Estados Unidos. Essa estatística acanhada decorre do anacrônico e burocrático modelo de inquérito policial e suas ineficientes oitivas, que resultam na perda da materialidade e da autoria do crime. Defendido com unhas e dentes pelos delegados federais, o inquérito e seus indiciamentos – aplicados também pelas polícias civis – contribuem para a impunidade no Brasil ainda na fase da investigação policial.[5] O ilógico modelo não tem paralelo em nenhum outro lugar no mundo.

A hegemonia dos delegados remonta a 1985, quando Romeu Tuma assumiu a diretoria-geral do Departamento da Polícia Federal. Tuma foi uma espécie de transição dentro do órgão, porque apesar de ter sido o primeiro civil a assumir o cargo desde a criação da instituição, em 1964, ele se credenciara pela longa lista de serviços prestados ao aparelho repressivo do Estado, como diretor-geral do Departamento de Ordem Política e Social (Dops) paulista, um dos mais sanguinários do regime militar. Depois dele, a diretoria-geral passou a ser ocupada, como tradição, apenas por delegados.

Guardiões de informações privilegiadas, que se sacadas do armário tinham alta carga para implodir a reputação de autoridades, políticos e empresários,[6] os delegados souberam jogar no tabuleiro político para impor regras, novas normas internas e aprovar leis que lhes dessem mais poder e privilégios. No sentido oposto, foi jogada para escanteio, funções auxiliares, a *expertise* dos policiais federais, alguns com décadas de carreira, formados e especializados em áreas sofisticadas como ciência da computação, tecnologia da informação, medicina, filosofia e psicologia, preteridas pelo direito, único bacharelado ao qual os delegados atribuem valor para resolver os males da segurança pública do país. Essa multidisciplinaridade, que usa diferentes visões e gamas de conhecimento para resolver casos complexos, é comumente aplicada pelos agentes à revelia dos delegados, que só recebem o produto final. Foi assim com a Operação Valentina, que desarticulou em abril de 2017 um esquema de fraudes para furtar mais de vinte mil contas bancárias do Banco do Brasil, da Caixa Econômica Federal e do Itaú. O trabalho foi conduzido por dois escrivães federais, especialistas em tecnologia da informação. Profundos conhecedores de infraestruturas tecnológicas, engenharia de softwares e de sistemas integrados de segurança, atuavam no setor de crimes cibernéticos.

A "reserva de mercado" das chefias nas mãos apenas de um cargo, boa parte sem experiência, tornou as investigações um terreno instável, de resultados pífios. Valendo-se simplesmente de conhecimento jurídico, são altas as chances de erros de procedimento nas investigações. Os grão-duques da advocacia criminal, predadores pacientes à espera de uma imprudência da presa, contam sempre com deslizes na condução das apurações para pedir a nulidade das provas. Grandes operações concentradas nas mãos de profissionais que buscam mais a mídia do que as evidências são igualmente uma ameaça para a reputação e o negócio de setores inteiros, com prejuízos bilionários, como se viu na Operação Carne Fraca, na investigação de uma rede de corrupção entre fiscais do Ministério da Agricultura e donos de grandes frigoríficos.[7]

Testemunhos dão conta do clima carregado na Polícia Federal. O fosso foi aberto na greve de 2012, quando nove mil policiais federais cruzaram os braços por dois meses, reivindicando uma reestruturação na carreira.[8]

– O que era uma picuinha se transformou em ódio. O racha entre agentes e delegados jamais será superado. Eu te digo com toda a certeza, a PF nunca mais foi a mesma depois disso – comenta Newton, reproduzindo as palavras de um policial federal que o visitara na superintendência.

O *apartheid* funcional aprofundou as divisões no órgão e afetou mortalmente o moral dos policiais federais. Sob forte estresse e carga emocional, muitos se mataram. A gestão de Leandro Daiello (2011-2017) foi um desastre nesse aspecto. Entre 1999 e 2015 foram registrados 42 suicídios, vinte deles apenas nos últimos cinco anos do levantamento. O índice é seis vezes maior do que a média de suicídios no país.[9]

Os sobreviventes, depois de alguns poucos anos se doando integralmente para a Polícia Federal, resignam-se à rigidez da estrutura e deixam de lado a dedicação. Desmotivados e sem o reconhecimento interno, só atuam quando solicitado pelos delegados ou viram mendigos de diárias, cautelas de viaturas e outros pequenos "subornos" institucionais.

Diante desse quadro, as investigações aceleram ou freiam de acordo com motivações pouco republicanas. Isso teria acontecido na alvorada da Lava Jato. A contadora de Alberto Youssef, Meire Poza, revelou que em 2012 se dispôs a colaborar com informações sobre o esquema operado pelo doleiro. Ao tomar conhecimento da encrenca, o delegado Otávio Margonari Russo, lotado na Lapa de Baixo, na cidade de São Paulo, que a recebeu, ignorou as fartas evidências entregues pela contadora sobre a corrupção na Petrobras. Sentou em cima do caso e teria se voltado para a denunciante e dito: "Cai fora. E você nunca esteve aqui."[10]

A classe de policiais federais conhecidos como EPAs (Escrivães, Papiloscopistas e Agentes) passou a compreender as engrenagens engendradas pelos delegados: ganhar os holofotes com o trabalho de agentes e usufruir a qualquer custo das vantagens que o cargo lhes assegura. Newton sentiria na pele a vendeta destrutiva de seus superiores na Operação Sucuri. Mas, no ano de 1975, para ele a instituição ainda era um mistério a ser desvendado.

– Minha vocação eu descobri depois – reconhece.

Nos tempos sombrios do regime militar, pouco se ouvia falar da Polícia Federal. A atividade do órgão circulava com dificuldade por causa das limitações nos meios de comunicação e da censura. Muitos entravam na corporação por acaso ou por tradição familiar. O público ignorava sua existência. Tal reserva serviu aos propósitos do regime militar, que usava os agentes para se infiltrarem nas "organizações subversivas" das universidades, onde a militância era forte e fonte segura de recrutamento de simpatizantes da resistência à ditadura.

O jovem Newton era apolítico. Na faculdade, dedicou-se mais aos estudos do que ao movimento estudantil, apesar da escalada dos militares. À época cursava direito, primeiro na Universidade Estadual de Londrina, e depois na Universidade do Vale do Itajaí. Sua condição de universitário era o disfarce perfeito para se misturar aos estudantes, acompanhar as assembleias e as longas reuniões dos centros acadêmicos. Ao final da noite, enviava para o comando central em Brasília extensos e detalhados relatórios com os nomes e a função de cada um dos militantes, o que lhe exigia um exercício muito grande de memória. Para não gerar desconfianças de sua atividade como espião, até tirava a aliança de casado do anelar.

– Essa era a parte difícil de ser um agente infiltrado, porque de vez em quando eu esquecia a aliança no bolso, né? Em casa eu inventava desculpas, até que fui obrigado a abrir o jogo para minha mulher, falar no que eu estava trabalhando. Expliquei que precisava ser convincente, que eu era um estudante bancado pelo pai – relembra. – E quantas vezes eu me despedi sem saber quando regressava, e pedia para ela cuidar do Dudu. Levava mudas de roupa comigo, porque havia operações em que ficava até seis dias fora de casa. Era horrível não receber nem ter como mandar notícias. Ela entendia tudo, menos essa história do anel – conclui e ri.

Embora não percebesse a dimensão política das tarefas que executava para o regime, intimamente aquilo o incomodava. "Não pode estar certo", pensava. Mas cumpria bem seu papel. Alguns estudantes da Estadual de

Londrina – onde se formaram vários políticos de projeção, como Luiz Eduardo Cheida, ex-prefeito de Londrina, e o ex-deputado federal José Tavares – foram investigados por Newton e interrogados pela polícia política dos generais, o Dops.

Newton hoje reconhece o equívoco histórico da Polícia Federal. À época, sua preocupação voltava-se para o combate ao tráfico de entorpecentes e ao contrabando. Por sorte, a função de espionagem política foi breve, e logo foi escalado para a área de operações. A delegacia da Polícia Federal em Londrina era uma clínica geral. Combatia-se todo tipo de crime: entorpecentes e contrabando, que eram o grosso das ocorrências, e investigação política para o Dops, que mantinha uma sala no prédio.

– Fazíamos todo o serviço. A base da delegacia na época era a parte operacional. E não adianta, polícia é uma atividade em que tudo é estatística. Se você tem vários homens trabalhando, tem que produzir e apresentar resultados. Tínhamos meta para bater, dois flagrantes de entorpecentes por semana. "O que vocês fizeram? Apreenderam droga, apreenderam contrabando?", cobravam. "Não apreendemos nada" – detalha ao jornalista inglês, enquanto sua filha prepara a mesa do jantar.

Já fazia horas de entrevista. A noite avançava e ninguém tinha comido nada. Com seu jeito doce e envergonhado, Jordana serviu uma macarronada, desculpando-se pela simplicidade e o improviso. Jonathan, atento a tudo, era cauteloso ao que falava e muito respeitoso pelo fato de estar sendo recebido pela família de Newton em sua casa. Tinha autêntico interesse por seus entrevistados, não apenas na história. Pego de surpresa pelo cuidado da jovem, sentiu-se tocado. A mesa, para quatro pessoas, estava tomada como havia muito não acontecia na residência dos Ishii. Os comensais, um deles de proporções teutônicas, espremiam-se e se deliciavam com a massa, que chegara em boa hora.

O olhar melancólico de Newton denunciava uma alegria em receber aquela gente. A sobreposição de vozes, sotaques e idiomas talvez o tenha feito se lembrar dos tempos em que a família era maior, mais alegre e esperançosa. Por 27 anos, Newton fora grato à vida. Tivera dois filhos com Fátima. Em casa, reinava a harmonia. Estava sempre sorrindo. Quantas vezes Jordana, em criança, flagrou seu pai entrando pela porta da frente com a esposa no colo, numa espontânea e contagiosa celebração. Aquele policial federal se sentia realizado. Não tinha dia em que não agradecesse a Deus pelo que se tornara e pelo que conquistara. Newton parecia um homem feliz.

CAPÍTULO 3
Operação Sucuri

Nunca ocorrera a Newton que o destino pudesse surpreendê-lo com uma desgraça que arruinasse a vida da família. Quem abriu a caixa de Pandora em sua vida foram os protagonistas da Operação Sucuri, que em março de 2003 investigou a participação de servidores públicos em um esquema de facilitação de contrabando do Paraguai pela tríplice fronteira, em Foz do Iguaçu.[1] Os que se sentem injustiçados pela operação afirmam que, como fazem pescadores predatórios, foi jogada uma rede de arrasto, puxando para a superfície o que estava na frente, não distinguindo criminosos, cúmplices e inocentes. Numa ação cercada de ruído, foram presos três funcionários da Receita Federal, dois policiais rodoviários federais, nove atravessadores e 23 policiais federais – entre eles, Newton.

Uma das narrativas não aceitas pela Justiça foi de que a Operação Sucuri começou com um ato de abuso de autoridade por parte de um agente federal e acabou por servir de oportunidade a interesses fora dos critérios policiais. Um dos presos na investigação lembra que, pouco antes de deflagrada a operação, uma senhora foi presa com contrabando de mercadoria, situação ainda muito comum na região. Integrantes do bando dela, alguns já conhecidos da polícia por serem atravessadores, foram para a frente da delegacia aguardar sua soltura. Dois policiais federais que estavam passando no local naquele momento gritaram para que o grupo fosse embora.

"Não queremos essa bagunça em frente à delegacia. É isso ou cadeia", ordenou o agente.

"Estamos na rua e podemos fazer qualquer coisa aqui", teria respondido um deles, recrutado como mototaxista para fazer corridas até Ciudad del Este.

"Mas eu não quero em frente à delegacia."

"Não vamos sair. Vamos continuar aqui", insistiu o atravessador, para a fúria do policial federal, que avançou sobre o rapaz, lhe aplicou uma gravata e o levou preso. A agressão acabou virando uma representação criminal contra o agente por abuso de autoridade. Havia testemunhas. Era certo que o agente perderia a ação, e possivelmente o emprego, caso fosse instaurado um processo administrativo. Sua única saída era conseguir incriminar o mototaxista por algum delito, a fim de descredenciar o acusador. Seguindo esse pensamento, o próprio policial teria iniciado uma investigação sobre o rapaz, que já era conhecido como atravessador de mercadoria. Não foi difícil colher evidências de sua participação no grupo.

Usando grampos, o policial chegou a outras pessoas envolvidas no mecado ilegal da tríplice fronteira. Foz Iguaçu faz limite territorial com Puerto Iguazu, na Argentina, e com Ciudad del Este, no Paraguai. À época, cruzavam a Ponte da Amizade mais de 35 mil pessoas nos dias de pico. A fiscalização era por amostragem: 7%. Muambeiros, contrabandistas e traficantes passavam por ali sem serem molestados.

Como em outras cidades de fronteira, o controle na ponte era falho, principalmente por causa do baixo efetivo – um verdadeiro "queijo suíço", no jargão dos policiais –, deficiência que só se agravou. Hoje, a fronteira seca de 1.366 quilômetros é patrulhada por no máximo 1,5 mil agentes federais.[2] Na divisa dos Estados Unidos com o México e Canadá estima-se que sejam mais de vinte mil servidores. Outra razão é a permanente sofisticação do esquema do crime organizado, que dribla a fiscalização e o policiamento com a construção de portos clandestinos no lado paraguaio, "fichando" agentes da PF, cujos passos são vigiados diuturnamente.[3] A profissionalização assegura a entrada de produtos ilegais num volume que gera perdas anuais ao país superiores a 130 bilhões de reais,[4] um cenário que estimula a atividade ilícita e que provoca cobiça entre os servidores públicos dispostos a enriquecer rápido.

Ao final de algumas semanas, dezenas de telefones estavam interligados com gravações de conversas, dando forma à operação. Antes mesmo da conclusão do inquérito policial, os porta-vozes dos delegados federais declararam apressadamente à imprensa que havia acerto prévio dos investigados e que fiscais da Receita Federal eram avisados para deixarem determinados veículos entrar no país, geralmente táxis ou vans, com mercadorias no valor de até quarenta mil dólares, sem o pagamento de impostos.[5]

No dia 7 de março, Newton foi preso. A caminho do trabalho, foi abordado por um colega, também agente, que pediu que o acompanhasse à divisão da Polícia Federal. Chegando lá, foi dada ordem para vasculhar sua residência.

– Vi depois a relação de objetos apreendidos em casa, umas bobagens. Tinha até um papelzinho escrito "Rinosoro", que é um descongestionante nasal.

Ficou preso quatro meses, sem receber. Saiu da cadeia no dia 11 de julho, quando o desembargador João Surreaux Chagas acatou pedido de *habeas corpus*. A decisão foi seguida por maioria da turma, em 20 de agosto.[6]

Sua detenção abalou a família, e reverbera até hoje como um capítulo da dinastia que causa desconforto. Em dezembro de 2016, durante a comemoração do aniversário de uma sobrinha, sem que ninguém tivesse tocado no assunto, seu tio decidiu remexer o passado, como se, numa profissão de fé, pudesse corrigir qualquer rumor que ameaçasse a reputação de Newton.

"Muitas vezes, inocentes acabam pagando pelo crime dos outros, simplesmente porque estavam no lugar errado na hora errada", disse lastimoso, enquanto Newton limpava delicadamente o canto da boca do tio, num carinho involuntário e natural. Essa versão é reproduzida com detalhes por quem se sentiu ultrajado pela operação.

Outro agente, apontado na operação como facilitador do contrabando, conta que os motivos e a conclusão das investigações ainda são nebulosos:

"As interceptações começaram com o atravessador 'Maranhão' (João Vieira Júnior) conversando com o comparsa Júlio (César da Silva), que foi pego falando com o (Nelson) Batata, grampeado numa conversa com o (Reginal) 'Abacate', que foi pego numa ligação para o policial José Fernando Coutinho, que conversava com o colega Marcos de Oliveira Miranda. O Miranda já falava com o policial (Adriano da Costa) Luetz, que falava com o (Ocimar Alves de) Moura, que falava comigo, e eu com o Paulo Jair (de Souza). Ter contato com alguém não é indício de algo criminoso. As pessoas se falam, coisas normais do dia a dia. O conteúdo dos bate-papos não tinha nada de mais. Só porque a gente falava uns com os outros criaram essa cadeia, como se fôssemos todos cúmplices. Por conta de má interpretação, fui colocado no 'balaio'", defende-se, atribuindo o indiciamento às trapalhadas de colegas, que, como na brincadeira de "telefone sem fio", um mero mal-entendido vai sendo repassado aos demais de forma cada vez mais deturpada, chegando totalmente diferente ao ouvinte final.

"A gente perguntava para as testemunhas de acusação o que elas viam passar lá. 'Ah, víamos passar muitas vans.' 'O que tinha nelas?' 'Muitas caixas.' 'Para onde as vans iam?' 'Iam pro hotel.' 'O que mais vocês viram?' 'Vimos descarregando as caixas.' 'E o que tinha dentro das caixas?' 'Não sei.' Eram diálogos com esse grau de imprecisão que estavam nos depoimentos", completa o mesmo agente.

Pelas dúvidas apresentadas, os réus colocaram sob suspeição o trabalho dos próprios colegas e questionaram a legalidade das provas obtidas, acusando-os de não transcreverem *ipsis litteris* o conteúdo dos grampos. A defesa de Newton chegou a pedir uma perícia para a identificação das vozes, no software do sistema guardião (de acompanhamento das interceptações telefônicas) e nas gravações das conversas telefônicas interceptadas, "por ter havido a inserção de elementos interpretativos pelos policiais federais na transcrição das conversas".

"E se na caixa tivesse droga? A acusação seria outra, seria de associação ao tráfico. Se tivesse armas? Seria uma quadrilha internacional de tráfico de armas. Se você não sabe o que tinha dentro das caixas, como você pode dizer que era facilitação de contrabando? E se as caixas estivessem vazias?", conjecturou o policial. "O delegado, que fica dentro de gabinete, só recebeu a conclusão dos grampos. As pessoas acreditam no que está escrito. E papel aceita tudo. Fizeram uma colcha de retalhos, sem contexto, e nos incriminaram, porque materialidade mesmo não teve nenhuma."

– Ninguém nunca apresentou qualquer prova de que eu tivesse feito parte dessa organização criminosa – reforça Newton. – Como me indiciaram por facilitação de contrabando se não tinha empresa, apreensão de mercadoria, nada? Passavam milhares de carros por lá. Era incontrolável. Éramos só dois, e o foco era o tráfico de drogas. Você tem que parar alguém. E, quando você para um, passam milhares – chateia-se, ainda convicto de que o fundamento sagrado do Estado Democrático de Direito, de que para se condenar alguém é preciso demonstrar devidamente a materialidade do crime, fora violado. Nada, nem o direito importava. Havia outros interesses. Além da hipótese de que tinham criado uma cortina de fumaça para desviar a atenção da acusação contra o policial por abuso de autoridade, falou-se no uso da operação como trampolim para a carreira a delegado-chefe da Polícia Federal em Foz do Iguaçu.

"O Joaquim Mesquita, que chefiou a operação, era um alpinista dentro do departamento. Circulava na delegacia a história que ele queria ser o mais jovem diretor-geral da história da PF. Viu na operação um atalho para ganhar visibilidade nacional. Tanto é verdade que, dois meses após a Sucuri, ele foi nomeado delegado regional executivo na Superintendência da Polícia Federal do Mato Grosso. Fez o mesmo em Rondônia.[7] Prendeu desembargadores fazendo um estardalhaço", inferiu um dos servidores presos junto com Newton.

À frente da Superintendência da Polícia Federal em Foz havia somente 22 meses, o delegado-chefe, ao longo da carreira, deixaria exposta a falta de conexão entre seu discurso e suas atitudes. No comando da Operação Sucuri, vendeu a imagem de agente público de rigor moral inexpugnável. "A Polícia

Federal não compactua com ações de corrupção e tem a capacidade de coibir esse tipo de situação; tanto que prende seus próprios policiais", desferiu, implacável, à imprensa.[8] Quatorze anos depois, em 2011, como secretário da Casa Civil do Estado de Goiás, Mesquita provaria do próprio veneno: um grampo levaria ao bloqueio judicial de 33 milhões de reais seus, e o tornaria réu em um esquema de fraudes na contratação de fornecedores de refeições para presos do Complexo Prisional de Aparecida de Goiânia.[9] O esquema teve o envolvimento do bicheiro Carlos Augusto de Almeida Ramos, o Carlinhos Cachoeira, e foi comprovado por interceptações telefônicas da Operação Monte Carlo. O mundo deu voltas, mas não tirou de Newton a mágoa. Ainda hoje, se diz insultado pelos colegas e pela Justiça.

Num país em que para o ex-diretor-geral da Polícia Federal, Fernando Segóvia, "apenas" uma mala com quinhentos mil reais não era prova suficiente para materializar o crime de seu "patrão", o presidente Michel Temer,[10] a linha de defesa de Newton, apontando inconsistências na apuração e no processo judicial, não recebeu o mesmo entendimento por parte da Justiça do Paraná. Em 30 de abril de 2009, ele foi condenado em primeira instância a quatro anos, dois meses e 21 dias de reclusão por corrupção e descaminho. Na segunda instância, enquanto alguns colegas foram inocentados, o melhor que conseguiu foi a substituição da pena pelo pagamento de cestas básicas. Além da questão criminal, o agente federal respondia a outros dois processos: um interno e outro por improbidade administrativa.

Em 7 de junho de 2016, seria preso novamente, por determinação da 4ª Vara de Execução Penal da Justiça Federal de Foz do Iguaçu, uma semana antes de ter seu recurso negado pelo Superior Tribunal de Justiça.[11] Ele se entregou aos colegas da superintendência. Passou a noite detido na própria sala onde trabalhava, porque não podia se juntar aos detentos da Lava Jato. No dia seguinte, foi transferido para o Centro de Operações Policiais Especiais da Polícia Civil. Ficou preso sozinho por dois dias. De lá, saiu com uma tornozeleira eletrônica.

A Justiça autorizou o uso do equipamento de vigilância em Newton em atenção ao pedido do superintendente da Polícia Federal no Paraná, o delegado Rosalvo Franco. O argumento foi que "o regime de pena imposto ao sentenciado (seu subordinado) seria o de semiliberdade, e, por ostentar condição de agente da Polícia Federal, ultimamente ganhou notoriedade ao realizar as escoltas de diversos presos da Operação Lava Jato". Para o delegado, não seria prudente o recolhimento dele em um sistema prisional ou em qualquer sala ou compartimento das polícias de Curitiba. O superintendente destacou em petição à Justiça que "a utilização da tornozeleira eletrônica possibilitaria o exercício de atividade laboral pelo apenado, com recolhimento em sua residência".

A medida foi providencial, porque Rosalvo pôde logo contar novamente com seu homem de confiança. No mês seguinte, em julho, Newton voltou a dar expediente na Superintendência da Polícia Federal, devidamente reintegrado ao posto de chefe da carceragem. Em setembro, foi visto conduzindo o pecuarista José Carlos Bumlai, ambos usando tornozeleira eletrônica.

O processo judicial, que se arrastou por longos dezesseis anos, trouxe dissabores e prejuízos ao chefe do Núcleo de Operações. Os gastos com advogados arruinaram suas economias. A desigualdade com que o Judiciário tratou as peças processuais e os documentos relacionados a ele provocou uma ferida profunda na vida de Newton, a ponto de pôr em xeque sua fé na Justiça e na própria Polícia Federal, à qual dedicou sua vida.

– Eu tiro por mim. Todos os meus direitos foram desrespeitados. Meu processo, ninguém leu. A única pessoa que passou não sei quantos meses estudando o caso foi a presidente da comissão disciplinar interna da Polícia Federal. "Pô Newton! Por que você foi preso? Não tem nenhuma prova. Eu não sei como vocês foram presos em flagrante sem flagrante, porque vocês foram condenados sem ter crime nenhum." Ela mandou arquivar o processo, porque não tinha nada.

A situação funcional de Newton estava por um fio por causa das condenações. Por pouco, o chefe do Núcleo de Operações da Polícia Federal não teve o mesmo destino de outros dois colegas: perda da função pública, sem direito à aposentadoria.[12] A Operação Sucuri não parava de render pesadelos a Newton, dessa vez servindo a outros propósitos. Sua condenação e prisão teriam feito parte de uma conspiração para desacreditar e enfraquecer a Lava Jato, desmoralizando junto à opinião pública um dos símbolos da luta pelo fim da corrupção.

CAPÍTULO 4
Tragédia na família

A prisão, a ameaça de expulsão da Polícia Federal, os enormes gastos com advogados para provar sua inocência e a suspeição de sua probidade tiveram impacto avassalador sobre a família Ishii. Em 2003, o primogênito Eduardo, então com 26 anos, já tinha regressado do Japão havia dois anos. Para acumular uma poupança, o batente chegava a quatorze horas por dia como operário na fábrica da Sanyo e tirava um extra como motorista de uma van transportando outros funcionários da empresa, rotina que levou por três anos. Overdose de trabalho não é incomum no Japão, onde há muitos casos de mortes súbitas por exaustão extrema, conhecidas como *karoshi*.[1] Mas, no terreno fértil para intrigas da Polícia Federal, circulava o boato de que Newton enviara o filho para passar férias no Japão com o dinheiro obtido no esquema do contrabando.

Dudu não era propriamente um jovem dedicado aos estudos. Além das baladas, gostava mesmo era de trabalhar. Assim como o pai, seu desejo maior era ter independência financeira. Àquela altura, era preciso também pensar no sustento da filha, nascida quando ele tinha somente 19 anos, fruto de um dos inúmeros breves namoros que colecionou em sua trajetória de conquistador. Dudu era um jovem atraente, vibrante e alegre, sempre cercado de mulheres e amigos, e que quase não dormia.

Entre suas ocupações, chegou a carregar caixas em depósitos de Foz do Iguaçu.

– Oh, meu filho! – lamentava Newton, desgostoso com o emprego do filho.

– Pai, eu tenho que me virar.

Começou a ganhar melhor num atacadão no lado paraguaio, cerca de 1,5 mil dólares, mas não era o suficiente para seus planos. A solução que encontrou foi, a convite de um primo, migrar para o Japão, onde passou a receber cinco vezes mais. A mãe de sua filha se mudou para a Espanha. A criança ficou no Brasil, morando com os avós paternos. Newton, que também fora educado pelos avós, via a história se repetir.

Nas primeiras semanas em Nagano – pequena cidade na região central do Japão, conhecida como a "Suíça japonesa" por causa das montanhas que a cercam –, o primo lhe deu abrigo e lhe arranjou um emprego. A adaptação à cultura japonesa só não foi mais difícil porque aprendeu rápido a língua, novamente para não depender do auxílio de outras pessoas no dia a dia. Qualquer tipo de sujeição sempre o incomodara. Matriculou-se numa escola de línguas para expatriados. Em seis meses já se comunicava bem e, quando encontrava tempo, participava de karaokês – uma paixão nacional na Terra do Sol Nascente. Voltou para casa falando, lendo e escrevendo em japonês.

Devido à alta carga horária de trabalho, não cultivou vínculos sociais: ao contrário, conviveu numa atmosfera de forte competição entre os próprios brasileiros. Não encontrou solidariedade ou companheirismo na comunidade de sanseis. Apesar de morar na mesma cidade que o primo, passou boa parte do tempo sozinho. Nos dois anos e meio em que esteve lá, suas melhores companhias foram os filmes, o karaokê e os videogames. Recebeu a visita da família quatro vezes. Todo o dinheiro que Newton guardara foi gasto nessas viagens.

Com a solidão, amparou-se em muletas psicológicas para superar uma fase complicada de sua vida, sinais de que algo não ia bem. Começou a comprar mais, a comer mais e a fumar mais. Em pouco mais de dois anos do outro lado do mundo, fizera uma boa poupança. Era hora de voltar para casa, para abrir um negócio no Brasil. A princípio, pensou num comércio, mas depois optou por abrir uma oficina de pintura e customização de carros, uma paixão sua. Parecia que os negócios iam bem. Arrumou um sócio, montou uma loja maior, para no final não dar certo. Perdeu todo o dinheiro. Frustrado, sem perspectivas, refratário a trabalhar novamente em serviços pouco qualificados no Paraguai, cogitou retornar ao Japão e se submeter à rotina exaustiva. Porém, só de considerar essa possibilidade sentia uma tristeza enorme por ter que deixar a filha para trás novamente.

Por ser sansei, o visto para trabalhar no Japão demorava mais do que o normal. Com isso, Dudu, já casado com outra mulher, se viu obrigado a morar com os pais, humilhação com a qual não soube lidar. O apartamento em Foz do Iguaçu não era grande o suficiente para cinco adultos, mais uma criança. A vergonha de ter que pedir dinheiro ao pai até para colocar gasolina no carro era demais para o garoto, educado para ser bem-sucedido e independente.

A identificação social de Dudu se dava através do trabalho, principal fonte de reconhecimento pessoal, a partir do qual ele se projetava no futuro. Quando confrontado com a possibilidade de perder seu lugar na sociedade, uma crise existencial se desencadeou, levando-o a transtornos psicológicos irreversíveis. Entrou numa espiral depressiva tão acelerada que poucos tiveram tempo de perceber o que estava acontecendo.

– Naquela época a gente achava que ele estava apenas triste. Triste por ter que deixar a filha, ter que retornar ao Japão. Ele sempre falava: "Agora eu não volto mais, agora eu vou ficar no Japão direto" – relembra Newton, comovido.

Até que, numa manhã de setembro de 2006, Eduardo acordou cedo, antes de todo mundo. Quando os familiares se levantaram, estranharam não vê-lo em casa.

– Cadê o Eduardo? Nada! Ligamos para ele e nada, nada, nada. Tocava o telefone e ele não atendia – conta.

"Aconteceu alguma coisa, aconteceu alguma coisa, aconteceu alguma coisa", repetia Fátima, sem parar, já transtornada. Até que tocaram a campainha do apartamento. Era o avô materno da neta de Newton, ao interfone.

"Newton, dê um pulo aqui fora, que tem uma desgraça."

Desceram até a garagem. Dudu estava estirado dentro do carro, coberto de sangue. Tinha se matado com um tiro. Não deixou um bilhete, nada, que explicasse a atitude extrema. Suicidou-se sem lamentações, sem despedida. Os pais, a caçula, os parentes nunca se acostumaram nem entenderam as razões que o levaram a abreviar a vida. Newton, sem uma resposta definitiva, desconfia até hoje que ele tenha sofrido silenciosamente de uma irreversível melancolia. Talvez esteja certo. O suicídio geralmente aparece associado a transtornos psíquicos. O mais comum é a depressão, responsável por 30% dos casos relatados em todo o mundo, segundo levantamento da Organização Mundial da Saúde. Dentro de quarenta segundos, a partir de agora, alguém, em algum lugar no planeta, vai tirar a própria vida.[2]

Até concluir que a vida lhe dera um xeque-mate, o primogênito de Newton não apresentava sinais claros de que sua condição psíquica merecia cuidados profissionais. A estrutura de seu ego, cuidadosamente dissimulada por suas atitudes ousadas, era frágil. Jamais tolerara a frustração. Sem capacidade de espera, não suportou lidar com a impotência, com os limites e com os "nãos" que a vida lhe impôs. Também nunca fora de falar muito de si mesmo. Orgulhoso e discreto, enfrentava as dificuldades sozinho, como se um pedido de ajuda fosse algo vergonhoso, valor atávico transmitido de geração em geração, muito comum na educação japonesa. Mas, intimamente, suplicava por socorro. Acreditava estar sendo claro e que ninguém o ouvia, assim aumentando a sensação de ser invisível para o mundo. Incapaz de comunicar a própria dor e sem perspectivas, desempregado, dependendo da boa vontade dos pais – envoltos a sérias dificuldades financeiras na esteira da Operação Sucuri –, com a autoestima em frangalhos, sentindo-se fracassado aos olhos dos pais e da mulher, estava inteiramente vulnerável. A desesperança beirava o insuportável. A vida perdia rápido o sentido. O mundo ao redor desmoronava. Sua capacidade de julgamento já estava comprometida. Em estado de sofrimento psíquico grave, tinha a sensação de que seus valores morais e éticos não lhe serviram de nada, não o resgataram do fundo do poço quando mais precisou. Sonhava apenas com a possibilidade de fechar os olhos e acordar num mundo onde suas necessidades estivessem saciadas. Morrer parecia a solução. Sua natureza impulsiva, a mesma que o levou ao Japão, que o fez abrir um negócio arriscado, o ajudou a puxar o gatilho. Em meio à extrema impotência diante da realidade, imerso no sentimento de desvalia, a última coisa que pensou, ali dentro do carro, provavelmente foi: "Desculpa. Não consegui."

No carro, vendo o filho sem vida, vítima do mais elevado ato autodestrutivo, implodiu tudo aquilo em que acreditava, todos os planos, todas as certezas. Não era possível que essa ameaça sinistra estivesse tão próxima, instalada no quarto ao lado, crescendo em silêncio, como um monstro, alimentando-se da vitalidade de Dudu, de sua alegria e de seu entusiasmo. "Por que você fez isso? Por que não me pediu ajuda? Onde nós erramos? Isso tá errado, tá errado!" Newton ora pensava, ora despejava essas perguntas, chacoalhando ainda mais o corpo já trêmulo, as lágrimas encharcando o rosto, inconformado. "Fátima", lembrou-se da mulher. Pediu a um amigo para cuidar do corpo do filho, enquanto voltava ao apartamento para dar a notícia à esposa.

Retornou meio que cambaleando, atropelando os vizinhos com os quais cruzava, o coração golpeando irascível o peito, a respiração curta que mal o oxigenava. Chegou ao apartamento, Fátima na porta, soluçando. Newton não precisou dizer nada. A dor de uma mãe que perde o filho de forma violenta, na plenitude de sua vida, ecoou num grito tão longo e alto que foi ouvido em todos os andares do prédio, afugentando um bando de garimpeiros que descansavam num pinhal próximo.

Um tio buscou Jordana na escola ainda no meio das aulas e a levou para a casa das primas. Foi poupada da notícia por algumas poucas, mas as mais longas, horas de sua vida. Aquela situação inusitada, o ar pesado, as expressões graves, as pessoas sonegando informação, tudo aquilo prenunciava algo ruim, muito ruim. Sem entender o que estava acontecendo, mas com o coração confrangido e acelerado – órgão que parece dispor de poderes psíquicos para pressentir o que não se via, não se ouvia, nem se sabia –, roía desesperadamente as unhas até que os dedos sangrassem, hábito que nunca mais abandonou. Quando lhe contaram que uma desgraça tinha acometido o irmão, rapidamente se lembrou da discussão que tivera com Dudu no dia anterior. Um sentimento infundado de culpa a sequestrou de tal maneira que o medo e o desespero se apoderaram dela, como uma fugitiva que deixa pegadas e digitais pelo caminho. A morte trágica do irmão mutilou sua alma, deixando-a incapaz de se amar totalmente e de se doar integralmente a outra pessoa. Por muitos anos, responsabilizou intimamente seu irmão por ter-lhe roubado essa aptidão e pela tragédia que se seguiu à família.

Tudo parecia muito surreal para ser verdade. Newton chegou a se desculpar com a filha por não ter evitado a tragédia. A impressão de ter sido um pai inapto, ausente, resultado das longas e exaustivas horas de trabalho na Polícia Federal, o massacrava.

– Não vi o meu filho crescer. Ficava muito tempo fora, principalmente em operações de apreensão. Já fiquei sessenta dias longe – culpa-se até hoje.

As ausências constantes faziam com que os filhos buscassem no pai sinais de que não sairia a trabalho. Com o tempo, o simples ato de calçar o chinelo ganhou para as crianças um atributo importante.

– A primeira coisa que eu fazia, quando chegava em casa era tirar o sapato. Meus filhos, então, corriam e pediam: "Bota o chinelo, pai. Bota o chinelo", porque se eu colocasse o chinelo intuíam que eu não sairia mais.

A experiência na Polícia Federal exigiu sacrifícios familiares que Newton não deseja para seus subordinados. Isso o tornou mais tolerante ao assumir a chefia do Núcleo de Operações. Se dependesse dele, a atividade de policial federal deveria interferir o mínimo possível na vida familiar e conjugal de seus agentes. Para não enfrentarem os mesmos problemas que ele, dava prioridade aos casados na escala de folgas. O índice de divórcio e separação entre os policiais federais é muito alto. Boa parte deve-se à inconstância no relacionamento causada pela ausência do parceiro, que fica dias longe de casa, em missões.

O drama dos Ishii, que começara com a Operação Sucuri, estava longe de acabar. Newton, já aposentado na época, não esperou o fim do ano letivo da caçula para se mudarem de Foz do Iguaçu. Em novembro de 2005, seguiram para o Rio de Janeiro, levando também a neta, com oito para nove anos de idade, ainda sem saber a causa do falecimento do pai.

Fátima, para dar ânimo à filha, à neta e também ao marido, buscou força interior, em cantos nunca antes explorados dentro de si. Depois de dois anos, porém, sintomas de pânico começaram a assombrá-la, com repercussões físicas. A arritmia e a pressão alta derrubaram uma mulher que até então esbanjava uma saúde de ferro. Fátima calou seu sofrimento. Por mais que Newton lhe pedisse para compartilhar seus sentimentos e sua dor, ela se recolhia. Não interagia. Pouco comia, pouco dormia, pouco vivia. A morte do filho sugara sua energia e sua disposição em reagir.

O quadro depressivo se agravou, com picos de crise. Na pior delas, Fátima perdeu a consciência. Sofreu uma parada cardíaca. Newton conseguiu reanimá-la e levá-la para o hospital. Ficou dez dias na UTI. Seu quadro clínico era preocupante, piorava a cada dia. Os problemas cardíacos, decorrentes dos transtornos psíquicos que desenvolvera após o suicídio do filho, foram decisivos.

Apesar das elevadas doses de antidepressivos, sofria recorrências repentinas de pavor, que aceleravam o coração. Havia emagrecido muito, mas preservou a beleza atrevida que tanto atraíra Newton. Numa noite de abril de 2009, Fátima não conseguia dormir. Deitava e se levantava da cama a todo momento. Se demorava, Newton ia atrás dela para conversar. Na área de serviço, ele a pegou chorando convulsivamente.

"Poxa, a gente não combinou de conversar?", perguntou carinhosamente para a esposa.

"Ah, Newton, eu queria ver o Dudu pela última vez."

"Ainda não, minha querida. Ainda não. Mas daqui um tempo, vamos estar todos juntos."

A frase acalmou Fátima, que acabou por voltar para a cama e adormecer – mas parece também ter servido como uma senha de libertação. Perto das cinco da manhã, ela teve uma súbita falta de ar. O marido pegou um descongestionante nasal e pingou algumas gotas, até ela voltar a respirar normalmente. Com a luz acesa, Newton deitou-se ao lado dela, olhando-a com preocupação e cuidado. Parecia ter sido apenas uma pequena crise respiratória. Adormeceu. Acordou algum tempo depois. Virou-se para ela, a fim de assegurar que se encontrava bem. "Está muito quietinha", pensou. Colocou a mão sobre o peito dela. "Jesus, outra parada." Nisso, entrou a filha no quarto.

"Pai, o que aconteceu?"

"Sua mãe não está nada bem. Ela teve outra parada respiratória. Vou levá-la agora para o hospital."

Newton saiu desesperado para pegar a chave do carro. Fátima estava nos braços da filha. Jordana não falava nada, apenas chorava. Sabia que a mãe não estava mais ali. Não adiantaria tentar convencer o pai do contrário. Melhor deixá-lo com esperança, mesmo que por um fio, por alguns minutos a mais, de que ainda tinha com ele a mulher de sua vida.

Correram para o hospital. O cardiologista que a atendeu não demorou para voltar com a notícia de que Fátima, aos 53 anos, chegara morta. O buraco sob os pés dos Ishii expandiu-se, sobretudo sob os de Jordana. Convicções aparentemente sólidas se desintegraram.

"Pai, eu não acredito mais em Deus!", Jordana disse categoricamente, com a cabeça enterrada no colo de Newton, os olhos inchados e a expressão de alguém que fora vítima de uma trapaça, ludibriada pelos homens e suas crendices.

– Eu não tive resposta para dar a ela na hora – lembra, observando a filha, que recolhia os pratos ao final do jantar com o correspondente do *Guardian* e sua intérprete.

Do velório de Fátima, recorda-se de ter concluído que Deus existia sim, por ter lhes dado a oportunidade de haver convivido todo aquele tempo com a mãe dela e o irmão.

– Foi um privilégio.

Jordana, fragilizada, ficou mais próxima do pai. Só tinha ele agora para acalmá-la, protegê-la e animá-la. A presença física de Newton foi essencial para fortalecê-la nos anos que se seguiram à morte do irmão e da mãe. Sem esse suporte moral e afetivo, teria despencado no abismo da melancolia e sido tragada pelo consumo irrefreado de substâncias químicas, recurso a que recorreu algumas vezes, de maneira autopunitiva. Nos momentos mais graves, tinha crises de sudorese. As mãos, os pés e o rosto formigavam. O batimento cardíaco disparava. Experimentava uma sensação de perigo iminente, de estar fora da realidade, de medo de perder o controle, de que a morte se avizinhava.

Ainda que debilitada, agitada, ansiosa e vulnerável, Jordana continuava a se preocupar mais com os outros do que consigo mesma. Um dia, ofegante, as mãos trêmulas, coçando a perna e o corpo, precisando de ajuda para ir ao pronto-socorro, evitou expor o pai, já uma celebridade nacional.

"Pai, você não pode me levar. Todo mundo te conhece. Não quero que saibam que sua filha está desse jeito", falou, com o olhar ainda doce, mas envergonhado, como que se desculpando pelo inconveniente. Newton se levantou, disse algumas palavras de conforto e levou-a a um canto da casa até acalmá-la. Não era a primeira vez que isso acontecia. Sabia como proceder.

Ninguém se prepara para encarar a dor de perdas sucessivas e irreparáveis. A morte de seu pai, em 1991, também de forma dramática, num acidente automobilístico, ainda era uma ferida aberta. A morte do primogênito só aumentava a carga da desfortuna, como se fosse uma maldição. O falecimento da esposa lhe pareceu o último prego do flagelo. Newton chegou a se sentir sem mais perspectivas. Não escondia o quanto a mulher lhe fazia falta, mais até que o próprio filho. Sem Fátima, era como se estivesse manco, cego de um olho, impossibilitado de fazer as melhores escolhas. Não encontrava graça, não fazia graças. Era só metade, um zumbi deformado que não via com quem valesse a pena compartilhar impressões, frustrações e entusiasmos. Estava só. Completamente só.

Mas continuar era preciso. Para honrar o direito de estar vivo, em nome do amor pela filha, Newton descobriu que, ao contrário do que pudesse imaginar, dentro de si florescera uma fibra moral e emocional de tal pureza que o conduziu a uma catarse. Teve, ainda, a sorte de receber o carinho da família e a solidariedade de amigos da Polícia Federal, que fizeram de tudo para tirá-lo da depressão que o rondava.

CAPÍTULO 5
Na Lava Jato

Após o jantar, Newton convida todos para retornarem à sala. O relógio avança. Jonathan Watts, sem transparecer cansaço, anseia pelos detalhes e o testemunho de um dos mais emblemáticos e casuais personagens da Lava Jato. Reacomodam-se no sofá de camurça surrado. Percebe-se no apartamento de classe média um descuido de quem pouco para em casa. São setenta metros quadrados de decoração espartana e improvisada. Canecas com imagens e fotos do Japonês da Federal enviadas pelos fãs são dispostas de forma aleatória no aparador. Nenhum luxo ou excesso, nada que indicasse qualquer enriquecimento ilícito. Nenhum sinal que lembrasse Fátima ou Dudu. Na parede ao lado da porta de entrada, desalinhado, apenas um pôster da lendária equipe do Coxa de 1985, time do coração de Newton, que naquele ano conquistara o Campeonato Brasileiro.

Aposentado desde outubro de 2003, ainda longe de imaginar que um dia retornaria à Polícia Federal, Newton adquiriu o hábito de correr quase todos os dias. Preenchia o ócio e afastava a melancolia ajudando ora o irmão, na parte de logística e financeira de uma loja de produtos odontológicos, ora os colegas, no Sindicato dos Policiais Federais no Paraná. Mas o Tribunal de Contas da União, ao rever as aposentadorias de vários policiais federais que ingressaram na instituição antes de 1985, concluiu, em 2013, que todas eram irregulares por causa da contagem de tempo de serviço. Em abril de 2014, o diretor de gestão de pessoal do Departamento da Polícia Federal revogou a aposentadoria de Newton, recolocando-o de imediato na ativa e no palco da Lava Jato, operação que trincaria as estruturas políticas e econômicas do país.[1]

Foi em boa hora. Com a proporção que a operação assumira, o superintendente Rosalvo Franco precisou deslocar um número considerável de agentes para a investigação. O desfalque de efetivo em outras atividades era grande. A princípio, Newton foi designado para uma função burocrática – cuidar do recrutamento no Núcleo de Operações. Com o passar das semanas, acumulou outras atribuições. Era chamado para participar de intimações e em missões da parte operacional. Em 17 de setembro de 2014,[2] Newton fez sua estreia na Lava Jato. Foi escalado para integrar a escolta que conduziu a Brasília o ex-diretor da Petrobras, Paulo Roberto Costa, convocado pela Comissão Parlamentar de Inquérito do Congresso Nacional instituída para investigar o desvio de dinheiro na estatal.

De volta a Curitiba, notou que Rosalvo estava cercado por problemas que pipocavam na carceragem. A começar pelo próprio Paulo Roberto Costa, que reclamava demais, espalhando o boato de que estava sendo ameaçado por agentes penitenciários.[3] Tais rumores causavam dor de cabeça para o superintendente junto aos procuradores do Ministério Público Federal, que exigiam proteção máxima às peças-chave do esquema de corrupção na Petrobras. Rosalvo decidiu transferir o preso para o Complexo Médico Penal. Nos poucos dias em que ficou por lá, o ex-diretor da petroleira também causou problemas. Quis retornar à superintendência, e tirou a paciência e o humor da administração.

Outro problema sério continuava a tirar o sono de Rosalvo: a repercussão sobre o grampo na cela de Alberto Youssef.[4] O superintendente percebeu que perdia o controle de uma área que se tornaria visada pela mídia e sensível a vazamentos e a ameaças à segurança dos presos. Faltava um profissional, com experiência e equilíbrio para tomar as rédeas na carceragem, destino de presos com perfil diferente dos habituais contrabandistas e traficantes. Esse profissional era Newton. No processo de mudança, o Núcleo de Operações, já sob a chefia dele, incorporou a custódia e a carceragem, antes subordinadas ao delegado executivo da superintendência.

A primeira providência foi substituir a equipe – composta por um policial federal e três guardas municipais – por agentes penitenciários federais vindos de todo o país, como Rio Grande do Norte, Rondônia, Brasília, Santa Catarina e outros estados. Para evitar que os presos criassem vínculos com os agentes penitenciários, a equipe de três pessoas era trocada a cada dois meses. O primeiro critério de seleção de Newton era a vontade de trabalhar. O segundo era *saber* trabalhar.

– Senão, ia ser só cagada. Não estava mais na fase de fazer experiência. Não dava pra ficar assim, não. Eu queria gente que gostasse de servir à Polícia Federal, que fosse ativa. Nada de ficar sentado atrás de uma mesa – explicava a seus superiores. E conseguiu. – Quando a equipe é boa, o ambiente é legal, os profissionais são de primeira linha, companheiros leais, aí vale a pena trabalhar. É gostoso reencontrar o pessoal no dia seguinte de manhã.

No círculo da Polícia Federal, o Núcleo de Operações em Curitiba ganhou notoriedade e atraiu a cobiça de agentes, que entravam na fila para serem selecionados. Mesmo policiais de elite, como os do Comando de Operações Táticas e dos Grupos de Pronta Intervenção, manifestavam o desejo de trabalhar com Newton e vivenciar a experiência de custodiar presos famosos.

A sistemática de visitas também mereceu procedimento diferenciado. A fiscalização ficou mais rígida. Nem mesmo os medalhões – advogados acostumados a intimidar até os juízes de toga dura pelo arguto conhecimento jurídico e por transitarem com desenvoltura nos corredores dos Três Poderes – eram poupados dos constrangedores detectores de metais. Os criminalistas, mais do que ninguém, eram submetidos a uma vistoria rigorosa. Newton cuidava para que qualquer documento, carta ou mensagem aos presos fosse antes aberto por algum funcionário da custódia, a fim de evitar que alguma informação prejudicasse a segurança do local ou o próprio processo. A sistemática era mantida até que o preso firmasse a colaboração com o Ministério Público.

O chefe do Núcleo de Operações demonstrou habilidade para gerenciar a complexidade do setor num momento delicado e para manter a autoridade diante de figurões acostumados a mandar, nunca a obedecer. O resultado é que o trabalho de Newton raramente foi questionado, tanto por parte da chefia da Polícia Federal quanto pelos outros personagens – procuradores federais, o juiz Sérgio Moro ou mesmo os próprios presos. Newton logo se tornou intocável.

Apesar de acreditar que nada acontece por acaso, o agente parece não ter parado para refletir na sucessão de eventos improváveis, coincidentes e complementares que o colocaram no centro da histórica operação de combate à corrupção, hoje tida como referência até no exterior. A despeito da desventura que se abateu sobre sua família, é provável que Newton tenha realmente sido um predestinado, a ponto de, pela perspectiva da opinião pública, compartilhar com o juiz Sérgio Moro e o ex-procurador-geral da República, Rodrigo Janot, o protagonismo do teatro do absurdo que se revelou ser a "petrorroubalheira".

– A Polícia Federal passou por momentos diferentes desde a época em que entrei. O órgão sempre trabalhou, e muito, mas nunca se chegou a uma operação dessa envergadura e complexidade, como a que nós estamos tendo hoje – explica.

Newton fala como se a bem-sucedida Lava Jato fosse resultado de um raro alinhamento dos planetas. Ele acredita que foi muita sorte juntar personagens como o juiz Sérgio Moro, o superintendente da Polícia Federal, Rosalvo Franco, como o chefe da Lava Jato, e o delegado Igor de Paula, além de procuradores jovens, cuja cultura jurídica influenciou o *modus operandi* da operação.

– Sem falar nos policiais federais que bateram no peito e se entregaram de corpo e alma à operação. Enquanto estiverem trabalhando em conjunto, enquanto houver recursos suficientes para a Polícia Federal e a Receita Federal, vai continuar a dar certo – observa, para dirimir dúvidas de que tenha havido qualquer tipo de ameaça do governo Dilma Rousseff ou do ex-ministro da Justiça José Eduardo Cardozo em desidratar o órgão e travar a Lava Jato. Newton, no apogeu da operação, diz não ter sentido restrições orçamentárias em sua área. A blindagem, que garantiu autonomia investigativa à instituição e os recursos financeiros necessários, teria vindo do apoio popular e da pressão da mídia.

No governo Michel Temer, porém, o cenário mudaria, e junto com ele as disposições políticas. Tendo a Polícia Federal no encalço do presidente, seriam adotadas pelo órgão medidas oficialmente de caráter burocrático, mas com repercussão direta no resultado da Lava Jato. Uma delas foi o fim da força-tarefa, modelo que permitira uma integração entre Polícia Federal, Ministério Público Federal e Receita Federal. Na prática, delegados e policiais federais perderam a dedicação exclusiva à Lava Jato e passaram a atuar em outros inquéritos, paralelamente. As investigações referentes ao esquema de corrupção seriam distribuídas para outros delegados da Delegacia de Combate à Corrupção e Desvio de Verbas Públicas (Delecor). Na prática, as missões seriam jogadas na vala comum dos burocráticos e morosos inquéritos policiais dos delegados federais. Especialistas veriam a medida como parte de um "desmonte" da Lava Jato, orquestrado pelo governo de Michel Temer, que respondia por corrupção passiva.[5]

A isenção da Polícia Federal começaria a ser questionada, também, quando o orçamento fosse contingenciado, o que afetaria setores como o de identificação, comprometendo o trabalho de investigação do órgão,[6] e quando o diretor-geral da instituição fosse substituído por um delegado nomeado pelas próprias autoridades investigadas por corrupção[7] – delegado este que em seguida desqualificaria o flagrante da mala com quinhentos mil reais como evidência de corrupção do presidente da República.[8]

– Se houve alguma retaliação quanto à atuação da Polícia Federal, foi o congelamento de nossos salários – reclama, com cara feia. Para ele, a força, a independência e o prestígio da Polícia Federal estão umbilicalmente ligados à Lava Jato. Com o fim da operação, essa independência poderá ser ameaçada.

Newton tem para si que, no início, apenas o superintendente Rosalvo Franco e o juiz Sérgio Moro foram capazes de "enxergar mais longe", antever que das diligências policiais poderia sair um monstro de grandes proporções, a começar pelo gigantismo da primeira fase da operação. Em 17 de março de 2014 foram feitos 81 mandados de busca e apreensão, dezoito de prisão preventiva, dez de prisão temporária e dezenove de condução coercitiva, em dezessete de seis estados e no Distrito Federal. Quatro anos depois,[9] teriam sido realizadas 260 conduções coercitivas, 168 prisões preventivas, denunciadas 105 pessoas, 442 acusadas, 160 réus condenados em primeira instância e 77 na segunda instância, entre eles o ex-presidente Luiz Inácio Lula da Silva.[10] As penas somadas chegariam a 2.384 anos de cadeia.

– Os dois são os pais da Lava Jato – atribui. – O dr. Moro é um juiz diferenciado, com postura firme, sem medo de retaliação. Depois que começou a proferir sentenças contra os poderosos e a tocar as audiências de forma correta, austera, dentro da lei, a Lava Jato começou a dar resultado. Moro serviu de modelo para outros magistrados bons aparecerem e mostrarem seu valor.

Newton admite que não havia, porém, como dimensionar o tamanho do "Godzilla" que se ergueria das apurações. Escaldados por terem visto tantos trabalhos bem-feitos da Polícia Federal serem frustrados mais adiante pela Justiça, o espírito dos policiais na superintendência em Curitiba era, no começo, uma mistura de ceticismo e de esperança de que as descobertas da força-tarefa pudessem transformar o Brasil. Até aquele momento, um forte sentimento de fracasso predominava na Polícia Federal. Agentes e delegados temiam que mais uma vez estivessem "enxugando gelo": prenderiam e a Justiça anularia os processos, invalidaria as provas ou simplesmente sentaria em cima dos casos até a prescrição.

Newton aponta como exemplo as operações Castelo de Areia – considerada o prelúdio da Lava Jato e que trouxe à tona, em 2009, uma rede de pagamentos entre diretores da empreiteira Camargo Corrêa e operadores suspeitos de fazer repasses a políticos dentro e fora do Brasil – e a célebre Satiagraha, que sacudiu o país em 2008 ao desencavar o bilionário esquema de lavagem de dinheiro, evasão de divisas, sonegação fiscal e formação de quadrilha de um dos mais ladinos banqueiros do país, Daniel Dantas, presidente do Opportunity. Tudo acabou em pizza. Mas com a Lava Jato, algo começava a mudar.

– Antes tinha muito disso. Se o juiz ou o policial mexesse com algo que incomodasse o andar de cima, logo era transferido. Hoje não existe mais essa influência. O Judiciário e a Polícia Federal têm autonomia e apoio popular. O povo está mais consciente. Acho que a Lava Jato foi um divisor de águas. O Brasil é outro depois da operação – acredita. – O impeachment da presidente Dilma Rousseff, a cassação do deputado Eduardo Cunha, a prisão do senador Delcídio do Amaral, ainda no gozo de seu mandato, a prisão de empresários bilionários, o fortalecimento do Judiciário e a mobilização popular, que fiscaliza e acompanha de perto a Lava Jato, são exemplos de que estamos passando por uma transformação positiva – avalia.

Mas velhos hábitos do sistema são difíceis de quebrar. Ao substituir Leandro Daiello no comando da Polícia Federal, Fernando Segóvia – que nutria ligações perigosas com políticos denunciados na Lava Jato, como o ex-presidente José Sarney,[11] que acumula escândalos no Poder, e com o dissonante ministro do STF, Gilmar Mendes,[12] que "frequenta palácios e troca mensagens com os réus"[13] – não tardaria a mostrar a que veio. Transferiria o delegado-chefe da Polícia Federal em Santos, justo no momento em que se investigavam contratos ilícitos envolvendo o presidente Michel Temer – alvo de inquérito autorizado pelo Supremo Tribunal Federal por suspeita de favorecer a empresa Rodrimar, que atua no cais santista.[14] Segóvia não pararia por aí: afirmaria não haver indício de crime na investigação contra Temer no chamado inquérito dos portos, indicando tendência para seu arquivamento.[15] A tentativa de blindar o chefe não repercutiu bem, e Segóvia acabaria por ser o mais breve diretor-geral da história da Polícia Federal.[16] Seria exonerado por Raul Jungmann, titular do futuro Ministério da Segurança Pública. A impressão do carcereiro de que o país tinha mudado com a Lava Jato não estava de todo errada.

No entanto, o ufanismo reafirmado por Newton e compartilhado por muitos brasileiros no auge da operação não era unânime. Certa manhã, ao descer para o pátio da Superintendência da Polícia Federal para atender o alvoroçado público que se aglomerava à espera de conhecer o Japonês da Federal, ouviu uma voz em acento caipira:

"Não se iluda. Estamos afogados num oceano de impunidade em que criminosos se safam enriquecendo alguém. As leis são frágeis, magistrados sem honra, nomeados para o Supremo, acobertam os inimigos do povo mudando a jurisprudência conforme o réu, o Congresso conspira contra a nação e a mídia frauda a audiência. Funcionam em sincronia, com a precisão de um relógio", sussurrou num tom grave e categórico. Quando Newton se virou, seu interlocutor, de fala mansa e firme, já havia se afastado, desaparecendo lentamente com seu chapéu de peão na bruma invernal de Curitiba.

Mas, para Newton, a Lava Jato mostrou-se desde o princípio diferenciada. As lições foram aprendidas e os erros do passado, evitados. Tudo teria sido muito bem pensado, principalmente a adoção do modelo de integração das apurações realizadas por órgãos distintos, como a Polícia Federal, Receita Federal e Ministério Público Federal. Ao mesmo tempo, as investigações foram compartimentalizadas. Cada equipe conhecia apenas parte do todo. As peças iam se encaixando aos poucos, para não se colocar em risco a operação. Aos agentes, por exemplo, era informado apenas que seguiriam em missão para uma determinada cidade, mas ignoravam o alvo. Apenas o delegado-chefe da Lava Jato, Igor de Paula, conhecia os detalhes.

– Nós, do Núcleo de Operações, que fazemos parte da condução do preso, da logística, preferimos saber que haverá uma operação apenas no dia. Não queremos ser colocados sob suspeita caso haja vazamentos. No máximo, somos colocados de sobreaviso na véspera.

Nos dias que antecedem cada fase de busca, apreensão e prisões da Lava Jato há uma excitação na Superintendência da Polícia Federal.

– Todo mundo ficava se perguntando: "Quem será que vem agora?" Torcíamos para que fosse alguém muito importante, para valorizar nosso trabalho.

Prender empresários e políticos graúdos provocava um forte sentimento de orgulho na equipe, ou pelo menos em Newton, que testemunhou as várias transformações pelas quais passara a Polícia Federal – de órgão aparelhado a serviço da ditadura, depois em evidência no combate ao tráfico de drogas, e agora como protagonista de uma operação com a dimensão histórica da Lava Jato.

– Hoje, os colegas estão mais acostumados. Mas nunca deixamos de esperar algo espetacular, como a prisão de uma família inteira por corrupção.

O aprimoramento tecnológico da perícia da Polícia Federal teria sido outro fator para o sucesso da Lava Jato. É um centro nervoso que emprega incríveis arsenais de última geração para conseguir provas materiais dos crimes, com métodos científicos de recuperação de arquivos apagados, como foi usado para extrair os dados dos computadores do Instituto Lula. Hoje, o maior conjunto de servidores de informática no Brasil fica no primeiro andar da Superintendência da Polícia Federal, em Curitiba, com pelo menos trinta *terabytes* de memória.[17] Peritos altamente qualificados, de várias formações, principalmente em informática e contabilidade financeira, analisam e autenticam arquivos digitais, entre planilhas de obras públicas, contratos e registros de pagamentos das maiores empreiteiras do país, arquivos de textos, anotações, agendas de encontros, conversas telefônicas, trocas de mensagens de e-mails e celular de empresários, políticos, lobistas e doleiros.[18] Os servidores guardam também todo o material produzido pelos investigadores: laudos de perícias, relatórios de análises, dados de quebras de sigilos fiscal, bancário e telemático dos investigados.

Newton crê que a sintonia na força-tarefa contribuiu para a Lava Jato ir tão longe. Para ele, tudo foi feito de maneira que a operação avançasse, com a escolha dos investigadores e dos policiais mais qualificados. A criação de um grupo com dedicação exclusiva, que integrava Polícia, Receita e Ministério Público Federais, deu dinamismo ao trabalho, oferecendo condições para uma ação articulada e eficiente.

– Ao contrário de outras operações, desde o superintendente da PF, os delegados, os agentes, escrivães e papiloscopistas até o pessoal administrativo escalados para a equipe, todos demonstraram seriedade e comprometimento, sem visar autopromoção – assegura. – O dr. Rosalvo é um exemplo. Ele é o cérebro da Lava Jato. É ele quem planeja e quem deu carta branca para a força-tarefa meter bronca. Ele poderia ter se aposentado ou ido embora para outro país, ganhando em dólar. Mas não, está ali, trabalhando pelo país. Quando terminar a Lava Jato, ele vai embora, vai pra casa, tranquilo, sem aspiração política ou de ser nomeado adido em algum cargo superior – complementa. Rosalvo, que esteve no comando da Polícia Federal paranaense desde o início da operação, se aposentaria no final de 2017. Seria substituído por Maurício Leite Valeixo.[19]

Outro fator para o êxito da operação decorreu, na análise de Newton, dos próprios criminosos. Pelo volume de provas coletadas pela força-tarefa, ficou evidente para o agente que os gatunos negligenciaram seus malfeitos. A desenvoltura com que frequentavam os círculos de poder lhes dera a sensação de que estavam acima da lei, deixando-os relapsos em demasia.

– Acredito que eles não tinham a prisão como um risco calculado. Apostaram na impunidade, ou porque tratavam direto com pessoas ligadas ao governo, ou porque eram o próprio governo – conta. – Faziam reuniões frequentes. Era tudo registrado, como se fosse uma empresa formal ou uma assembleia de associados. O Alberto Youssef, por exemplo, fazia atas de quem participava, quanto cada um recebia e todos assinavam. Um negócio doido. Não havia preocupação com penalidades. Se achavam inatingíveis. Nunca passou pela cabeça deles de que algo pudesse dar zebra. Mas deu.

O correspondente do *Guardian* conduz a entrevista de maneira a deixar Newton à vontade para expressar seus pontos de vista e corrigir possíveis informações imprecisas que circularam na imprensa. O carcereiro mais famoso do país tenta desmistificar algumas das impressões criadas por boatos nas redes sociais ou por notícias mal apuradas. Uma delas, espalhada por criminalistas, era de que a Polícia Federal humilhou desnecessariamente os presos, ao conduzi-los com as mãos para trás e de cabeça baixa.

– Queria ver esse advogado de mãos para trás, sem olhar pro chão. Já reparou na qualidade do calçamento em Curitiba? Terrível, horrível. Com certeza, tropeçaria e quebraria os dentes – comenta, com uma crítica indireta à administração pública municipal.

A mão para trás é um procedimento padrão, que evita que o detido, ao caminhar, não encoste na arma do policial, tirando sua concentração. O agente não pode se distrair nem se preocupar com uma possível tentativa do preso de agredi-lo ou fugir. Todos na escolta trabalham com foco na segurança de quem está sendo conduzido, muitos já em idade avançada, e com a possibilidade de ameaça externa.

– Tanto é que o Cerveró caiu uma ou duas vezes, né? Ele não queria olhar pra baixo. Levou um tropeção num degrau deste tamanho – reforça, e levanta a mão para que o jornalista visualizasse a altura do que estava falando. – A gente sempre dá esse exemplo para que os detentos entendam a situação. Os presos, ao serem conduzidos, reclamam da exposição para a imprensa. Aí explicamos: "Você está se sentindo mal que vai ser fotografado e filmado pela imprensa. Imagine então se você cair? Imagina amanhã na capa de uma revista você estatelado no chão? A notícia seria outra." Quando o Cerveró se esqueceu da recomendação por causa de toda aquela adrenalina e caiu, eles passaram a entender melhor a situação.

É sempre desconfortável para o preso. Não há um só que não questione se não era possível evitar o constrangimento. Mas o mal-estar era incontornável. Não havia como evitá-lo, porque a viatura que levava os presos, por ser muito alta, não entrava na garagem, obrigando-os a desembarcar no pátio e fazer o trajeto a pé, às vistas dos repórteres. Newton compreende que, da mesma forma que os agentes cumprem seu trabalho, a imprensa faz o dela, e não pode ser impedida de registrar o fato. A missão de levar o detento para a superintendência era definida muitas vezes na hora, conforme a situação se apresentava. Terminada a condução, a equipe se reunia para repassar o que fora feito e identificar eventuais erros, para corrigi-los no futuro.

– Quando da vez em que levamos o Paulo Roberto Costa, dois agentes recém-saídos da Academia da Polícia Federal perguntaram pra mim qual era o planejamento. Eu falei: "Não tem. Mas fiquem tranquilos que, se acontecer alguma coisa, eu aviso antes."

Nos mais delicados casos, como os de José Dirceu e de João Vaccari, precauções extras foram tomadas. Newton considerou várias opções de rota para evitar prováveis tentativas de resgate ou de confronto com partidários dos presos.

– Na condução do José Dirceu, do aeroporto até a superintendência, tivemos que mudar o trajeto várias vezes. A cada momento recebíamos informações do que ocorria em frente à Polícia Federal e no caminho. A mídia já tinha divulgado a detenção, o que levou muita gente para lá. Não sabíamos se as pessoas que se amontoavam eram para dar apoio à prisão dele ou para protestar.

A presença ostensiva da imprensa poderia atrapalhar. Mas Newton não se queixa das dificuldades adicionais causadas pela divulgação na mídia das fases da Lava Jato. O ideal seria não ter tanto repórter. Mas aprendeu com o tempo a superar os transtornos provocados pela aglomeração dos profissionais da imprensa e a diferenciá-los. Essa interação trouxe mais tranquilidade a seu trabalho.

Pelo interesse que a Lava Jato despertava na opinião pública, a imprensa fazia marcação cerrada. A qualquer movimento detectado pelas redações, as equipes de reportagem corriam para confirmar a informação na Polícia Federal. Uma das principais fontes dos jornalistas era o Sistema de Controle de

Atividades Cartorárias, o Siscart, onde se encontram as informações públicas das investigações de crimes do colarinho-branco. Ali, estão também as decisões do juiz Sérgio Moro e os despachos relacionados à Lava Jato, aos quais todos os escrivães e delegados têm acesso, assim como os agentes, papiloscopistas e peritos que possuam senha. A imprensa monitorava 24 horas por dia o que era lançado nesse sistema.

– Já aconteceu de estarmos trabalhando e sermos surpreendidos por um repórter com a informação antecipada de que fora expedido um alvará de soltura – irrita-se. – Como a gente não fica consultando direto o Siscart, a imprensa toma conhecimento de alguns despachos antes mesmo da Polícia Federal.

O fato é que a quantidade de prisões alcançou tal proporção que virou um seriado com horário certo para acontecer. Como cada fase da Lava Jato era deflagrada impreterivelmente às sextas-feiras, não apenas os agentes federais mas a mídia ficavam de prontidão já no dia anterior.

– Sexta-feira tá chegando e nós vamos ter que acordar cedo, né? Porque vai ter uma operação – comentavam os agentes escalados para a missão.

O horário das seis da manhã se tornou também maldito para os investigados no escândalo da Petrobras. Com exceção dos políticos protegidos pelo foro privilegiado, os demais sabiam que cedo ou tarde seriam citados, indiciados ou presos a essa hora da manhã. A reação dos familiares à chegada dos agentes federais era diversa.

– Uns ficavam quietos, outros choravam, outros se revoltavam. – Newton dá de ombros.

Os presos, em geral, mantinham-se frios, com a exceção do vice-almirante Othon Luiz Pinheiro da Silva, presidente licenciado da Eletronuclear. Chegou à carceragem a notícia de que o militar – detentor no passado do poder de mandar prender e "arrebentar" subordinados e "subversivos" da ditadura – havia resistido à prisão, trancando-se no armário do quarto com uma arma na mão. Os policiais tiveram que arrombar a porta e pular em cima dele para imobilizá-lo.

Os preparativos, localização, prisão, condução e segurança do preso são um conjunto de obrigações que estafam os agentes. A expectativa dos policiais federais para que tudo dê certo esgota emocional e fisicamente a equipe.

– Dá um certo nervoso. Difícil até de dormir antes de uma missão como essa. Primeiro, pelo medo de perder a hora, mas, principalmente, porque a gente repassa mentalmente a noite inteira o que temos que fazer para que não haja falhas – resume. – Eu e os colegas retornávamos para Curitiba satisfeitos por termos alcançado o objetivo, mas cansadíssimos. O que mais queríamos era entregar o preso e ir correndo para casa, tomar um banho e descansar, com o sentimento de missão cumprida.

CAPÍTULO 6
A prisão de Cerveró

Newton Ishii ainda estava no anonimato quando foi escalado para prender Nestor Cerveró. Em janeiro de 2015, ele e mais dois colegas seguiram para o Aeroporto Internacional Tom Jobim, o Galeão, no Rio de Janeiro, a fim de cumprir o mandado de prisão do ex-diretor da área internacional da Petrobras, que estava para chegar de Londres na madrugada do dia 14.

Assim que o embarque foi confirmado, as equipes de busca receberam a lista com os endereços e se dirigiram para os locais. A equipe de Newton se deslocou para o Tom Jobim, a fim de providenciar a tempo a passagem de Cerveró para Curitiba e preparar a logística da prisão no aeroporto, com os cuidados necessários para evitar uma possível fuga ou um atentado contra ele. Discrição era um atributo essencial.

– Eu me lembro bem daquela noite. Tivemos que esperar, confirmar se ele havia mesmo embarcado. Estávamos já no Rio, aguardando a notícia, para que pudéssemos efetuar a busca e apreensão na sua residência e de familiares sem o risco de ele ser avisado – conta, enquanto a intérprete se certifica se compreendeu corretamente a informação antes de repassar ao jornalista inglês. Newton pede licença, levanta-se e vai para a área de serviço fumar um cigarro. É um relógio químico instalado dentro dele. A cada noventa minutos, sente uma vontade irresistível de receber uma carga de nicotina no sangue. Experimenta uma sensação de relaxamento ao mesmo tempo que fica mais alerta. O cérebro funciona melhor e os músculos se soltam num contrassenso neural.

Como em todo cumprimento de mandado de prisão, é do protocolo a equipe levar uma foto recente do passageiro para se certificar de que estão prendendo a pessoa certa. Cerveró não era uma pessoa pública, mas o defeito acentuado no olho esquerdo o tornava inconfundível: nos portadores de blefaroptose, a pálpebra superior cai sobre o olho, provocando uma assimetria. Estavam à porta do avião, esperando por ele. Cerveró foi o quinto passageiro a sair.

– Torcíamos para que não tivesse feito nenhuma cirurgia plástica. Para nosso alívio, ele era o mesmo da foto. Não foi difícil identificá-lo, né. – Ri, com malícia.

"Para que tudo isso? Estou chegando ao Brasil, não estou saindo", reagiu surpreso Cerveró, contendo sua natural irritação.

"Estou percebendo, mas temos um mandado de prisão a cumprir", respondeu Newton com leve sarcasmo.

"Não, mas a Justiça estava sabendo que eu tinha viajado", insistiu indignado.

"Olha", continuou Newton com calma, não antes de fitar por alguns segundos o rosto grotesco do preso, temendo talvez ter cometido uma gafe pela palavra proferida. "Veja", tentou emendar. "O senhor vai discutir isso com a Justiça, OK? Há um mandado para ser cumprido, e o senhor vai comigo. Acompanhe-nos até a sala da Polícia Federal."

Os policiais o conduziram até o setor de Imigração, no próprio aeroporto, e revistaram bagagens e documentação. Cerveró estava oficialmente preso. Pouco tempo depois, chegaram o advogado Edson Ribeiro e o filho, Bernardo – pivô de um evento que, em novembro daquele ano, desencadearia ondas de energia tão avassaladores que, num efeito dominó, derrubariam personagens até então inatingíveis. O ex-senador do PT Delcídio do Amaral foi preso, e o ex-presidente Luiz Inácio Lula da Silva foi colocado na ciranda da força-tarefa, enfraquecendo de maneira fatal o governo Dilma Rousseff.

Na bagagem do ex-diretor da Petrobras tinha muita roupa de inverno. O vestuário foi liberado para a família e Cerveró continuava detido no aeroporto, reclamando bastante, numa amostra do que Newton enfrentaria na carceragem da superintendência, em Curitiba.

"Eu não posso ser preso assim. Preciso de cuidados médicos. Tenho problema de saúde."

"Qual é seu problema?", perguntou.

"Pressão alta", protestou Cerveró, pouco convincente.

"Você já tinha esse problema?"

"Sim", reforçou o irritadiço preso.

"Então, está normal, não tem nada de errado. Fique tranquilo", encerrou o assunto Newton.

Ranzinza, Nestor Cerveró não parava de lamuriar.

"Outra coisa, se for passar a noite aqui, não vou dormir ali", disse, apontando para o colchão estreito e úmido da cela para a qual fora conduzido, que de tão fino dava para sentir o estrado.

"Não tem problema. O senhor pode ficar em pé", ironizou.

"Eu exijo ser conduzido para a sala da Polícia Federal. Quero ficar lá."

"Não. Vai ficar aqui", respondeu o agente secamente, dando as costas. No corredor, olhou o relógio. Uma da madrugada. O voo para Curitiba seria às sete da manhã. Por volta das duas, retornou para averiguar as condições do preso. Cerveró estava dormindo tranquilamente no colchão. Newton percebeu naquelas poucas horas o perfil irascível e traiçoeiro do engenheiro químico, acusado de corrupção passiva e lavagem de dinheiro.

Às seis da manhã, retornou para acordar Cerveró. Se o ex-diretor da Petrobras tinha ao menos descansado um pouco, em Newton o cansaço machucava o corpo. Estava acordado havia quase 24 horas, sob tensão e vigília extremas. E ainda teve que ouvir mais queixas.

"Cadê meu café da manhã?", exigiu o preso.

"Sem café. Vamos pegar o voo pra Curitiba na próxima hora."

"Por qual companhia a gente vai?", perguntou, rude. Newton respondeu. "Ah, esse aí tem café da manhã. Tudo bem, então", assentiu como se ainda estivesse no comando. Ao notar o temperamento ácido de Cerveró, Newton imaginou a arrogância e a grosseria com que não devia tratar as pessoas a sua volta, subordinados na Petrobras e até mesmo a família. Já no voo, o preso, alcunhado de "Lindinho" nas planilhas de propina,[1] pediu um café da manhã que ele mesmo pagou. No voo, apesar de algemado, não resmungou, não fez nada. A escolta também não puxou conversa. Os federais, na condução de presos, não ficam de bate-papo. Dedicam concentração total ao serviço. Observam quem são os passageiros, se alguém se aproxima com gestos, expressões e movimentos que sinalizem ameaça. A viagem se deu sem sobressaltos. Nenhum passageiro notou o que ocorria na primeira fileira do avião.

A calmaria durou pouco. Como que dependente químico do sentimento da insatisfação, Cerveró se estressou – desta vez, com razão – a caminho do Instituto Médico-Legal, ao ver toda a imprensa em seu encalço, faminta por imagens e informação. Os exames de corpo de delito são obrigatórios para a verificação de ferimentos recentes no preso antes do encarceramento. O legista examina se a integridade física do indivíduo foi mantida, por exemplo, durante seu transporte até a delegacia, tribunal ou em uma transferência de presídio. É realizado sempre que os presos entram e saem da prisão.

À espera de Cerveró, Newton estimou um batalhão de pelo menos quarenta repórteres, além de inúmeros curiosos, em frente ao Instituto de Criminalística, onde ficava o IML. A multidão congestionou o trânsito. Com o tráfego lento e o acúmulo de pessoas, o agente pressentiu que aquele era um momento crítico e sensível para a segurança tanto do preso como dos policiais. Cerveró, de jeans e camisa polo de largas listras azuis, espremido entre policiais, repórteres, fotógrafos e cinegrafistas, caminhava desengonçado, com um sorriso de Gioconda no rosto. Mesmo com os agentes portando fuzis e a versátil submetralhadora alemã H&K MP5, pastoreando-o a passo acelerado para dentro do prédio, estavam vulneráveis a atentados.

– Mais tarde, reparamos pelas fotos da imprensa e nas imagens das emissoras de TV que ele ficou o tempo todo à mercê do público – admite. – Qualquer um podia tê-lo agredido, ferido, até mesmo matado.

Assegurar a proteção dos presos era responsabilidade do Núcleo de Operações. A partir desse episódio, Newton mudou toda a estratégia na condução dos detentos, adotando novos procedimentos de segurança, com um efetivo maior, para que aquela exposição não se repetisse. Tais modificações mostraram-se efetivas nas sucessivas prisões de empresários e executivos das maiores empreiteiras do país.

– Num sábado, fizemos exame de corpo de delito em mais de vinte pessoas. Complicado, mas conseguimos – orgulha-se.

Essa foi a primeira e última participação de Newton no cumprimento de uma prisão. O que é irônico, tendo em vista a força com que o "Japonês da Federal" se consolidaria no imaginário da Lava Jato, seja ilustrando reportagens de jornal, batendo à porta de empresários e políticos investigados em memes compartilhados na internet, ou simplesmente povoando as conversas do dia a dia sobre a operação, como símbolo de um rigor nunca antes visto em investigações semelhantes.

Mas o fato é que se tornou completamente inviável escalá-lo para novas missões. Assim, Newton ficou responsável apenas pela parte logística: preparar áreas nos aeroportos para receber os presos, de maneira a garantir a segurança deles, dos policiais e dos demais passageiros, assim como se acautelar de que não fugissem; conduzi-los para o Instituto Médico-Legal; atender os advogados; definir o número necessário de homens para essas operações; selecioná-los; e assegurar a cobertura da imprensa, desde que não interferisse no trabalho dos próprios agentes.

A qualidade de seu serviço era reconhecida internamente. Newton, que também poderia já ter se aposentado, sentia que estava fazendo a diferença. Isso o motivava a ficar, a atender aos pedidos da chefia para adiar sua aposentadoria e continuar no Núcleo de Operações. Também ajudava o fato de trabalhar com uma equipe para ele mais que especial – "divertida e de excelentes profissionais, que se fosse preciso trabalhariam 26 horas por dia sempre com um sorriso no rosto". Mas o cansaço se acumularia ao ponto do insuportável.

– Ah, não, cara. Tudo nas minhas costas; não aguento mais, sabe? Trabalho muito, direto, sem fim de semana de folga, a ponto de não conseguir raciocinar. Preciso da ajuda de três administrativos no Núcleo, que não me deixam esquecer dos compromissos. Estou sem paciência, já discuti com um colega essa semana sem necessidade – desabafa para o jornalista inglês, sempre com olhar cúmplice. – Tem certas coisas que quando você está numa boa deixa pra lá, mas quando está cansado, o cara faz uma merda, não consigo ficar quieto, eu falo e... Entendeu? Já tirei dois do setor por reclamarem que não têm recesso, não sei o que... Pô! Deixa o pessoal se virar também, muita coisa.

A entrevista de mais de quatro horas para o correspondente do *Guardian* caminha para o fim. Jonathan Watts agradece o tempo de Newton e a gentileza da filha Jordana. Diz que ainda precisa apurar e ouvir outros personagens. Sua reportagem seria de peso e fôlego. Newton os acompanha. A noite é agradável e cálida. Dois jovens andando do lado oposto da calçada atravessam a rua. Aproximam-se e perguntam, animados, se podem tirar uma selfie com o "Japonês da Federal". Batem a foto, agradecem e saem com um sorriso empolgado no rosto, como quem carrega um prêmio.

A conversa se estende no ar fresco da noite de Curitiba. O famoso agente federal, mais relaxado, livre da ágil mão do jornalista anotando tudo, passa a revelar os bastidores da carceragem quase em tom de fofoca. A seriedade da entrevista dá lugar a um descontraído bate-papo, de onde parecem sair as melhores curiosidades da noite. Newton começa a falar com desenvoltura e picardia. A noite seria longa.

CAPÍTULO 7
O Japonês da Federal

Newton era chefe do Núcleo de Operações, e por isso foi designado para recepcionar e escoltar os presos na Superintendência da Polícia Federal, em Curitiba. Toda vez que saía do prédio ao lado de um detento famoso, era flagrado por flashes e câmeras de TV. Não demorou, a imagem de Newton ganhou projeção e viralizou nas redes sociais. Instantaneamente, seu rosto foi associado à Lava Jato. As circunstâncias o projetaram involuntariamente. Passou a ser idolatrado pela opinião pública e virou o símbolo da operação, que, como um super-herói, salvaria o Brasil das garras dos vilões corruptos. Não ambicionou a fama. Nem lhe passou pela cabeça que por força de seu trabalho ganharia tamanha notoriedade. Não tinha essa percepção. Aconteceu, somente.

A figura do Japonês da Federal nasceu pela conjunção de vários fatores. Empresários poderosos passaram a ser presos aos borbotões, de maneira inédita, com espetacularização da imprensa e repercussão nas redes sociais. A nação estava farta de tanta corrupção. Uma catarse parecia se avizinhar. As pessoas só falavam da Lava Jato e de seu ineditismo surpreendente, fosse no trabalho, com a família ou com os amigos. Como em toda jornada do herói, o povo precisa de um mito que simplifique e resuma seus anseios e toda a epopeia. Newton, exposto intensamente na mídia conduzindo para a cadeia os chefões da máfia da Petrobras, estava na função certa no momento histórico certo. Foi adotado pelo brasileiro para rivalizar com o juiz Sérgio Moro na condição de arquétipo da redenção do país.

Presente nas fotos e vídeos escoltando presos como Marcelo Odebrecht, Léo Pinheiro, Pedro Corrêa, André Esteves, José Dirceu, João Vaccari Neto, José Carlos Bumlai e Nestor Cerveró, não demorou para que aquele japonês de 1,70m de altura, grisalho, sempre de óculos escuros, coturnos, luvas pretas e colete chamasse a atenção da imprensa. Em julho de 2015, um colunista político deu publicidade ao fato.[1] A nota foi rapidamente replicada em outros sites de notícia e blogs. Como o Brasil acompanhava o noticiário sobre a Lava Jato com o mesmo interesse com que seguia uma novela de sucesso, não demorou para que Newton ganhasse notoriedade nas redes sociais, que proliferaram inúmeros memes do agente, dando origem à figura do Japonês da Federal. Mas somente em dezembro daquele ano, quando o advogado paulista Thiago Vasconcellos compôs a marchinha de carnaval "Ai meu Deus, me dei mal/ Bateu na minha porta o Japonês da Federal", que o personagem se tornou um ídolo nacional.[2]

O Newton Ishii histórico começava a dar passagem ao ícone que emergia. A marchinha tomou uma proporção que assustou até seu compositor,[3] foi hit no Carnaval de 2016, o Japonês da Federal virou máscara de folia, uma das mais procuradas,[4] e integrou a seleta lista de pessoas homenageadas com um boneco gigante de Olinda.

– Ainda tenho que ir a Pernambuco agradecer a quem me homenageou, porque, depois de pesquisar, percebi que apenas personalidades que se sobressaem recebem esse tributo. É algo muito importante.

De fato, o criador dos bonecos gigantes de Olinda explica que colocou nas ruas os bonecos representando o Japonês da Federal e o juiz Sérgio Moro porque são vistos pelas pessoas como as luzes que "podemos" enxergar no fim do túnel.[5] Da noite para o dia, Newton Ishii virou *popstar*, mas ainda encarava a popularidade meteórica como um fenômeno passageiro. "Daqui a pouco, a vida volta à normalidade", pensou, mas estava enganado. O assédio a Newton não era momentâneo. Em vez de esmorecer, se intensificou.

A incontrolável fama do Japonês da Federal pegou de surpresa não apenas Newton, mas a própria Polícia Federal, despreparada para a notoriedade repentina de um de seus agentes. Não contava com um departamento de marketing que pudesse gerenciar aquele acontecimento extraordinário e orientar o chefe do Núcleo de Operações a lidar com a mídia, com o assédio dos fãs, com os memes e o volume assombroso de envolvimento das redes sociais com tudo relacionado ao Japonês da Federal. O órgão sabia como investigar e prender corruptos, mas não tinha qualquer plano de ação para fazer a curadoria tanto da imagem do agente como da instituição. O diretor-geral à época, Leandro Daiello, chegou a manifestar internamente preocupação com a "exposição excessiva" de Newton Ishii.

– Eu me assustei, sabe? Porque você vai nos locais e as pessoas vêm falar, querem tirar selfie. Aí, poxa, eu não sei mesmo... Todas as pessoas tremendo de emoção. Eu pensei: "Meu Deus, o que está acontecendo?" Eu nunca achei que tinha virado celebridade. Até hoje, eu acho que não sou. Tive que aprender na marra, apanhando.

O status lhe rendeu o reconhecimento da população. Por onde passava, era parado, cumprimentado e paparicado. Sua vida virou de ponta-cabeça. Perdeu o anonimato e, com ele, a privacidade. Já o incomodava ser interrompido por fãs quando jantava com alguém. Aconselhado pelo superintendente Rosalvo Franco, Newton se recolheu para se preservar e não acalorar a polarização que ganhava contornos passionais nas redes e na mídia.

Evitou a exposição. Foi convidado a ir aos carnavais de Olinda e Rio de Janeiro, mas recusou, "para não ser cobrado depois, internamente, por ter causado algum furor". Considerou mais prudente ficar em casa com a filha. Passou a ser menos visto nos bares à noite. Não fazia mais passeios, parou de correr no parque e de ir ao Mercado Municipal, um dos locais que mais atraem turistas em Curitiba.

"Todo mundo pede para tirar uma selfie e a gente não sabe quem é aquela pessoa e o que ela vai fazer com aquela imagem. Sei que as fotos vão para as redes sociais, e não tem como controlar, mas amanhã ela pode usá-las em uma campanha eleitoral e me acusar de estar apoiando X ou Y, e não tem nada a ver. Sou apartidário. Nunca gostei de política. Tem gente que acredita que somos de partido A ou B. Não tem isso. O pessoal quer prender alguém que cometeu algum ilícito", declarou a um jornal.[6]

Até as escoltas, parte de sua função, preferiu transferir a subordinados. Missões da Lava Jato estavam fora de questão. Nacionalmente uma pessoa pública, poderia ser facilmente reconhecido e frustrar uma operação de busca e apreensão, por exemplo.

Mas não havia mais jeito. O Japonês da Federal caíra no gosto popular. Na medida inversa, era odiado por grupos opositores à Lava Jato, principalmente por simpatizantes do Partido dos Trabalhadores. Sites de notícia de esquerda o trataram como impostor a serviço da extrema direita.[7] O personagem icônico, mesmo sem jamais ter se manifestado politicamente – como fizeram nas redes sociais delegados federais da força-tarefa em apoio ao senador Aécio Neves, nas eleições presidenciais de 2014[8] –, era a síntese de uma ideia, venerado por muitos e execrado por outros, simplesmente pelo que involuntariamente representava.

Mas a antipatia que gerava entre os simpatizantes da esquerda circunscrevia-se às redes sociais e aos blogs, mais compelidos a buscar audiência e tráfego em suas páginas do que em informar. Na rua, garante, nunca foi maltratado. Até mesmo a eventual animosidade do ex-presidente Luiz Inácio Lula da Silva com ele parece ter contornos de notícia falsa. Newton chegou a cruzar com o ex-ministro-chefe da Secretaria-Geral da Presidência, Gilberto Carvalho (2011-2015), na ocasião em que Lula foi prestar depoimento ao juiz Sérgio Moro.[9] O ex-ministro caminhou em sua direção para cumprimentá-lo. Disse ter sido um prazer conhecê-lo pessoalmente. Da mesma maneira, o advogado do Lula foi cordial. Quando o encontrou, em Curitiba, puxou-o num canto e o chamou em particular, dizendo querer tratar de dois assuntos.

"A história do ex-presidente ter te xingado na condução coercitiva em São Paulo nunca aconteceu,[10] e o próprio Lula, se tiver uma oportunidade, quer falar com você."

"E a segunda coisa?"

"A segunda é pra tirar uma foto comigo."

Newton riu, incrédulo. Ele ainda não conseguia entender como as pessoas conseguiam separar o personagem carismático do carrasco. "O advogado do próprio presidente, como pode?", pensou. Era uma espécie de Síndrome de Estocolmo, um estado psicológico em que o indivíduo passa a ter simpatia pelo agressor. Foi assim com um detento que disse a Newton que valera a pena ser preso, porque finalmente conhecia em pessoa o Japonês da Federal. O genro de outro encarcerado não se conteve. Na frente do sogro, que já era "inquilino" na Superintendência da Polícia Federal, abraçou-o, parabenizou Newton pelo trabalho e disse que acabara de realizar um sonho.

Marcelo Odebrecht contou que aconteceu situação parecida com uma de suas filhas e a advogada dele. O Príncipe notara que, nos dias de visita, Newton aparecia todo paramentado, como que vestido para as inevitáveis fotos, a fim de não decepcionar seus inusitados fãs – os parentes dos presos. Assim como muitos na carceragem, sua filha do meio quis tirar uma selfie com o famoso Japonês da Federal. O pai proibiu.

"Não tem cabimento você querer tirar foto com o carcereiro do seu pai", recriminou Marcelo. Posteriormente, uma das advogadas tirou uma selfie com o Japonês e postou no grupo da família Odebrecht, para aborrecimento da filha, que reclamou: "Pô, você me proibiu de tirar foto com o Japonês, mas deixou a advogada tirar?"

Situações singulares não faltaram na vida do carcereiro após a fama. Ao chegar às sete da manhã num condomínio de luxo, em Curitiba, para cumprir um mandado de prisão de um casal acusado de lavagem de dinheiro, Newton foi questionado pelo preso.

– Mas, ué? Sete horas? A marchinha de carnaval dizia que você prendia as pessoas às seis da manhã – indignou-se, sentindo-se desprestigiado. As prisões, em geral, ocorrem nas primeiras horas da manhã por razões operacionais. O risco de vazamento é menor, tendo em vista que a cidade está acordando, há poucas pessoas na rua, não se vê o deslocamento dos veículos. Na alvorada, é maior a chance de os policiais encontrarem os acusados em casa. O Código de Processo Civil proíbe também que os mandados judiciais aconteçam antes de seis da manhã.[11]

Quando esteve em Brasília, a convite de uma entidade sindical, para se encontrar com dois deputados federais, Newton causou alvoroço no Congresso Nacional.[12] Recebeu tratamento de celebridade por onde passava. Servidores, assessores e parlamentares, alguns inclusive investigados na Lava Jato, assediaram o agente. Todos queriam uma foto com o Japonês da Federal. Do lado de fora da Câmara, também não escapou dos admiradores. Na rua, esperando um táxi para o aeroporto, ouviram-se buzinas e o pessoal gritando seu nome.

– O taxista que me pegou tinha deixado uma passageira na esquina, deu a volta rápido, rezando para que eu ainda estivesse lá. Me deixou no aeroporto e me cobrou o mínimo, em troca, claro, de uma selfie. – No aeroporto de Brasília, mais tietagem. Foi má ideia chegar com três horas de antecedência. – Tinha pessoas de todo canto do Brasil. Eu andava, dava três passos e tirava uma foto. Andava e vinha mais gente. Fiquei com medo de perder o voo. Encontrei um canto afastado, sentei e fiquei disfarçado.

Em Curitiba, no auge da fama, em lugares públicos e nos bares, o tratamento era diferenciado. Os proprietários não queriam cobrar a conta. Newton, no começo, ficou sem reação. Chegou a gostar do paparico.

– Uma das vantagens de ser celebridade é que quando você vai a restaurantes é muito bem atendido, e rápido, tem desconto, às vezes alguém até já pagou a conta – diz com simplicidade, tirando um sorriso de Jonathan Watts, que não desgrudava por um segundo o olhar em Newton. Mas logo passou a não aceitar os mimos. – Eles são comerciantes. Sobrevivem disso. Não quero ser visto como usurpador – reflete.

A partir daquele momento, começou a se vigiar mais, evitando comportamentos que pudessem ser mal interpretados e afetar a imagem da própria Polícia Federal. Prestava muito mais atenção ao que fazia, procurava não passar no sinal amarelo, não jogar bituca de cigarro no chão, não abusar na bebida em local público, nem buzinar e reclamar no trânsito, porque "tudo é motivo para que as pessoas achem algum erro e o espalhem nas redes sociais". Newton adotou radicalmente o politicamente correto na vida pública.

– Poxa, você tá almoçando e nem pode mais pegar um frango com a mão, porque tem gente tirando foto sua. Tenho que comer direitinho agora – diverte-se. Só que sua intimidade fora devassada. Isso o incomodou, mas não tanto quanto outro preço, ainda maior, que a fama lhe cobrou.

A harmonia no seu local de trabalho foi afetada. A Polícia Federal tem um ecossistema laboral não diferente do mundo corporativo e de outros órgãos públicos. É constituída por pessoas motivadas por paixões, desejos e vaidades, que geram disputas pela promoção e pela ribalta. Mas esse espaço se torna particularmente cruel porque os conflitos acontecem num organismo ainda disciplinado por uma lei criada pela ditadura militar para subjugar os cargos ao comando central.[13] O regime da instituição amordaça e cultiva a cultura de abusos contra agentes por parte dos delegados federais.

Num ambiente onde contrair uma dívida no banco é considerado transgressão passível de procedimento administrativo, todo cuidado é pouco.[14] Quanto menos exposição, melhor. Qualquer comportamento que desagrade a chefia pode ser interpretado como violação grave. Newton poderia sofrer retaliações, como no caso de um agente em Minas Gerais punido com a perda do cargo pelo ministro da Justiça, Torquato Jardim (2017-), porque denunciara malfeitos de um superior.[15] Newton Ishii, recém-reintegrado à corporação, tinha a única ambição de fazer bem seu papel e cumprir o tempo que lhe restava para a aposentadoria e então voltar a cuidar integralmente da filha. Mas o acaso tinha outros planos para ele.

A projeção de Newton como o rosto da Lava Jato criou um mal-estar dentro do departamento. Delegados federais ficaram incomodados com os desdobramentos e a visibilidade midiática alcançada pelo agente. Não o consideravam gabaritado para representá-los junto à população. Fatos apurados por um blogueiro revelaram que, em grupos fechados de redes sociais e até no Facebook, membros da força-tarefa desqualificavam o chefe do Núcleo de Operações.[16] As palavras para definir a repercussão social incluíam "vexatório, tragédia, patético":

> *"Colegas, sem emitir juízo de valor, informo que recebi, inclusive de fora da PF, mensagens demonstrando preocupação com a exposição excessiva na mídia do APF da SR/PR [Agente da Polícia Federal da Superintendência Regional do Paraná], conhecido como 'JAPONÊS DA FEDERAL', e que poderia, em tese, criar transtornos para ele próprio, para a PF e para a investigação realizada no IPL [inquérito policial] da Lava Jato."*

> *"Um colega da PC/RJ [Polícia Civil do Rio de Janeiro] trouxe a seguinte novidade, que aponta para a necessidade de providências urgentes; ele [o japonês] precisa urgentemente ser removido dos holofotes. Não se trata de fazer nada contra ele. Apenas de retirá-lo das prisões importantes, promovendo um rodízio entre os agentes que a executam para evitar que sejam criadas celebridades que surfarão na onda da Lava Jato."*

> *"Por isso eu desisto.... Chega de virar noite (...) Ao menos se fosse um dos colegas que trabalham de fato."*

> *"A ausência de um rosto nosso (seja qual razão for) fez a imprensa dar à PF o rosto de um 'escoltador'. É patético..."*

> *"Na verdade, o agente deveria era ter ido pra rua. (...) Ter como rosto da PF alguém que foi demitido por praticar crime é uma tragédia."*

> *"Vocês tem toda a razão! Precisamos reforçar o papel de Delegado na mídia. Falei com um deputado federal conhecido e ele me contou que vários partidos disputam a tapa o Japonês da Federal para candidatura em seus partidos. Fiquei chocada!!!"*

"Um agente que agora é disputado a tapa pelos partidos."

"E ganha até para senador no Paraná."

"O azar dele é que as eleições, agora, são municipais, rs."

Ingressar na carreira política nunca esteve nos planos de Newton, o que não impediu que fosse procurado pelos partidos. O Japonês da Federal era cobiçado pelo potencial de votos que poderia atrair, um prodígio eleitoral, como fora Tiririca, que em sua primeira disputa a deputado federal, em 2010, recebeu 1,3 milhão de votos, elegendo outros quatro candidatos. Newton foi procurado por várias agremiações para se candidatar a vereador, a vice-prefeito e a prefeito em Curitiba, Rio de Janeiro e até em Itapema, em Santa Catarina. Recusou todos os convites.

– Para ser político, você precisa ter vocação. Eu não sou muito de negociação. O que tem que ser feito, tem que ser feito, não cedo – afirma.

As especulações em torno de seu nome lhe trouxeram não apenas promessas, mas também dissabores. Sair como candidato seria uma ameaça aos planos de alguns políticos. Newton acredita que a retomada do julgamento de seu caso na Operação Sucuri e sua prisão, justo no momento em que era santificado pelo povo, não foi por acaso. Faziam parte de mais um complô para neutralizá-lo. Resistiu até à abordagem de entidades sindicais, que o queriam na política para legislar em prol dos policiais federais, causa que não pretende assumir.

– Não quero me meter nessas coisas. Pra quê? Pra ajudar colega que não faz porra nenhuma? Eu quero que se dane! – diz, incisivo, para espanto do jornalista inglês. Newton, que ainda carrega mágoas pelos problemas que enfrentou na instituição, pensa que a maioria dos policiais federais não faz por merecer. – Ganham até demais pelo que não fazem.

Diz que as últimas gerações de policiais e delegados federais usam o órgão como bolsão de estacionamento até conseguirem entrar em outra carreira, onde possam ganhar mais.

– É ruim trabalhar com uma equipe assim, porque os "concurseiros" ficam estudando para entrar em outro órgão em vez de pensar em treinamento, em estratégia. Não são policiais de verdade. Hoje, se passarem trezentos, em três anos estaremos com duzentos. O restante terá debandado. Quem sai perdendo é o país e a instituição que investiu nele.

Não por acaso, fica contente quando lhe chega notícia de que tem servido de bom exemplo para que pessoas queiram entrar na Polícia Federal com o mesmo idealismo que o dele.

– Minha sobrinha, no Rio, que estava fazendo um curso preparatório, contou que tinha um oriental perto dela que estava estudando para passar num concurso na PF e ser o novo Japonês da Federal. – Ri com orgulho.

O candidato não estava sozinho. Dentistas, advogados ou jornalistas, entre outros profissionais interessados em entrar para o serviço público, já se imaginaram em operações policiais, dando entrevistas na TV ou virando assunto na internet. Confessaram que gostariam de passar num dos concursos mais disputados do país, o de agente da Polícia Federal, para perseguir corruptos e colocá-los atrás das grades.[17] O Japonês da Federal tornara-se um símbolo da eficiência e do rigor da instituição.

– Fico feliz por isso, porque pelo menos teremos policiais de verdade. Vão trabalhar com gosto, assim como era na minha época.

As insinuações em torno de Newton aumentavam à medida que sua popularidade se consolidava. Notícias maldosas eram frequentemente plantadas na imprensa para descredenciá-lo. Por recomendação da chefia, não desmentia nada. "Hibernou", o que não impediu a circulação de fofocas e de fatos distorcidos, quando da vez em que foi escalado para uma missão: entregar um carregamento de armas nas delegacias no interior do Paraná.

Newton e sua equipe pararam em Londrina para abastecer. Por causa do grande afluxo de carros que se formou no posto de combustível para vê-lo e tirar selfies, precisou sair da viatura. Terminada a sessão de fotos, seguiram para Maringá, um dos destinos da missão. Novamente saiu da viatura, dessa vez para dar cobertura perimetral aos agentes que descarregavam o armamento. Nesse momento, alguém tirou uma foto sua. A imprensa local tomou conhecimento da presença do agente famoso e foi até a delegacia de Maringá saber por que ele tinha ido à cidade, se havia alguma operação por lá. O episódio chegou aos ouvidos de um colega que trabalhava na superintendência, em Curitiba, que logo correu para dar ciência ao delegado Igor Romário de Paula, coordenador da Operação Lava Jato. Interrompeu uma reunião importante da força-tarefa para dizer que Newton "estava fazendo a social dele no interior".

"Como assim social dele?", quis saber o delegado.

"Ele está tirando foto lá em Maringá."

"Bem, social ele não está fazendo. Está em missão em várias cidades. Com certeza, vão tirar outras fotos dele nesses locais", encerrou o assunto Igor.

– Você vê, qual a necessidade de fazer isso? – chateia-se Newton.

O agente atribui os boatos ao ciúme que sua fama causou, principalmente nos delegados federais, fontes privilegiadas de informação da imprensa. Para ele, toda essa exposição mexera com os brios da classe. Ligavam de outros estados para Curitiba, pedindo para que o tirassem da operação ou da chefia do setor, porque "eles acham que mandam na Polícia Federal, que somente eles devem estar na mídia".

– Quem se preocupa com essas bobagens não é um bom policial – define.

Newton ressalta que esse comportamento, por vezes histérico, vem sobretudo dos delegados mais novos. Os mais antigos não se ocupam com assuntos periféricos. Por outro lado, também recebeu apoio dentro da corporação. Na ocasião da Operação Carne Fraca, havia cerca de quinhentos policiais de vários locais do país em Curitiba. Tirou fotos com seus colegas às dezenas. Newton diz que também teve suporte total da chefia.

– O superintendente e o coordenador da Operação Lava Jato lidaram com tranquilidade com tudo isso. Quando estamos num almoço, por exemplo, e alguém quer uma selfie, o próprio dr. Rosalvo, elegante, fica de lado ou toma a iniciativa e pega a máquina para tirar a foto.

Mas Newton ainda considera que a direção-geral falhou no seu caso. A contragosto ou não, a corporação deveria ter blindado sua imagem, já atrelada à do órgão. A Polícia Federal virara uma marca admirada, como a Nike ou a Apple, consumida com orgulho pela população.[18] Proteger sua reputação era resguardar a reputação do próprio órgão. O chefe do Núcleo de Operações em Curitiba diria até que o Japonês da Federal ajudou a humanizar a imagem de uma corporação antes vista como truculenta. Mas, sem um cuidado profissional de marketing, a identidade institucional de ambos teria sido negligenciada.

– Hoje, quando a gente passa, ficam olhando com admiração, aplaudem. Quando me veem, gritam meu nome. Sinto que faço parte dessa mudança.

Nas paradas de Sete de Setembro, em 2017, as viaturas da PF foram ovacionadas.[19] O tempo passou. O encantamento em torno do Japonês da Federal continuou, mas Newton não se cansa de se surpreender com a reação do público, e busca explicações para ter alcançado tamanha adoração. Tem consciência do papel da mídia no processo, mas procura entender na esfera comportamental como exerceu o fascínio sobre a coletividade.

– Realmente, é uma coisa curiosa, sabe? Creio que o que estava faltando no Brasil era esperança.

Não está equivocado. "A veneração por um famoso parece preencher algo na vida da pessoa", comenta o psicólogo James Houran. "Dá um senso de identidade, de existência. Alimenta uma necessidade psicológica. Saber o que acontece nesse grupo facilita a navegação social.[20] Celebridades podem inspirar pessoas de todas as idades a serem melhores. Newton exerce essa influência. E, nessa condição, promove situações curiosas e divertidas.

Aonde quer que vá, é parado por fãs, principalmente os de fora da cidade. Os curitibanos mesmo costumam ser mais contidos – a admiração se manifesta num aceno discreto, num sinal de positivo e num sorriso. Já os demais demonstram o entusiasmo sem pudor. Fazem questão de dizer de onde são, para que o Japonês da Federal saiba que é admirado por todo o Brasil. "Sou de tal estado ou cidade, e queremos tirar uma foto com você, que é nossa esperança, que é um ídolo", Newton escuta com frequência.

– Aí começa a cair a ficha que realmente o país inteiro me conhece. E não só. Encontrei espanhóis e portugueses num barzinho que vieram tirar selfie comigo.

A neta de Newton, que mora na Espanha, confirmou que a fama do avô rompeu fronteiras. Quando ela diz de quem é neta, as pessoas se assombram. As forças policias estrangeiras também ouviram muito falar do Japonês da Federal. Newton, quando cruzou no corredor da superintendência com um grupo de agentes do FBI (Federal Bureau of Investigation), a polícia federal dos Estados Unidos, em missão em Curitiba para tratar de uma investigação sobre o "departamento de propinas" da Odebrecht, foi parado por um deles. Depois de se certificar de que se tratava do Japonês da Federal, pediu para tirar uma foto. Na fronteira com o Paraguai, Newton também foi tietado. Em missão a Guaíra, Newton acompanhou os colegas num dia de folga até Salto de Guaira, cidade fronteiriça, que faziam pequenas compras.

– Como para mim não interessava comprar nada, fiquei na beira do shopping, na calçada mesmo, quando chegaram uns policiais paraguaios e me reconheceram. *"Cá está el policía brasileño más famoso del mundo. Podremos sacar una foto?"*

A viagem secreta do então ministro da Justiça de Dilma Rousseff, José Eduardo Cardozo (2011-2016), a Curitiba, no dia 8 de dezembro de 2015, a despeito de sua circunspeção, também proporcionou momentos constrangedores.[21] Numa conhecida *steak house*, o ministro foi visto com a cúpula da Polícia Federal: o diretor-geral, Leandro Daiello, o superintende no Paraná, delegado Rosalvo Franco, e o diretor de Combate ao Crime Organizado, delegado Maurício Valeixo, além do agente Newton Ishii. Na saída do restaurante, o garçom se apressou para alcançá-los e disse que havia um grupo de clientes querendo tirar fotos com as autoridades. Depois de a tietagem ter sido liberada pelas autoridades, aproximaram-se três mulheres sorridentes e desengonçadas, entre envergonhadas e assanhadas. A fama do Japonês da Federal ainda não tinha tomado as proporções conhecidas. Todos esperando que o interesse das moças fosse o ministro da Justiça.

– Mas era comigo. Fiquei sem graça. Imagina, fazer o ministro da Justiça e o DG esperarem em pé a sessão de fotos. Quis que aquilo terminasse logo – envergonha-se com sinceridade.

O superintendente Rosalvo Franco se divertia. Gargalhava, agenciando Newton: "Quem mais quer tirar foto com o Japonês da Federal? Aproveita que ele está aqui!" O próprio ministro Cardozo não resistiu: "Rosalvo, tira uma foto minha com o Japonês aqui", brincou.

Era só o começo. Newton era reconhecido e adorado onde quer que fosse. O público que se dirigia à superintendência para tirar passaporte pedia para chamá-lo e registrar o encontro com o Japonês da Federal. Os atores do filme *Polícia Federal – A lei é para todos*, globais acostumados à bajulação, inverteram os papéis quando estiveram na custódia da Polícia Federal. Idosas em lugares públicos se emocionavam ao vê-lo. Na vida noturna de Curitiba, alguns vacilavam em se aproximar, tomavam coragem e perguntavam: "Você é o Japonês original?" Quando as pessoas atravessavam a rua correndo para conhecê-lo e para tirar as tradicionais selfies, Newton já se preparava para escutar o batido bordão: "Não apareça lá em casa às seis da manhã, hein!" No trânsito, o garupa do motociclista tirava foto. De dentro dos carros, as pessoas se desesperavam para fotografar o Japonês dentro da imponente viatura preta da Polícia Federal.

– Às vezes, eu torço pro sinal de trânsito demorar a abrir para que o pessoal não se frustre e consiga a foto.

Foi assunto de apostila estudantil para candidatos ao Enem de 2016. Uma faculdade gravou um vídeo motivacional com ele, na própria superintendência. Empreendedores o sondaram. Uns ofereceram uma franquia de um restaurante japonês, outros, sociedade numa companhia de segurança empresarial. A imprensa especulou que uma "gigantesca multinacional" queria Newton como consultor na área de segurança.[22] Agências de propaganda o procuraram para divulgar os mais variados produtos.

– Agora eu vou pensar em salário e, se der, dando consultoria de segurança pública e palestra motivacional sobre como lidar com os presos, sobre o que passei, sobre o que eu vivi.

Profissionais de segurança pública de outras corporações também fazem questão de conhecê-lo. Na estrada, já foi parado numa blitz por policiais militares que queriam somente uma selfie. Quando esteve na escolta de Marcelo Odebrecht para exames num hospital, sua presença causou alegria e alívio momentâneo aos pacientes que o viram. Uma senhora que estava se recuperando de um cateterismo pediu para o marido correr atrás dele, porque queria uma foto com o Japonês. Em outra situação, também no hospital, Newton estava visitando um amigo da Polícia Federal, que recentemente havia se submetido a uma cirurgia.

– O colega me contou que, quando o médico soube que eu era amigo dele, passou a ser melhor atendido.

Em fevereiro de 2017, quando acompanhava o julgamento de um ruralista pela morte de um agente federal,[23] foi a uma loja de informática próxima ao Tribunal do Júri, em Curitiba, comprar um cabo para carregar o celular de um colega. Estavam com ele outros cinco policiais, todos à paisana, o que não adiantou muito para mantê-lo no anonimato. Com seus indefectíveis óculos escuros, foi o primeiro a entrar na loja e assim logo reconhecido. Em vez de alegria, o que se percebeu foi uma surda apreensão dos vendedores. O Paraná é um dos mais importantes destinos de contrabando de equipamentos de informática. O lojista, ao ver o Japonês da Federal, ficou pálido e calado. Pensou que estava em maus lençóis. Refeito do susto, respirou fundo, abriu um sorriso e pediu uma selfie.

Newton recebeu milhares de homenagens enviadas de todo o país. Canecas com sua foto, mensagens, memes, frases, orações e vídeos de apoio. As crianças, em especial, comoviam Newton.

— É uma felicidade inexplicável receber homenagem da meninada, pegá-los no colo, receber um beijo, vê-los indo embora dando tchau com um baita sorriso no rosto. Sei de garotinhos de seis anos de idade que pediam aos pais para assistir ao Jornal Nacional só pra me ver. Isso não tem preço.

Assim como qualquer celebridade, Newton passou a ser chamado com muita frequência para eventos, churrascos e jantares, mas normalmente arrumava uma desculpa e recusava. No entanto, quando as responsabilidades na custódia lhe permitiam, aceitava convites de mulheres que o cortejavam acintosamente. A fama lhe rendeu muitos casos amorosos, todos passageiros, quase que instantâneos. A diversidade de mulheres lhe permitiu experiências inéditas.

— Teve uma que durante o orgasmo gargalhava muito. Achei que fosse comigo, que tava tirando sarro. Caí fora.

Não apenas as diferenças fizeram fracassar essas relações. O trabalho excessivo e a filha ciumenta, que filtra as candidatas que possam se aproveitar do pai, também contribuíram. Mas espera que, uma vez aposentado, consiga ter equilíbrio, tempo e disposição para encontrar outra companheira. Está sozinho desde 2009 e quer alguém ao seu lado.

— Eu tenho a minha vida pra cuidar. Quero encontrar alguém legal, porque mais tarde a Jordana vai se casar, vai embora e eu vou ficar sozinho. Ela pode até ficar solteira mais uns nove anos. Até lá terei setenta anos de idade. Vou fazer o quê? Arranjar outra velhinha no asilo? Aí eu vou arranjar uma enfermeira — faz graça para o corresponde do *Guardian*.

Até a mãe de Newton se preocupa.

"Ah, meu filho, você tem que arranjar alguém", aconselhou Dona Miyako.

"Mãe, pode deixar, fica tranquila, eu vou arranjar alguém."

"Pois é, você precisa de uma mulher que cozinhe pra você, passe pra você, que limpe a tua casa."

"Puxa, mãe! Mas eu já arranjei..."

"Arranjou quem, meu filho?"

"A minha diarista!", brincou, sabendo que a mãe já está acostumada ao jeito espirituoso de Newton.

A notoriedade o colocou nos holofotes da imprensa. Qualquer notícia sobre o Japonês da Federal ou que tivesse sua foto aumentava a audiência. Por estar em contato diário e direto com os presos da Lava Jato, era cobiçado como fonte qualificada. Muitos jornalistas reconhecem que devem a ele informações que não tinham nada a ver com as investigações da Lava Jato, mas com valor jornalístico sobre o cotidiano dos presos. No começo, por falta de orientação profissional, chegou a levar repórteres para dentro de casa. Foi desaconselhado, depois, por uma amiga jornalista. Estava se expondo demais e poderia deixar escapar o que não devia.

– Eles acham que eu tenho informações privilegiadas, mas se não for pertinente ao meu trabalho não procuro saber. Por exemplo, quando sei que haverá uma operação da Lava Jato, só me interessa ser informado sobre quantos presos virão pra cá para eu preparar a logística. Quem é e de onde vem não me importa.

Por sua experiência com o assédio da mídia, Newton amadureceu e virou oráculo de outros candidatos a celebridade. Um a se aconselhar com ele foi o agente do Grupo de Pronta Intervenção da Polícia Federal (GPI), Jorge Chastallo Filho, o Gato da Federal, que também caiu nas graças do público e virou meme depois de ser visto ao lado do ex-presidente Lula, em Curitiba.[24] Chastallo viria a substituir Newton na chefia do NO, por indicação do próprio antecessor. Marcelo Odebrecht, metódico observador, conviveu mais de dois anos com o agente e tem a explicação para a adoração do povo brasileiro pela figura do Japonês da Federal.

"O Newton é um caso único na história, que provoca esse tipo de carisma, inclusive em familiares dos próprios presos. É uma coisa estranha. É uma pessoa cativante para os que o conhecem. O que não dá pra entender é essa paixão de gente que nunca teve a intimidade nem convívio com ele", comenta.

Marcelo arrisca que o sucesso do Japonês da Federal se deve, em parte, ao recato de Newton. "Ele criou um personagem que todo mundo quer ver, todo mundo quer visitar. É uma figura incrível como pessoa. Mas só conseguiu manter e preservar essa imagem porque foi reservado. O recato alimentou positivamente o imaginário popular", vaticinou.

CAPÍTULO 8
A carceragem

Antes da Lava Jato, a carceragem da Polícia Federal em Curitiba era como outra qualquer: ordinária, destino de pedófilos, traficantes, ladrões de bancos federais e contrabandistas, que te intimidavam com olhares ora vazios, ora sádicos, sem compaixão. As histórias que acompanhavam seus cativos eram impiedosas, cheias de ódio. Homens que deixaram rastro de dor e espalharam pavor pelo caminho. As barbaridades que cometeram os motivavam a viver. A sorte daquela gente traiçoeira deixara havia muito de ser decorrência de uma existência sem opções, miserável e acuada. Gostavam realmente do que faziam e do produto do submundo – a sordidez, a crueldade e os excessos em todas as suas versões. Sentiam prazer em serem temidos. A violência era um jeito torto de cobrar da sociedade sua predestinação. Era com essa classe de criminosos que os agentes penitenciários federais conviviam.

Havia sempre no ar uma ameaça silenciosa no trato diário com psicopatas assassinos, cada qual com sua especialidade macabra. A marca registrada de um deles era o canibalismo. "Ele abre as vítimas e come as vísceras", revelou com aparente naturalidade um agente da custódia. A convivência com indivíduos com esse grau de perversidade é algo forte até para eles, profissionais treinados, e corrói silenciosamente a saúde dos policiais. Os agentes penitenciários pagam um preço mental e emocional devido à atividade tensa e arriscada e à toxicidade dos presídios. São constantemente afastados do trabalho por estresse.[1]

Embora em lados diferentes da cela, os policiais partilham do mesmo recinto que a escumalha, nauseando ora com o hálito podre que vinha dos dentes careados de um, ora do perfume barato que recendia de outro. Aquela atmosfera insalubre impregna a roupa e a alma dos agentes, que carregam como miasmas para suas casas, para o cinema ou no churrasco com os amigos. Enquanto beijam seus cônjuges ou brincam com seus filhos, a raiva, a revolta, a revanche que escapam do olhar perturbado, dos vociferantes gritos, dos gestos incontidos dos encarcerados e aquela pesada carga diária com a qual são obrigados a lidar ocupam seus pensamentos, contaminam suas emoções. As horas de folga nunca são suficientes para revigorá-los.

O covil em Curitiba parecia para os policiais federais até então um microcosmos do que havia de pior no Brasil. Os presos da Lava Jato, para espanto dos agentes, provaram que não. Na medida em que a camarilha perfumada ocupava as celas da superintendência, Newton desconfiava que havia ali uma conexão estranha, uma relação de causa e efeito entre seus forçados locatários. A choldra cada vez mais parecia a extremidade oposta de uma cadeia sinistra, operada pelos escroques em "vistosos cargos".[2] Os traficantes não eram nada mais que uma turma de jardim de infância perto dos verdadeiros patrões do crime, que fundamentaram seu império na prática impiedosa da espoliação do patrimônio público.

O agente percebeu que todos na carceragem comungavam da mesma hóstia. Diferenciavam-se somente na extensão da destruição que seus delitos provocaram. A ganância irrefreável dos ladrões da Lava Jato não impingiu dor em uma só pessoa, mas sequestrou o futuro de gerações, arruinou a vida presente de milhões de pessoas, numa dimensão avassaladora e desumana. Apesar de lupanários e maganos rezarem a mesma cartilha delituosa, o chefe do Núcleo de Operações enxergou ali uma hierarquia tácita no mercado do crime. Seus novos hóspedes eram os donos do poder, com licença para trapacear e fraudar sem constrangimentos policiais ou legais. E não eram poucos.

O fato é que o imponente prédio da Polícia Federal, de fachada azul, no bairro de Santa Cândida, ganhou evidência internacional. Os olhos esperançosos dos brasileiros repousavam ali. A Lava Jato, com suas fases, era como um seriado dramático que afetava diretamente cada um de nós. O país acompanhava com enorme interesse o desenrolar dos episódios e, com curiosidade inesgotável, a vida prisional de políticos e empresários poderosos até então intocáveis. Quem carregava as chaves das celas desta turma era Newton Ishii. Dependiam dele o bom andamento da custódia e a integridade física dos detentos.

Com esse time de "bandidos de primeira", a rotina na carceragem foi quebrada. O trabalho ficou mais estimulante. Parecia haver uma corrente elétrica entre os agentes penitenciários. O Núcleo de Operações passou a ser disputado por policiais desejosos em trabalhar com Newton, que tinha boa reputação como chefe. A atenção redobrou, assim como a cobrança e a exposição, com reflexos no aumento da carga de trabalho para sua equipe – decorrência da falta de pessoal. Mas ele não apenas cuidou de manter os presos em segurança, como por gerenciar o ânimo da equipe, mesmo estando todos exaustos.

– Eu sou o responsável pelo setor e defendo meu pessoal. Se eu não brigo, quem vai brigar? Sempre acho que vai ser possível dar folga pra eles, mas não consigo. Enquanto outros colegas tiram recesso no Natal, nos inúmeros feriados, ficam em casa nos dias de dedetização, eu e meus agentes continuamos no plantão do NO. Preciso que meu pessoal também descanse, tenha algum privilégio – desabafa, revelando os problemas que tinha que resolver diariamente. – Sou o primeiro a chegar na superintendência e o último a sair. Enquanto tiver gente na rua, fico lá esperando. Chego em casa às dez horas da noite. Não vejo nem curto minha filha como gostaria. É tanto trabalho que, quando fui ver, eu tinha mais de 250 horas para compensar.

No limite do esgotamento, perdia até sua principal qualidade, o equilíbrio. Não tinha mais paciência para intrigas internas.

– Ainda tenho que aturar colegas brigando na rua – censura, numa referência às disputas dentro da Polícia Federal entre os EPAs (Escrivães, Papiloscopistas e Agentes), constantemente sob assédio profissional dos "deltas", os delegados federais.

Outra situação que também o aborrecia eram as constantes reclamações de colegas no trabalho.

– Eu entendo as insatisfações. Tivemos apenas um reajuste de pouco mais de 15% nos últimos oito anos. A situação é a mesma para todo mundo. O que não dá são colegas que só reclamam sem fazer absolutamente nada, enquanto que aqui no NO sequer temos tempo para protestar, porque é serviço em cima de serviço – reclama, gesticulando muito. – Até eu chegar para meu superintendente e dizer: "Pô, meu setor está sobrecarregado e eu estou tirando minha licença."

Newton demonstra claramente não suportar mais a pressão e o aumento de responsabilidade. Mas adiou o quanto pôde a licença a pedido do superintendente.

Não é boa coisa cruzar o caminho de Newton em momentos de forte excitação emocional. O carcereiro é um agente da velha guarda, formado numa época em que a truculência era requisito para sobreviver na Polícia Federal da ditadura. Aprendeu a reagir com agressividade quando confrontado, contrariado ou questionado por subalternos ou por bandidos. Nessas horas, era intimidador.

Em contrapartida, a perspectiva da aposentadoria parecia cada vez mais real. Ao mesmo tempo, sabia que quando se desligasse do serviço público faria falta pela gestão discreta e eficiente com que conduziu o Núcleo de Operações.

– Mas logo se adaptam. Ninguém é insubstituível – desconversa.

Havia quem pensasse diferente. A presença dele na custódia trouxe tranquilidade a toda uma cadeia de serviço na Polícia Federal do Paraná, a começar pelo superintendente, que o acionava para resolver os mais variados problemas, mesmo os triviais. Rosalvo Franco, que conhecia o Newton havia mais de trinta anos, requisitava o carcereiro para questões de toda ordem, que com o tempo foram pesando em seus ombros.

– O Rosalvo me telefona até sete, oito vezes por dia, quando estou em *home office* ou mesmo de folga. Meu Deus do céu! – se espanta ao relembrar da dependência.

A CARCERAGEM

Tinha que resolver briga do lado de fora do prédio, besteiras, confusão na esquina com cuidador de carro: "Pô, Newton! Pega mal demais! As pessoas vêm aqui na superintendência e o pessoal brigando na rua." Para recepcionar alguma autoridade: "Newton, está vindo o fulano de tal, avisa lá para o pessoal recebê-lo." Até para dar assistência à Polícia Militar do Paraná, com problemas com a viatura quebrada: "Newton. Puta merda! Vai lá resolver." E segue o chefe do NO oferecer ajuda, checar se precisam de outra viatura, convidá-los para a sala anexa, servir um cafezinho aos policiais. A quantidade de situações que ele tem de solucionar explica por que bastam dois dias sem ele para se armar uma confusão na custódia.

– Normalmente, não acontece nada. Mas é uma coisa: é eu estar de folga, que aparece um problema. Boa parte, coisa simples, mas ficam com medo de tomar decisões.

Junto com a notoriedade, a Lava Jato trouxe um problema operacional ao carcereiro: a falta de espaço. A carceragem da Superintendência da Polícia Federal, em Curitiba, não fora projetada para manter presos por longos períodos. É um espaço para flagrantes, detenções provisórias, diferente do Complexo Médico Penal, presídio com 8,4 mil metros quadrados de área construída. Mas Newton Ishii equacionou as limitações. Primeiro, reordenando a distribuição dos presos. Não podia deixar a carceragem superlotar. Eram muitos os detalhes que precisavam ser administrados com acuidade.

As seis celas, antes ocupadas apenas por presos comuns, agora teriam que ser compartilhadas por trapaceiros de largo costado. Cada uma tinha entre dez e doze metros quadrados, cada qual com uma cama compartilhada e um colchonete no piso frio. Newton teve o cuidado em mantê-los em alas específicas, previamente definidas em conjunto com o delegado-chefe, Igor Romário.

A divisão não foi aleatória. Seguindo orientação da força-tarefa, a tipificação do crime determinava para qual cela ia cada preso. Na Ala A, foram mantidos os detidos da Lava Jato. Na Ala B, os presos comuns. Não eram deixados juntos aqueles que possuíam tipo de conexão na topologia da "propinagem", porque poderia haver combinação de depoimentos. Outro critério adotado foi proteger os colaboradores dos denunciados, ainda não enviados ao Complexo Médico Penal. Até quando saíam para o banho de sol, havia o cuidado em não permitir a interação entre os que fizeram parte da mesma célula de corrupção na Petrobras. Todo o cuidado para evitar intrigas e prejuízos à investigação era pouco. Quem não colaborava era enviado ao CMP. Os demais, que negociavam a delação, permaneciam na Superintendência da Polícia Federal.

– Imagine o Palocci ou outro que vá botar o Lula e o PT no meio, compartilhando a carceragem com o José Dirceu ou o Vaccari, pessoas que nunca vão falar? Não tem como – explica.

Newton intuiu certo. Mais tarde, o ex-todo-poderoso chefe da Casa Civil de Luiz Inácio Lula da Silva, já condenado a 23 anos de prisão por Sérgio Moro por corrupção, lavagem de dinheiro e organização criminosa, confidenciaria ao chefe do Núcleo de Operações que, depois do choque da prisão, o que mais lhe tirava o sossego era a possibilidade de dividir cela com o ex-companheiro, fosse na carceragem, fosse no complexo. Newton queria evitar aquele confronto moral.

Tempos depois, sua precaução foi justificada também por José Dirceu. À colunista Mônica Bergamo,[3] Dirceu conseguiu lançar críticas veladas, mas bem dirigidas, a Antonio Palocci, por romper a *omertà* – o voto de silêncio dos clãs mafiosos. Em depoimento ao juiz Sérgio Moro, pela primeira vez um alto membro da comuna petista abrira o bico e entregara o ex-presidente Lula, revelando o "pacto de sangue" com a família Odebrecht.[4]

Palocci é um furacão de categoria máxima que afiou a lâmina para cortar a cabeça da "jararaca". Mas não apenas dela. O ex-ministro da Fazenda (2003-2006) teria informações sensíveis para arrastar o mercado financeiro e empresas de comunicação para dentro da Lava Jato, setores praticamente intocados nos mais de quatro anos da operação. O Carf (Conselho Administrativo de Recursos Fiscais) é tido como um dos profícuos campos de atuação de Palocci, que teria operado diretamente para um grande banco de investimento. Na outra ponta, teria atuado com afinco para investidores negociando informações privilegiadas sobre o comportamento das taxas de juros nas reuniões do Copom (Comitê de Política Monetária do Banco Central) e nos leilões de títulos públicos.

A reprovação pública de Dirceu ao seu ex-companheiro de lutas e falcatruas, segundo quem é preferível "a morte a quebrar o código de honra",[5] era uma prova da pressão que poderia exercer sobre Palocci, caso compartilhassem a mesma cela.

Havia outra explicação administrativa para manter na superintendência os presos que manifestaram intenção de colaborar com a Justiça: a facilidade para delegados e procuradores tomarem seus depoimentos. A decisão ajudou também a vida dos advogados, constantemente em contato com os clientes.

Coube ainda a Newton definir o calendário de visitas. Com os familiares, apenas às quartas-feiras. Às segundas, terças, quintas e sextas-feiras, contato com os advogados pelo parlatório. Com o tempo, foi autorizada aos delatores a entrevista pessoal e reservada com sua defesa, às quintas. Newton tratou, involuntariamente, de desfazer a concepção sombria do lugar, tornando a carceragem mais suportável para os degenerados do Petrolão. O que tinha tudo para virar um caos acabou virando uma *petite prison* ordenada.

"Então, nos dias de visita, vêm os advogados, vêm os familiares... não tem onde sentar. Mas ninguém reclama, senão todo mundo perde, com restrições no número de visitas ou na quantidade de horas que os familiares e advogados têm para ficar com os presos", explanou Marcelo Odebrecht, compreensivo. O empreiteiro foi condenado pelo juiz Sérgio Moro a dezenove anos e quatro meses de prisão pelos crimes de corrupção, lavagem de dinheiro e por integrar organização criminosa.

Ele contou que, no início da Lava Jato, quando os presos chegaram, o regime era mais rigoroso. Newton não dava abertura. Mas à medida que todos foram se conhecendo melhor, a ponto de os presos o respeitarem, o rigor abrandou, até o estágio de ele se tornar um "agente supercordial".

"Ele já foi mais severo no tempo das visitas dos advogados. Com o tempo, os horários de atendimento ficaram mais flexíveis, alguns dias mais elásticos, outros não. Assim também com a visita dos familiares que é de apenas uma hora por semana", descreveu Marcelo, para quem a personalidade equilibrada de Newton, rigorosa e ao mesmo tempo afável, permitiu-lhe ter êxito no controle sobre os presos e no gerenciamento do dia a dia na carceragem.

"Newton construiu um espaço de humanidade, deu tranquilidade às famílias", fez questão de reforçar, com nítido alívio.

O herdeiro do império Odebrecht explicou que o maior temor dos familiares, esposas em particular, era saber em qual ambiente o marido estava inserido, como estava sendo tratado. Para surpresa de todos, encontraram uma equipe de agentes penitenciários atenciosos.

"Voltavam para casa achando que estávamos sendo no mínimo bem tratados. Se a família está bem e tranquila, com a gente também está tudo bem, porque a família é a prioridade para nós", resumiu Marcelo.

A preservação emocional dos parentes era muito cara para os presos. Mortificavam-se quando lhes chegavam notícias de que um familiar sofrera algum tipo de recriminação pública ou discriminação por sua presença na cadeia, situação de que não escaparam até pessoas próximas de alguém com o dinheiro, o poder e a tradição de Marcelo.

– Soube de colegas de escola das filhas do Odebrecht que fizeram piadas maldosas, que as deixaram magoadas – repreende Newton.

Casos de segregação teriam ocorrido com filhos de outros presos no condomínio onde vivia a família. O engenheiro Zwi Skornicki, condenado a mais de quinze anos por intermediar propinas do esquema de corrupção na Petrobras, viveu situação semelhante. Quando retornou a seu luxuoso apartamento na Barra da Tijuca, no Rio de Janeiro, monitorado por uma tornozeleira eletrônica, sofreu de cara com o preconceito por ser um dos presos da Lava Jato. Zwi comentou com o carcereiro que fora muito amigo de uma celebridade do jornalismo da TV Globo, de quem era vizinho.

– Compraram casa no mesmo condomínio. Depois que ele foi acusado, o apresentador nunca mais lhe dirigiu a palavra. Passava por ele no condomínio e nem o cumprimentava – mexerica Newton.

O cuidado extremo era para preservar a integridade de delatores de suma importância para a Justiça, cujas revelações fariam tremer a República e ajudar no esclarecimento da intricada rede de corrupção na Petrobras e em outros órgãos de governo.

– Eu tenho que me ocupar tanto da segurança dos presos como da integridade física deles. Há muito rigor na vistoria para evitar a entrada de instrumento na carceragem, como uma serra ou uma faca que pode ser usada para ferir outro numa discussão mais acirrada. Essas coisas.

O resultado do trabalho parece que foi bem-sucedido, porque o período de carceragem serviu até para uma reeducação não apenas moral, mas alimentar.

– Muitos saíram melhores fisicamente do que quando chegaram – atesta Newton da qualidade do seu trabalho.

Preservar a saúde dos presos no organismo carcerário faz parte de uma gestão inteligente. Detento doente dá muito mais trabalho.

– Eu te digo que não é fácil. Nesses períodos, somos removidos do Núcleo de Operações. Como o serviço não para, a coisa acumula – reclama, lembrando-se das escoltas que ainda tinha que preparar para as constantes audiências no Tribunal de Justiça e para outras missões que considerava dispendiosas. Newton conta que a operação de conduzir Paulo Roberto a Brasília para depor à CPI da Petrobras custou aos cofres públicos 120 mil reais.

– É grana que faz falta para a Polícia Federal – resmunga como um tesoureiro cioso e sovina.

Mas havia também o propósito de poupá-lo das trabalhosas escoltas, que exigiam a escalação de um grande número de policiais, o uso de viaturas, estratégias diversionistas para confundir tanto a imprensa quanto pessoas interessadas em eliminar e coagir as testemunhas.

Nessas missões, explica Newton, é considerado todo tipo de ameaça a presos de relevância, verdadeiros arquivos vivos, como uma tentativa de resgate, ou mesmo uma tentativa de agressão por parte de um manifestante. Se os policiais detectam sinais de risco à integridade de algum preso que vá fazer revelações comprometedoras, são escolhidas viaturas blindadas, como no caso do dono da empreiteira UTC, Ricardo Pessoa.[6] Na escolha de outro detido de relevância, Newton alterou o roteiro previamente definido para evitar um atentado, ameaça interceptada pela Inteligência da Polícia Federal. E isso porque somente no momento da partida do comboio o trajeto é revelado à equipe de agentes. Em alguns casos, parte do caminho recebe a cobertura de *snipers* (atiradores de elite), posicionados nos prédios ao longo da rota.

As precauções eram redobradas quando se tratava de presos que provocam paixões, como José Dirceu, que exigiu do NO uma escala de dezesseis homens, além de outros policiais de prontidão.

– No dia de sua chegada, havia manifestantes contra e pró a detenção dele. Em frente à superintendência, nos aguardavam centenas de populares, além da imprensa, que está sempre cobrindo os eventos. Tivemos que desviar a atenção de todos, com um grande número de viaturas entrando pela parte principal da superintendência, enquanto escoltávamos o preso pelos fundos – descreve, ainda surpreso pelo trabalho de logística que realizara. – Eu achei que a do Eduardo Cunha seria ainda mais arriscada.

Ele explica que o planejamento não é feito de afogadilho. Ao contrário, o treinamento com os agentes da custódia é realizado quase que diariamente, para que na hora tudo saia dentro do previsto.

– Todas as escoltas são bem estudadas. Examinamos o perfil dos presos, seja da Lava Jato ou não. O trajeto é estudado, definimos opções de rota, como no caso da escolta do Youssef ao hospital. Os repórteres esperavam a chegada da viatura oficial. Se a imprensa estava sabendo, outras pessoas também poderiam estar. Decidimos sair com um veículo descaracterizado.

Essa prudência passou despercebida, o que para Newton é um bom sinal.

– É como no futebol. Se o juiz pouco aparece na partida, é porque a arbitragem foi bem-feita – compara.

Era isso que Newton buscava: recato. Porque, qualquer resultado que não a escolta do delator em segurança até o tribunal ou hospital, respostas seriam cobradas pela Justiça, pelo departamento da PF, pela mídia, pela opinião pública, pelos parentes e pelos advogados dos presos. Em tempos em que notícias falsas e boatos na imprensa se espalham rápido e assumem aparência de verdade, seria muito fácil espalharem a versão de que o agente Newton Ishii participou ou teve a conivência com uma eventual fuga, um atentado, ou mesmo ser acusado de tortura. Há registros na Polícia Federal do Rio de Janeiro, por exemplo, de plantonistas que foram responsabilizados injustamente por maus-tratos e a morte de um detento, executado na verdade por outros agentes em vingança pelo assassinato de um policial federal.[7] Essas histórias ficam na memória dos agentes. Trabalhar no órgão é como estar numa área de conflito em que o profissional precisa ficar atento até contra o fogo amigo.

– Ninguém iria querer saber o que o Cunha fez, e sim o que aconteceu com ele – conjectura.

À disposição de Newton estava um baixo efetivo de agentes que, de alguma forma, ele teve que otimizar. Não dispunha de policiais suficientes para escoltas a hospitais, típica situação que gerava trabalho extra, obrigando-o a organizar uma operação de guerra. Foi o que aconteceu com Alberto Youssef, quando ficou internado por uma semana.

À época, em 2014, acontecia o segundo turno de uma acalorada e acirrada disputa entre a presidente Dilma Rousseff e o senador Aécio Neves. Alberto Youssef era considerado um dos delatores da Lava Jato com maior potencial explosivo do momento. Confissões ligadas a ele poderiam interferir diretamente no resultado das eleições presidenciais, como o manuscrito do doleiro em que consta o nome da ex-presidente próximo a valores. O bilhete, entregue pela contadora de Youssef, Meire Poza, à Polícia Federal, indicava possível ligação da ex-presidente Dilma com o doleiro e que ela teria sido beneficiária de propinas, informação com efeito devastador para a candidata petista.

Mas o delegado Márcio Anselmo, que recebera as anotações, em abril de 2014, às vésperas da campanha eleitoral, em vez de anexá-las aos autos para auxiliar nas investigações, deu destino pouco usual: manteve-as em sigilo.[8] Seu conteúdo só seria revelado quase dois anos depois pelo delegado Romeu Tuma Jr., em seu livro *Assassinato de reputações II – Muito além da Lava Jato*.

Omitir documentos importantes que possam revelar atos ilícitos de corrupção é negligenciar ou descumprir a execução de qualquer ordem legítima. O delegado teria sonegado importante informação de interesse da opinião pública, da Justiça e dos eleitores. A resolução contrariou as práticas da força-tarefa e do juiz Sérgio Moro de publicitar as fases da investigação e os depoimentos colhidos, além de poder ter interferido no resultado das eleições. Dilma tinha uma dívida de gratidão com o delegado antipetista.[9]

A despeito da transgressão disciplinar do delegado, a direção-geral da Polícia Federal não instaurou procedimento disciplinar. Em meio a esse vazio de explicações, teorias foram especuladas de que o documento fora usado politicamente pelos delegados federais, com o apoio velado do diretor-geral Leandro Daiello. Circulou na Polícia Federal e nos corredores do Congresso Nacional que um recado se fizera chegar ao então ministro da Justiça, José Eduardo Cardozo, de que o caso poderia ser abafado... por algum tempo. Mas à custa de uma fatura alta.

Para segurar o vazamento na reta final da campanha eleitoral de 2014, representantes do cargo exigiram do ex-ministro o acolhimento de reivindicações de caráter corporativo, como a aprovação de uma medida provisória que desse aos delegados a exclusividade do exercício de todas as chefias na Polícia Federal.[10] Uma Medida Provisória foi redigida às pressas, e sua votação em plenário na Câmara dos Deputados tramitou em tempo recorde, menos de vinte dias. A frase do deputado e ex-delegado da PF, Fernando

Francischini, resumiu a operação: "Botamos o governo de joelhos." E como dano colateral, aprofundou ainda mais as diferenças internas entre policiais e delegados.

Nesse cenário inquieto e delicado, era de esperar que sobre Newton fosse exercida muita pressão para assegurar a segurança de Youssef e seu bom estado de saúde. Proteger a vida do doleiro, possível alvo de um atentado, era mais que uma prioridade. O agente conseguiu com que o então governador do Paraná, Beto Richa, "amigo de infância do Youssef", autorizasse os policiais da P2, o serviço de inteligência da Polícia Militar, a reforçar a segurança do doleiro enquanto estivesse hospitalizado. O resultado desse cuidado é que Youssef desenvolveu afeto e gratidão por seu carcereiro:

"Eu devo a vida a ele. Antes de o Newton assumir, quem cuidava do local era um delegado da Lava Jato que deixava a carceragem às traças, largada, negligenciada. Não era por maldade. O delegado não tinha tempo para a custódia, e aí ele simplificava. As celas eram fechadas na sexta-feira e nos fins de semana não tinha sol, né? Tínhamos direito a no máximo trinta minutos no parlatório com a família, e apenas um minuto para abraçar os familiares", recorda com mágoa. "Para um cardiopata como eu, com a saúde debilitada, recém-saído de uma cirurgia, ser jogado numa cela de sete metros quadrados com onze presos não foi brincadeira. Aquele ano foi difícil."

Youssef lembra que, quando Newton chegou, sete meses depois de preso, o tratamento passou a ser menos desleixado. Caiu de onze para quatro o número de detentos por cela. Os banhos de sol foram organizados, as visitas começaram a ser feitas ordenada e cotidianamente. O agente federal colocou ordem naquela barafunda.

"Ele cuidou dos presos sem regalias, mas manteve os direitos. Nos dias de visita, passamos a ter duas horas e meia com nossos familiares. É uma pessoa humana. Ajudou a preservar e a recuperar a minha saúde. Criou condições para que eu fizesse fisioterapia cinco vezes por semana", abriu-se, para ressaltar que as sessões de 45 minutos do tratamento eram feitas pelo plano de saúde que ele mesmo contratara.

Além dos cuidados com a integridade física dos cativos, Newton aplicou o humor como forma de gestão.

— Quando estão estressados e eu desço lá, abro as celas e fico no corredor sentado pra eles conversarem entre eles, ouvindo contarem suas histórias. Eu me divirto. São muito engraçados. Pedro Corrêa é uma figura. O Odebrecht também. Eu me sento e tomo café com eles, falando um monte de besteiras. Gosto de todos eles.

Mas fazia a "social" com prudência. Procurava não se inteirar dos processos dos presos e de suas conversas com os advogados, para que no dia seguinte não fosse pego de surpresa e ler na imprensa que era suspeito de ter vazado algo.

— Realmente, a mim não importa saber nada deles nem o que fizeram ou deixaram de fazer. Sinceramente, não tô nem aí. Se começasse a pensar nisso, eu mataria todo mundo lá dentro. Deixaria passar fome, entendeu? — incorre numa repentina e surpreendente fúria.

Sua neutralidade não o impedia de devolver as brincadeiras dos presos e agentes com dose moderada de descontração. As pequenas sacanagens aliviavam a angústia que facilmente se acumularia naquele ambiente, melhorando a lida com os detentos. Tinha também o propósito de criar vínculos de confiança com seus subordinados e com os presos.

Por ser um gozador nato, tanto os custodiados como agentes penitenciários não sabiam quando o carcereiro falava a sério ou ironizava. Nem mesmo as esposas dos detentos escapavam de seus trotes.

— Teve uma vez que me dirigi à mulher do Duque e perguntei a ela: "Mas você não estava aqui ontem, no dia de encontros íntimos?" Ela respondeu: "Não!" "Xii, então era a outra. Dei bola fora", emendei e me afastei, deixando os dois sozinhos. — Ri da galhofa, lembrando do susto repentino que Maria Auxiliadora recebeu. Fez o mesmo com Palocci. O ex-homem forte de Lula levou duas semanas para convencer a esposa Margareth de que não recebia visita íntima na carceragem.

Ela ainda seria vítima de mais uma travessura do carcereiro. Quando ela quis ter notícias da saúde do marido, que havia pouco tinha se submetido a uma série de exames médicos, Newton respondeu:

– Olha, não muito bem.

– Nossa, mas por quê? – inquietou-se.

– O primeiro exame de fezes não valeu, só tinha esperma – respondeu sério, para espanto da esposa, que logo depois entendeu a brincadeira. É sabido que nos presídios há casos de abusos sexuais.

Até o pândego do Pedro Corrêa caiu nas traquinagens do carcereiro, como numa certa quarta-feira, dia de visita dos familiares. O ex-deputado sempre se aprumava para receber a visita, não muito frequente, da esposa.

– Nesse dia, fiz questão de eu mesmo chamá-lo. Fui até a carceragem e fiz sinal para que se aproximasse. "Olha seu Pedro, me ligaram lá de Recife, dizendo que a sua esposa não vai poder vir hoje", falei, sério. Aí, ele todo arrumadinho para a visita ficou triste na hora. "Bom, vamos até a sala tomar uma água pra você se acalmar." Quando chegou lá, a esposa estava esperando por ele. Pedro Corrêa abriu um sorriso pela surpresa, virou-se para Newton e lhe agradeceu com o olhar cúmplice.

O carcereiro-chefe desanuviava o ambiente, carregado de culpa e incertezas, com piadas ingênuas e previsíveis para alguns. Marcelo, o mais sóbrio, fazia de conta que via graça nas brincadeiras do carcereiro.

"O Newton pensa que é um gozador", disse, com respeito.

A descontração muitas vezes iniciada pelo agente tinha limites. Se aliviasse demais, as normas carcerárias seriam quebradas e a bagunça se instalaria. Odebrecht compreendia o pulso firme de Newton, principalmente com os "colegas mais problemáticos", como Eduardo Cunha e Nestor Cerveró, "que deixavam todos em situação ruim". Ele lembrou a passagem em que Cunha se recusou a se submeter ao exame de corpo de delito e a tirar as digitais, alegando que aquilo "afrontava a Constituição".[11] Manter a disciplina significava enquadrar constantemente presos e sua equipe. Certa vez, proibiu um agente de transmitir recados dos advogados, que não paravam de ligar.

"Ninguém é pombo-correio, telefonista e empregado de preso e de advogado. Vamos parar com isso. Vocês têm mais o que fazer", ralhou com um subordinado, designado para a superintendência havia pouco mais de dois meses. A partir daquele dia, ele restringiu a quantidade de ligações a três por semana, de cinco minutos cada.

O controle dos detentos e seus destemperos também era tarefa de Newton. Nada escapava à sua atenção. Geralmente, quando adentra os lugares, escrutina o ambiente e analisa os indivíduos. Processa, traduz o que vê e adequa seus atos. Na carceragem, entre personagens de uma história que será sempre lembrada, procurou apurar seus instintos e ensinamentos para conquistar a confiança dos ladinos. No primeiro contato que tem com uma pessoa, busca conhecer alguns de seus pensamentos e opiniões. Faz perguntas com aparente desinteresse e escuta o interlocutor sem apresentar qualquer tipo de julgamento.

Nas sutis abordagens com os presos, suspendia seu ego e evitava bater boca sobre assuntos polêmicos, como política. Sabia que o indivíduo fragilizado "desliga seu cérebro" quando é criticado por um estranho. Era bom ouvinte e tentava explorar alguma ideia mencionada pelo interlocutor. Para influenciar habilmente os detentos, usava a prática reversa de se aconselhar e perguntar o que eles fariam se estivessem em seu lugar. Para conseguir a confiança deles, sorria, poderoso e prazeroso estimulante neural. Já com aqueles em quem não confiava nem minimamente, caso de Cerveró, era direto e franco, até obter a obediência.

Newton preferia a conversa à gramática do sofrimento, mas não acatava abusos verbais nem os ímpetos de furor dos presos. Ele se recorda de quando Alberto Youssef, irritado com a demora da Justiça em devolver os carros blindados às filhas, quebrou o vidro do parlatório. Os advogados do doleiro não teriam agilizado o envio da petição ao juiz, e os delegados também teriam ajudado a procrastinar o despacho. Sem saber como proceder, um dos agentes penitenciários chamou às pressas o chefe do Núcleo de Operações: "Newton, corra pra cá, porque o Youssef está na sala, nervoso. O que a gente faz?" Newton saiu em disparada. Chamou o transtornado doleiro e lhe deu uma dura.

"Olha, se você continuar nervoso assim, terei que te sossegar de outra maneira", ameaçou, sem fazer a menor ideia, na verdade, de que "outra maneira" seria aquela.

Newton ponderou que a agressividade dele, danificando o patrimônio público (como se o crime que ele cometera, lavando bilhões da Petrobras, não tivesse produzido uma destruição muito maior ao país), apenas pioraria a situação dele perante a Justiça e, consequentemente, a das filhas. Youssef ouviu os argumentos, controlou sua raiva e tudo voltou ao normal, para alívio dos agentes penitenciários e demais detentos. A disciplina conseguia conter a atitude apressada, intolerante e altiva de alguns presos.

Houve detentos que, mesmo encarcerados, continuaram com as agressões e o assédio moral habituais, ignorando onde estavam. Hilberto Mascarenhas, figura central no sistema organizado para o pagamento de propinas e caixa dois da Odebrecht, teria sido um deles. Adir Assad revelou que o ex-gerente da corrupção da empreiteira conquistou a antipatia inclusive dos colegas de cela por sua intratável descortesia.

"Teve um domingo de manhã que ele foi abusado com uma agente federal de plantão. Por volta das oito horas, ela chegou do treino com roupa de ginástica. O Hilberto disse assim pra ela: 'Gostei de ver a garçonete vestida desse jeito.' E levou um esporro danado: 'Pensa que eu sou tua mulher, acostumada a ser tratada dessa maneira, com desrespeito?'", contou Adir, com repugnância, usando suas recorrentes gírias. "Que cara chupeta!"

Os ajustes de comportamento eram frequentes para Newton ter nas rédeas o bom andamento das regras prisionais. Precisou de tempo para enquadrar seus indóceis custodiados às normas internas, as mesmas aplicadas aos presos comuns. O processo de reeducação que adotou consistia em morder e assoprar.

A extensão da punição a toda ala por falta disciplinar de um detento era um recurso pedagógico eficaz. Newton aplicou o sistema no qual um preso vigiava o outro. Marcelo Odebrecht e Léo Lima, que vieram do mundo empresarial, entendiam esse modelo. Nas empresas da pós-modernidade, as corporações criam a arenga da comunidade colaborativa e transferem para as equipes a tarefa da autodisciplina. A pressão dos outros colegas sobre seu próprio grupo de trabalho toma o lugar do chefe de chicote na mão.[12]

A ideia da autovigilância e da autopunição foi testada quando os colegas de cela interceptaram um artigo para a imprensa que o ex-deputado Eduardo Cunha tentava "contrabandear" por meio de seus advogados. A cartilha de Newton deu certo.

"Quando soubemos, abortamos a iniciativa dele na hora, porque esse tipo de coisa precisa da autorização do juiz. Se isso vazasse, pegaria mal tanto pro Newton quanto pra nós. A gente ia sofrer não só com as punições, como a falta de banho de sol, mas também com possíveis restrições no contato com nossos advogados. Passariam a checar papel por papel que os advogados trazem pra nós", conta Odebrecht, justificando sua preocupação, enquanto segurava, como se fosse um tesouro, uma pasta de cartolina azul, recheada de documentos que os advogados haviam acabado de lhe entregar. "Imagina a burocracia, a encrenca que isso não traria?"

As maquinações de Cunha parecem ter prosperado somente depois que ele foi transferido para o Complexo Médico Penal.[13] Ali, teve liberdade para negociar seu silêncio com empresários enrascados, como Joesley Batista, sócio do conglomerado JBS, transação que teria recebido o aval do presidente Michel Temer.[14]

"Tem que manter isso, viu?", pediu Temer, em gravação clandestina feita pelo megaempresário goiano, que foi recebido fora da agenda oficial altas horas da noite na residência oficial do presidente da República. O áudio não teve a força para derrubar Temer, resultado político muito difícil de entender para um observador estrangeiro, como o correspondente inglês Jonathan Watts.[15]

Marcelo entendera o recado de Newton. "Da mesma maneira que vocês mereceram, vocês podem perder tudo que conquistaram em um piscar de olhos." A amabilidade do carcereiro era proporcional ao comportamento do preso.

"Aqui, não tem essa de pedir desculpas. É que nem papel rasgado, não volta mais. Se um de nós cruza a linha, o Newton não pensa duas vezes e é extremamente duro. Não tem opção. Aprontou, é punido, e todo mundo paga", simplificou Odebrecht, confirmando as versões de que nunca vira Newton conceder regalias.

O Príncipe era pragmático. O que lhe interessava era sair da cadeia o quanto antes. Sabia que dependia de um recinto menos hostil e o mais flexível possível para ter acesso ao seu processo, e quietude para avaliar suas possibilidades de defesa. Fiel a seu jeito centralizador, discutia toda semana com seus advogados os planos de sua defesa. Não havia opção a não ser dever obediência ao chefe do Núcleo de Operações.

– Vamos citar o Cunha e o Palocci. Esses aí, quando tiveram que tratar de assuntos de urgência com seus contadores, vieram humildes pedir um favor, sem a conhecida arrogância. Solicitar em vez de mandar foi para eles uma mudança de comportamento radical – atesta Newton.

Apesar do calvário, eles tinham consciência de que sem Newton a vida no cárcere seria atroz. O chefe do Núcleo de Operações passou a ser cada mais valorizado toda vez que desfazia situações constrangedoras que acometiam os parentes que os visitavam. Odebrecht não se esquece de quando Newton contornou o embaraço que a imprensa causava à sua esposa.

Nas primeiras semanas após a prisão do marido, Isabela Odebrecht se sentia sufocada pelo cerco dos jornalistas. Além do mal-estar por ver o marido atrás das grandes, tinha ainda que lidar com os repórteres, ansiosos para flagrar um olhar angustiado, um arroubo de intolerância, um depoimento descuidado. Segundo o marido, Isabela andava agitada com esse encalço.

"Era um inferno toda vez que ela tentava me visitar. Passou a esperar os repórteres saírem antes de entrar", contou Marcelo.

Como a situação persistiu, Newton interveio: "Vamos fazer o seguinte, a melhor maneira é encarar a situação de frente. Eu vou pegar você e te levar para conversar com os repórteres, que são sempre os mesmos, e furar essa bolha", sugeriu. Isabela aceitou. Nesse dia, o carcereiro pediu aos repórteres: "É o seguinte, eu não quero que vocês a exponham mais, nem as filhas. Se querem entrevistá-la, façam isso hoje, porque, a partir de agora, vamos parar com todo esse assédio, OK?"

E foi o que aconteceu. Depois daquele dia, Isabela e as filhas foram preservadas pela mídia. Odebrecht diz que Newton é pródigo em protagonizar eventos marcantes, como em outro dia de visita, em que a esposa chegara bem mais cedo do que o habitual, na quarta-feira de visitas. Aquela manhã estava especialmente gelada.

"Ele teve a delicadeza de tirá-la do frio violento de Curitiba e a colocou para dentro da superintendência", reconheceu, agradecido.

Com a esposa do lobista Adir Assad, Newton teve a mesma cortesia.

"Quando minha mulher veio me visitar pela primeira vez, ela ainda estava em choque, num estado lamentável. Logo que chegou, passou mal e teve que ir ao banheiro vomitar. Mas o que a deixou ainda mais abalada foi a presença dos fotógrafos. Para escapar, saiu correndo e se trancou no banheiro do prédio. Ela 'penicou'", contou, no seu linguajar de malandro. Sua esposa, Sonia, é budista, dirigente de uma ONG, que dá assistência a mais de trezentas famílias de uma comunidade. Enfim, uma pessoa doce e delicada, não preparada para viver momentos humilhantes e agressivos. "Ela estava muito sensível, porque a polícia bateu quatro vezes lá em casa, às seis da manhã, pra fazer busca e apreensão", contextualizou.

Ver o marido preso a teria abalado, principalmente porque expôs a família aos vizinhos famosos. Assad tem uma mansão no condomínio onde moram celebridades como Luciana Gimenez, da Rede TV, e o piloto Rubinho Barrichello.

"Fica fria que eu vou resolver isso", disse Newton, procurando acalmar Sonia. Mais uma vez, foi até os jornalistas.

"Olha, tudo tem limite nessa vida. Eu não quero mais que vocês filmem, eu não quero que vocês façam mais nada aqui com ela", pediu com firmeza, explicando o estado emocional da mulher. Resolvida a questão com a trupe de repórteres, voltou para resgatar Sonia no banheiro da Polícia Federal, levando-a para a sala dos agentes.

"O bacana é que ele não conta isso pra gente. Fiquei sabendo desse caso por outras pessoas", admirou-se Assad, ressaltando a "perspicácia e a inteligência do agente Newton".

O chefe do Núcleo de Operações coleciona gratidão. Renato Duque lembra um momento que mudou o julgamento que tinha sobre o carcereiro. No dia em que o ex-diretor de Serviços da Petrobras recebeu a notícia do *habeas corpus* concedido pelo ministro Teori Zavascki, do Supremo Tribunal Federal, apenas vinte dias depois de ser detido, foi pego de surpresa. Era bem cedo, e estava muito feliz com a revogação da prisão. Juntou seus poucos objetos, jogou tudo num saco plástico e colocou as medidas cautelares debaixo do braço – as exigências do STF para sua libertação. Depois de assinado o alvará de soltura na Superintendência da Polícia Federal, um delegado federal aproximou-se e disse seco:

– Ei! Vai embora. Aqui você não pode ficar mais. Vai embora.

O que era para ser um alívio, aquela ordem, naquele exato instante, causou-lhe repentino desespero. Ele não podia ficar nas dependências do prédio sem um acompanhante oficial, como um agente federal ou um delegado. Sem dinheiro, sem conhecer ninguém em Curitiba, a única coisa que o aguardava do lado de fora da carceragem era um batalhão de repórteres, ávidos por declarações e perguntas que não queria responder. Ele não tinha saída. Newton, que nem o conhecia direito naquela época, percebeu seu desalento e se aproximou.

"Cadê seu advogado?", quis saber.

"Ele tá chegando, mas não tenho como ligar pra ele. Não sei o que eu faço", respondeu, sem esconder o nervosismo.

"Você tem o cartão dele?", perguntou. Duque, com as mãos tremendo, enfiou o braço no saco de lixo, remexendo impaciente os pertences.

"Achei!", gritou, como se aquele golpe de sorte fosse um ato salvador. Newton ligou para a secretária do advogado de Duque, relatando o fato e seu estado emocional.

"O advogado já está a caminho. Logo ele chega. Curitiba não é uma cidade muito grande. Fique tranquilo. Estarei com você, esperando no corredor. Aqui você pode ficar. Ninguém vai te perturbar."

Quando o advogado finalmente entrou no estacionamento da superintendência, Duque saiu do prédio, andou alguns metros e, diante dos inúmeros fotógrafos e das câmeras de TV, retornou para falar comovido uma última coisa para Newton: "Eu nunca vou esquecer o que você fez por mim hoje."

Naquele momento, Newton ganhou também a confiança e o respeito do engenheiro da Petrobras, que retornaria à carceragem três meses depois para uma estada mais longa: dessa vez, de cinco anos.[16]

Não raro, as intervenções de Newton surpreendiam os custodiados. Marcelo destacou o episódio do incêndio na superintendência, porque o incidente preocupou a todos.[17] Adir Assad, condenado a quase dez anos de reclusão por associação criminosa e lavagem de dinheiro, revelou que o nervosismo decorreu da possibilidade real de serem todos transferidos para o Complexo Médico Penal por conta do incidente.[18]

"O Odebrecht e o Léo (Pinheiro) poderiam ser alvos fáceis. Imagine estarem na sexta galeria no CMP, com setecentos caras. Pô! Podiam facilmente ser pegos na cadeia, pegos como moeda de troca, afinal de contas, o cara é patrão de duzentos mil funcionários da Odebrecht. Então, pensamos: 'Vamos chamar o sr. Newton. Temos esse risco.'", dramatizou.

Não foi preciso. Newton, mesmo de férias, foi o primeiro a chegar à superintendência, por volta das cinco da manhã, antes mesmo dos agentes que dariam plantão naquele dia, e controlou a situação.

"Todo mundo ficou grato pelo Newton ter peitado a superintendência para que não nos mandassem para o CMP." A intervenção do carcereiro consolidou o respeito e a admiração de Adir com relação ao Newton.

"O Japonês é uma unanimidade em todos os lados. Com os presos, com os custodiados, com os parentes, com os familiares dos presos, na Polícia Federal, no Ministério Público e na Justiça. Ele ajuda e resolve problemas de todo mundo. Todos ficam satisfeitos. É uma pessoa diferenciada. É flexível, sem ferir qualquer norma interna", acrescentou Odebrecht.

"O Newton conseguiu de certa forma manter o convívio na carceragem. Mas, quando havia problemas, era durão. Se tinha discussão entre os presos, ele fechava os corredores para preservar a disciplina", disse também Alberto Youssef.

O doleiro confirmou que Newton tinha o hábito de conversar com os presos de manhã, para saber se havia algum tipo de problema, bater papo sobre assuntos gerais, "política, também", e as notícias que vinham de fora, até aquelas que falavam mal do agente.

"As críticas que saíam na imprensa sobre o Newton não passavam de muita inveja", deduziu. "Tanto que é melhor ele se aposentar antes que alguém o prejudique pra valer. Alguém, digo, algum delegado", fez questão de acrescentar. Erudito nos mecanismos acionados no mundo de intrigas, Youssef sabe que, se for preciso para defender interesses, não é difícil armarem para Newton.

"Alguém pode tirar algum esqueleto de dentro do armário, expô-lo e prejudicar a vida dele, a aposentadoria dele, o que seria uma injustiça. Newton é uma pessoa extremamente correta. Também não acredito que o cara seja corrupto, que seja desonesto, como dizem por aí por conta da Operação Sucuri. Quando eu controlava a fronteira, em Foz do Iguaçu, todos recebiam, menos o Newton. Ele virara as costas, mas, uma vez na equipe, não tem jeito, é fácil fabricar uma situação pra te envolverem. Acredito que ele se deu mal por causa da cagada feita por outros", solidarizou-se Youssef, num jogo aberto de como funcionava o contrabando na tríplice fronteira, para ele algo tão natural como é para o padeiro vender uma baguete. "O Newton tem que se aposentar antes que aprontem pra ele."

Renato Duque também é da opinião de que Newton tornou a vida na carceragem "mais suportável".

"A relação dele com os presos era de muito respeito. Ele passava confiança. É uma pessoa humana, mas nunca passou a mão na cabeça de ninguém. Todos o veem dessa maneira. Se não fosse ele, a vida no cárcere seria mais difícil."

Se dependesse dos detentos, Newton não sairia do Núcleo de Operações tão cedo. Com ele na chefia, sentiam-se em segurança, sabiam que haveria ordem, que as normas e os direitos seriam preservados. Compreenderam que o local, embora árido, poderia num estalar de dedos ficar ainda pior, inóspito, insalubre e vulnerável, sob a gestão, por exemplo, de um delegado inexperiente. Inquietam-se quando ficam três dias sem tê-lo na custódia. Os rumores logo tomam conta das alas.

"Todos nós vamos ficar mais preocupados quando ele nos deixar", Renato Duque resumiu o sentimento dos presos.

Nas conversas de cárcere, os presos tentam convencê-lo a não se aposentar ainda. Os pedidos eram uma maneira de manifestarem o apreço por Newton e sua vontade de tê-lo próximo, como que o sequestrando, para cumprir solidário a pena junto com eles.

"Seu Newton, mas o senhor vai sair? Nós estamos em crise econômica. Não vai conseguir arrumar nada lá fora", brincou Pedro Corrêa.

Marcelo Odebrecht foi mais assertivo. Ressaltou a eficiência com que Newton conduziu um trabalho delicado, sensível a sabotagens e problemas de toda ordem, não dando margens a notícias de que tenha havido regalias, maus-tratos, abusos, situações ou boatos que poderiam desmoralizar a Lava Jato.

"O Newton garantiu a credibilidade da Lava Jato, porque, em todo esse tempo, não ocorreu qualquer tipo de acusação séria e comprovada contra ele, o que é uma coisa rara. Ele conseguiu manter o equilíbrio na carceragem por um longo período, administrando vários tipos de presos, algo muito difícil de encontrar por aí. Ele facilitou a vida de todos. Os presos sentirão sua falta", discorreu.

Saber controlar a ciumeira entre os próprios presos e calibrar o interesse de cada um, realmente exigiu habilidade de gestor. Mas Newton fazia além. Interferia positivamente no ânimo dos custodiados, agia para acalmar o lugar ao perceber o acento da melancolia. Rigidez, apenas para manter a ordem. Essa habilidade talvez explique por que Odebrecht sugeriu que Newton adiasse sua aposentadoria até dezembro de 2017, quando sua pena progrediria para a prisão domiciliar.

Newton observa que o cárcere tem o papel institucional de punir, não é um local recreativo. Ali não era um *spa*, como são em alguns presídios estaduais, em que chefes do narcotráfico gozam de mordomias, como manicure, visitas íntimas, consumo de drogas e massagista.[19] Em março de 2018, o Ministério Público descobriu na Cadeia Pública de Benfica, no Rio de Janeiro, um motel improvisado para o ex-governador Sérgio Cabral e outros presos da Lava Jato.[20]

O chão e as paredes de cimento deixavam o local muito frio no inverno. Em vez de aquecimento central, como havia em suas casas, os internos se protegiam somente com os cobertores que a administração oferecia. Nos dias de calor, a temperatura explodia, exigindo uma dose a mais de resignação. Não foi uma vez que, em tom de galhofa, sugeriram melhorias na infraestrutura da carceragem com a instalação de ar-condicionado. Pedro Corrêa foi mais longe:

"Ô, Odebrecht, você está aí com a construtora... Bem que podia melhorar o prédio da superintendência, aumentar o espaço aqui da custódia, pra gente não ficar tão apertado", reclamou com seu sorriso gordo de bom velhinho.

Marcelo reagiu com um sorriso opaco e o balançar de cabeça, como quem diz "Nossa, que besteira". Por fim, coube ao empresário Sérgio Cunha Mendes, vice-presidente da Mendes Júnior, a colocação de um boiler no pavilhão para garantir banhos quentes aos companheiros de desgraceira da Lava Jato.[21] Mas nada se compara às melhorias providenciadas pelo ex-senador e empresário do Distrito Federal, Luiz Estevão, que, passando por cima da probidade administrativa, reformou o Bloco Cinco da Papuda, onde está preso.[22]

A carceragem podia ser mais humana sob a chefia de Newton, mas ainda sim era uma detenção. Num dia de visita aos custodiados, Jordana acompanhou o pai até a administração, de onde dava para ver as celas. Entrou pensando encontrá-los aconchegados, esparramados nos sofás, assistindo à TV a cabo, como se a linhagem de riqueza e poder lhes assegurasse o direito a confortos, mesmo na prisão. Saiu chocada, com lágrima nos olhos.

O cárcere provoca angústia pelo simbolismo que carrega, marca para sempre o indivíduo como um marginal desonesto, um desonrado, para além das implicações diretas da privação da liberdade. O dano moral é irreparável. Pela primeira vez na vida, os "intocáveis" encararam o importuno temor. Sentiram o golpe ao se depararem com um mundo sombrio, que jamais lhes ocorrera vivenciar.

No começo da Lava Jato, para dirimir boatos e evitar interpretações de que havia mordomias na carceragem, o rigor de Newton foi espartano. Aos detentos não era permitida entrada de outro tipo de comida e de objetos cortantes. Os únicos alimentos que podiam ser entregues pelos parentes eram frutas e uma quantidade determinada de biscoitos água e sal. Na cela, tudo era restrito. Roupas, apenas duas peças a mais, para que pudessem se trocar.

Até o "marmitex" à base de arroz, feijão, salada e linguiça foi com o tempo assimilado pela choldra versada na alta gastronomia – mas não sem protestos contra a empresa que fornecia a alimentação, pouco preocupada com os exigentes comensais. Não era raro o cardápio repetir-se por dias seguidos.

– Dá pra comer de quase tudo na carceragem. Mas tem dia que a gente é obrigado a chamar a atenção do fornecedor, porque é difícil para qualquer um almoçar arroz, feijão, salada e linguiça, todo santo dia. Chega à noite, o mesmo prato. Domingo: arroz, feijão, salada e linguiça. Quer dizer, até com isso tínhamos que nos preocupar – reconhece Newton, atento aos aspectos que pudessem lhe causar problemas internos entre os presos. – Quem sofria de hipertensão não comia a linguiça, porque tinha muito sal. Eram dias seguidos à base dessa dieta.

Apesar disso, a imprensa veiculou que, na ala de Marcelo Odebrecht, havia um forno de micro-ondas para aquecer eventuais refeições preparadas por uma cozinha externa, logística montada pela empreiteira em Curitiba. Marcelo teria sido agraciado com comidinha da terra. O escondidinho de aipim e carne de fumeiro, típico prato da Bahia, era um banquete compartilhado com os outros presos, enjoados da marmita e seu monótono cardápio.

– Publicaram notícias que não eram verdadeiras. Divulgaram que trouxeram água Perrier. Nunca! Eu fiquei até curioso, porque eu não conhecia. Fui checar com os presos o que eles tomavam. Era tudo água mineral de marcas nacionais – assegura.

Com o tempo, o tratamento ficou mais amigável. Foi autorizada uma despensa de biscoitos e café. Newton permitiu a instalação de uma geladeira para conservar remédios para diabetes, mas que clandestinamente teria sido usada também para gelar frios, com direito a presunto de Parma e refrigerantes. Informações como essas vazavam para a imprensa por meio de ex-presos e de advogados, gerando dor de cabeça ao carcereiro-chefe. A cada notícia de fatos não comprovados, chegavam-lhe da chefia ásperos pedidos de esclarecimentos. Lá tinha ele que refazer a vistoria nas celas, elaborar burocráticos e cansativos relatórios, para provar que tudo não passara de boato.

– Os presos tinham bom senso. Perguntavam o que era permitido ou não trazer, o porquê disso e daquilo, como da vez que indagaram se poderiam ter fio dental. "Oxa! Com o fio dental não vou poder fazer nada!" "Faz! Com o tempo você faz. Consegue serrar uma grade" – exagera. – No começo, a gente ainda explicava os procedimentos da carceragem. No final das contas, aceitaram as regras tranquilamente.

Como não podia entrar nada pontiagudo nas celas, o asseio pessoal, como aparar as unhas e o corte de cabelo, acontecia uma vez por mês. Solicitavam e pagavam pelos serviços. Esses profissionais eram paparicados pelos presos, porque era um momento de relaxamento e uma oportunidade de reviver o prazer de serem bem tratados, como no passado glorioso.

Estar na carceragem a ponto de incorporar uma rotina era mau sinal. Os acontecimentos estavam fora do planejado. Com o passar do tempo e com novas levas de prisões, o país e os detentos perceberam que dessa vez a história poderia ter um final feliz para a apoplética sociedade, que jamais tinha testemunhado a mão da Justiça pesar contra vilões da casta aristocrática. As restrições no cárcere e o cerco da força-tarefa lhes indicavam que era preciso encontrar outros meios de sair dali. As notícias nada alentadoras que chegavam à custódia por intermédio dos advogados eram de que não seria pela via judicial que conseguiriam ser soltos com a rapidez calculada no início.

Ao correspondente inglês, Newton observa que, diante de todas as tentativas de sabotar a Lava Jato – desde a guerra de versões na imprensa, as ameaças de estancar a sangria, como tramou o senador Romero Jucá,[23] até a articulação no Congresso Nacional para constranger procuradores e juízes e pôr fim na força-tarefa –, o caminho era matar a serpente no ninho.

Newton percebeu nas articulações dos advogados e no ti-ti-ti que circulava na carceragem que a intenção era fabricar algum tipo de problema para desacreditar as instituições, como a Justiça, a Polícia Federal e a Procuradoria. Os criminalistas tinham entendido que o vigor da operação estava no clamor público. O carcereiro também tinha essa convicção. Ele, que atribuía ao personagem do Japonês da Federal uma força simbólica extraordinária, jogou nessa conta da desmoralização da Lava Jato a retomada de seu julgamento no caso da Operação Sucuri.

– A principal força da Lava Jato é o apoio do povo. E contra ele, ninguém vai contra, né?

E não era pouco. Em abril de 2018, quatro anos depois de seu início, a operação ainda tinha o maciço apoio de 84% dos entrevistados na pesquisa Datafolha,[24] construído em boa parte pela atuação pouco discreta do juiz Sérgio Moro, que soube usar a seu favor a mídia e a comoção popular.[25] Como resposta aos críticos, o juiz argumentou que toda publicidade que dera às medidas foi em razão do interesse público. Tendo a sociedade ao seu lado, Moro poderia manter a seletividade da persecução criminal sem obstáculos e ajustar o ritmo dos processos envolvendo os culpados conforme seu entendimento.

A crença de que o trabalho de engajar a sociedade fazia parte de uma conspiração era partilhada pelos confinados de Newton. Um dos temas recorrentes nas conversas de alcova era a teoria de que a Lava Jato fora premeditada.

"Essa operação foi algo previsto, né? O Moro antecipou o que faria num artigo que escreveu, em 2004,[26] de que usaria a população a seu favor, fazendo divulgações e vazamentos para conquistar o apoio do povo, a fim de atingir seus objetivos", crê Renato Duque, como se colocando na condição de vítima de uma tocaia.

A incredulidade dos presos continuava com os surpreendentes desdobramentos e era nutrida pela desproporcional autoconfiança de seus advogados, que vendiam expectativas promissoras a peso de ouro. Assustados, perceberam que ficariam mais tempo do que regia a tradição da Justiça brasileira, com a garantia da impunidade mediante os intermináveis recursos processuais e sua natural prescrição penal. Estar em Curitiba sob a guarda de Newton ganhou uma carga mais dramática. Os agora condenados de Sérgio Moro já não desdenhavam suas detenções. O cárcere era para eles uma espécie de túmulo.

Newton, da perspectiva de alguém que teve a oportunidade histórica de conviver com os famosos presos de Curitiba, intui que além do encarceramento havia outro prejuízo com força para refrear os impulsos criminosos de empresários, lobistas e políticos: a perda de reputação.

– A pena maior, além da prisão em si, é ter seu nome divulgado na imprensa como bandido. Isso eu vi que não é fácil para eles, não.

Antigo interno de Newton em Curitiba, o ex-presidente da Andrade Gutierrez, Otávio Marques de Azevedo, em palestra sobre sua experiência no cárcere – no Encontro Estadual dos Conselhos da Comunidade,[27] entidades sociais que fiscalizam o sistema carcerário e ajudam na ressocialização dos condenados –, admitiu que um dos maiores obstáculos para sua vida dali por diante estava sendo o julgamento da sociedade e do mercado.[28] Causa-lhe tormento que a imagem dele no mundo não seja mais a de um homem de negócios bem-sucedido, mas de um presidiário em um casacão no IML, indumentária a que são obrigados a vestir quando submetidos ao corpo de delito, exame que busca garantir a integridade física do preso sob custódia do Estado.

Newton desconfia que só a detenção e a destruição da imagem do indivíduo não bastam. É preciso muito mais para inibir a corrupção em grande escala no Brasil. O país haveria de tomar providências para mudar a percepção em empresários e políticos que ainda consideram lucrativo o mercado do crime, a começar – como reiterou em medida cautelar o ministro do STF,

Luís Roberto Barroso – pelo excesso de leniência em casos que envolvem corrupção que "privou o direito penal no Brasil de uma de suas principais funções, que é a de prevenção geral. O baixo risco de punição, sobretudo da criminalidade de colarinho-branco, funcionou como um incentivo à prática generalizada desse delito.²⁹

Newton tem razão quando inclui a expropriação dos bens roubados do condenado entre as punições mais eficazes. A Lava Jato, nesse aspecto, fez um estrago nas empresas investigadas e catalisou grandes negócios de 2015 a 2017 no Brasil. Grupos como Petrobras, J&F, Odebrecht, Camargo Corrêa, OAS e BTG Pactual venderam mais de cem bilhões de reais em ativos para reforçar o caixa.³⁰

Até a chegada da Lava Jato, para alguns acusados em esquemas de corrupção a prisão chegava a ser um dano colateral possível, mas improvável. Era calculado como eventual prejuízo, típico em transações de alto risco. Trabalhava-se com um cenário de brevidade no cárcere, um mero contratempo.

Sérgio Côrtes, por exemplo, ex-secretário de Saúde do Rio de Janeiro, assumira com todas as letras que infringia a lei. Não só deliberadamente, mas com despudor. Em sua fala, grampeada pela Polícia Federal, era como se tivesse até precificado o crime. Estava consciente do custo a pagar quando cogitou ao comparsa Miguel Iskin que poderiam "passar pouco tempo na cadeia", mas que as "putarias têm que continuar".³¹ Membro da Confraria do Vinho,³² que tinha seu ex-chefe Sérgio Cabral como um de seus criadores, tanto Côrtes como o empresário foram presos acusados de desviar pelo menos trezentos milhões de reais da área da saúde do estado do Rio de Janeiro entre 2006 e 2017.

Colocar delitos financeiros e de corrupção dentro da perspectiva de negócio não é para principiantes, nem para quem tem estômago fraco. Para o crime compensar, é preciso de certa ciência, como mostram os especialistas de renome em econometria, Barry Reilly, Neil Rickman e Robert Witt. Suas recomendações são de que seja feita uma prévia análise econômica do direito penal, considerando os seguintes elementos da matemática do roubo: a magnitude da punição (quanto tempo ficarei preso); o tamanho da bolada (o quanto terei de lucro); se não há sequestro dos bens; quais meus custos com advogados, insumos e capital; qual será o prazo de retorno do investimento e de quanto será; por quanto tempo o lucro bancará meu estilo de vida; qual a probabilidade de eu ser preso. Em outras palavras, para aqueles que não querem seguir a trajetória da vida ordeira, que exige estudo, dedicação, resiliência e trabalho, é prudente colocar na ponta do lápis os prós e os contras dos seus atos, como em qualquer outra atividade econômica, se possível assessorado por uma equipe multidisciplinar constituída de criminalistas, doleiros e analistas financeiros.[33]

O Ministério Público Federal pensa da mesma maneira. Introduziu na proposta legislativa das Dez Medidas de Combate à Corrupção[34] a figura do confisco alargado, que possibilita à Justiça declarar a perda dos bens obtidos de forma ilícita. Não por acaso, justamente por retirar a atratividade do crime, desfalcando o vigarista do produto de sua fraude, a medida enfrenta feroz oposição no Congresso Nacional, viveiro de muitos corruptos.

Ainda que lhe desse certa consolação de que a justiça fora feita com o martírio da prisão impingido a ladrões até então acastelados nas grandes corporações e nos altos escalões do governo, causava-lhe desconforto imaginar que aqueles homens talvez tivessem cumprido uma pena muito suave. Para o agente, no final da equação, o prêmio pela delação teria sido alto demais comparado ao delito que cometeram.

Para se inteirar do que ocorria nas celas e de como pensavam os presos sobre a Lava Jato e sobre o país, Newton preferia ouvir o que diziam a fazer perguntas. De José Dirceu, tirou a opinião de que o governo de Michel Temer "afundará ainda mais o país". Até onde esse sentimento era carregado de malquerença ou fruto de uma análise fria, não havia como saber. Mas quando o comentário era sobre o PT, partido que ajudou a fundar, o diagnóstico era colocado sem paixão ou mágoa, como um fato incontornável. A antiga eminência do governo Lula profetizou que "o PT acabou, não há chance nem de refundação do partido". Dos demais presos, políticos que atuaram tanto na coxia como no púlpito do poder, a opinião era apenas de que para Michel Temer as dificuldades para governar seriam hercúleas.

E cada qual passava o tempo fazendo suas apostas e análises dos acontecimentos que chegavam de fora. Quando anunciado o rombo de setenta bilhões de reais nos cofres públicos no governo Dilma, o irreverente Pedro Corrêa meneou a cabeça branca com sarcasmo.

"Há, esse buraco é muito maior, uns 140 bi pelo menos", fez pouco caso. Tempos depois, já com Temer no comando do país, a projeção do ex-líder do PP se confirmaria com precisão. Essas predições certeiras sempre surpreendiam Newton.

– Aí você fica quieto, né? – diz, perguntando-se como é que o preso, mesmo fora do jogo, conseguia fazer prognósticos confiáveis da conjuntura econômica. Ou continuava muito bem informado, ou seus vários anos na ativa da rapinagem e nas tramas políticas lhes garantiram conhecimento profundo das engrenagens da corrupção e dos homens que a comandam.

Intimamente, logo após a queda da Dilma, Newton esperava que Temer aproveitasse a oportunidade com a tomada do Poder para melhorar o país, nem que fosse apenas na economia.[35] A torcida se desintegrou tanto no campo econômico, com o mercado de trabalho retraindo[36] e a concentração de renda aumentando,[37] como no aspecto ético, com as revelações de envolvimento de Michel Temer em corrupção e na tentativa de obstrução da Justiça.[38] O carcereiro, mesmo sabedor das perfídias que caracterizam os políticos, continuava aparentando o romântico de sempre, achando que as pessoas podiam ser tocadas pela magia da honestidade e patriotismo.

CAPÍTULO 9
Delação premiada

Entre os anos de 2014 e 2016, o afluxo de presos endinheirados abarrotou a Superintendência da Polícia Federal, em Curitiba, e reconfigurou a custódia. Da noite para o dia, o que era decadente passou a ser um lugar que mais se assemelhava a um conselho consultivo de um conglomerado empresarial. O local se transformou inesperadamente na versão VIP do sistema prisional brasileiro.

A soturna e insípida carceragem recebia presos com novo perfil. Traziam um histórico profissional e acadêmico invejável. Eram médicos, engenheiros com pós-graduação, executivos de grupos empresariais transnacionais, empreendedores, lobistas, lideranças políticas, parlamentares de muitos mandatos, promotores de eventos culturais de grande sucesso. Dispunham de qualificações intelectuais, acadêmicas e sociais de alto nível, muitos falavam vários idiomas, tudo a serviço da bandidagem. Carregavam com soberba suas origens sociais, seus hábitos refinados, suas redes de relacionamento, suas extravagâncias, seus caprichos e suas histórias de sucesso e poder, comprovando que honestidade passava longe da formação educacional e da posição social.

Os chefões, mesmo como presidiários, conseguiram de certa maneira seu "padoque" carcerário sem ter que se misturar à patuleia. Não foi permitido que presos comuns compartilhassem cela com os da Lava Jato. Incomum isso acontecer, como da vez que Marcelo Odebrecht e o traficante Paulo Cézar Flores dos Santos, preso tentando transportar pasta base de cocaína do Mato Grosso do Sul para São José dos Pinhais, no Paraná, dividiram o mesmo espaço.[1]

DELAÇÃO PREMIADA

A separação não se deveu a um *apartheid* social, mas por uma norma técnica de segurança. A possibilidade de um atentado não era descartada. Era uma tarefa relativamente simples um mandante contratar um sicário e introduzi-lo na carceragem. Bastava simular um flagrante de falsificação.

– É fácil contratar um sujeito em dificuldade financeira ou com personalidade criminosa, para que ele seja preso de propósito com uma nota falsa – explica Newton.

Quem é pego em flagrante com notas falsas, até conseguir a liberdade provisória, pode por descuido ficar detido na mesma ala dos presos da Lava Jato, situação oportuna para sicários executarem seus alvos.[2] As facções criminosas têm *know-how* para realizar esse tipo de missão.[3] Execuções assim acontecem normalmente num banho de sol, ou quando a vítima está dormindo.

Newton era cobrado para assegurar que isso não acontecesse, porque o "presunto" na carceragem tinha a potência de selar o fim da Lava Jato até então e acabar de vez com a carreira e a reputação do agente, que estava prestes a encerrar a carreira.

Sob essa pressão e com essa responsabilidade, Newton era pago para pensar o pior e não descartar qualquer possibilidade, por mais absurda que pudesse aparentar, como considerar que "não faltava gente do lado de fora interessada em encomendar a queima de arquivo com alto poder destrutivo". O ex-deputado Eduardo Cunha era um. Outro era Marcelo Odebrecht, herdeiro do império do maior grupo de construção pesada do país, cujos segredos provaram, em delação ao juiz Sérgio Moro, seu poder devastador.

No centro desse palco, Cunha não escondeu seu pânico. Desde a chegada à superintendência, ao ver os demais presos no limbo, era nítido seu pavor, denunciado pela inquietação de seus olhos.

– Estava o Cunha carregando a roupa de cama nas mãos... No caminho, ficou paralisado, olhando para os lados, quando da chegada de dois falsários. Aquela noite, ele não dormiu. Era o medo de ser assassinado – conta o carcereiro.

"Seu Newton, vocês tomam todo o cuidado para preservar nossa vida, aqui, né? Porque é muito fácil qualquer marginal, um bandido, um criminoso, ser contratado para nos matar", perguntava acovardado, não sem motivo, o outrora poderoso presidente da Câmara dos Deputados. O caso Celso Daniel, ex-prefeito de Santo André, assassinado em 2002, em situação até hoje nebulosa, era vez por outra lembrado por alguns presos, mais do que cientes dos riscos que corriam.[4]

Era natural que portadores de segredos explosivos nutrissem paranoias, como da vez em que um assassino foi levado para a carceragem da Polícia Federal. Era dia de visita e havia apenas dois agentes na superintendência. Isabela Odebrecht chegou para visitar o marido. Marcelo a recebeu apreensivo.

"Isabela, tem que tomar cuidado, porque chegou aí um bandido", advertiu, olhando de esguelha como que para se certificar de que não estava sendo observado.

"E você, o que é?", devolveu sarcástica e à queima-roupa, sem dar muita atenção ao medo do marido.

"Não, eu estou falando de um bandido perigoso, traficante, assassino", insistiu, ao que ela levantou de um golpe seco a cabeça, elevando seu nariz ventilado como que o repreendendo por se portar de maneira infantil. Newton, que acompanhava a distância a conversa, procurou disfarçar o riso pela franqueza cáustica da mulher.

A sensação de vulnerabilidade era mais resultado da alegoria dos inexperientes presos do que de fatos. O ex-ministro de Michel Temer, Geddel Vieira Lima, detido duas vezes na Papuda, em Brasília – a primeira por tentar obstruir a Lava Jato, a outra por suspeita de lavagem de dinheiro e organização criminosa –, é um desses sujeitos que demonstram fraqueza ante ameaças psicológicas ou em situações de estresse.[5] Agentes penitenciários deixaram escapar que o baiano agonizava toda vez que passava pelas celas, onde ficavam os presos por crimes comuns. Para tomar banho de sol no pátio, Geddel era obrigado a atravessar um "corredor polonês" de bandidos que o ameaçavam com estupros, chamando-o de "gordinho gostoso".[6] O risco nunca existiu. Geddel foi colocado na ala destinada a detentos com algum tipo de vulnerabilidade.[7]

Mas, nas primeiras prisões, tudo era muito novo para os detentos e seus parentes. Ninguém sabia o que pensar nem o que fazer, principalmente no que dizia respeito à colaboração com a Justiça. Para alguns familiares, a delação poderia expô-los a perigos. Achavam que poderiam sofrer ameaças de antigos sócios e de velhos parceiros arrolados nas confissões. Ignoravam, no entanto, que a proteção à vida vinha justamente das revelações que poderiam fazer à Justiça.

A verdade é que, até entregarem tudo que sabiam, estavam mais seguros dentro da carceragem do que fora. O lobista Fernando Moura, amigo do ex-ministro José Dirceu, condenado a dezesseis anos e dois meses de prisão por organização criminosa, corrupção passiva e lavagem de dinheiro, sentiu na pele o sopro gelado do risco de vida ao guardar para si sigilos de comparsas. Caminhando na rua à luz do dia, em São Paulo, revelou ao carcereiro que fora ameaçado.

O medo de serem executados (juntamente com seus familiares) se difundiu entre os detentos. Antonio Palocci chegou a pedir a Newton indicação de pessoas que pudessem fazer a segurança da esposa em São Paulo. O agente, claro, não atendeu ao pedido do ex-homem forte de Luiz Inácio Lula da Silva. Mas compreendeu naquele instante que o temor passara a ser um elemento de terror psicológico nas conversas com os presos. Quando pediam a opinião dele sobre se deviam ou não colaborar com a Justiça, o carcereiro mostrava com didatismo que a delação premiada poderia ser mais do que um salvo-conduto para o retorno ao lar, mas um seguro de vida. Aquele ponto de vista calava fundo entre eles.

– Se você fala, não existe mais motivo para alguém te eliminar, porque o segredo que poderia prejudicar alguém já foi revelado – conjectura.

Um dos primeiros a aprender a lição foi Alberto Youssef, que já havia passado pela experiência exitosa da delação premiada no caso Banestado.

O doleiro disse que jamais lhe passara pela cabeça colaborar por medo de ser morto. Queria mesmo era ser solto quanto antes, e sabia que a Justiça costumava ser generosa quando aceitava os termos de colaboração. No começo da operação, ninguém pensava nisso, porque acreditavam que sairiam logo. Mas, passados os dias, os presos sentiram-se abandonados por aqueles que lhes juraram lealdade eterna.

Amigos de promiscuidades, comparsas de muitas fraudes, partidos que os abrigaram e até parentes próximos lhes deram as costas. Largados na masmorra, a delação premiada parecia descortinar-se como o caminho mais curto e menos doloroso de volta à liberdade. Heroísmo era uma qualidade para a qual nunca tiveram vocação. Seria, em verdade, uma característica fingida. Estavam distantes de apresentar atributos de um Nelson Mandela, preso por 27 anos em nome de uma causa. Não carregavam nenhuma bandeira ideológica nem eram ativistas humanitários. Não tinham motivações nobres para serem mártires. A quem iriam proteger? Bandidos como eles? Ninguém era merecedor de seu silêncio. Havia muito pouca virtude para defender. Adir Assad admite que não é bonito entregar um ex-companheiro, mas pior que isso é carregar a cruz de outrem. O lobista paulista, ao aplicar o verniz de honradez à caguetagem, revelou a face crua das alianças do lado negro das corporações e da política. Os laços entre os comparsas são fortes até um deles cair.

Depois de desmascarada, não restava à patota da carceragem muita coisa, além de se desculpar e buscar a absolvição moral diante da sociedade e da família, com o argumento de que o meio ambiente os forçara a cometer os crimes que, numa situação diferente – sabe-se lá qual seria –, não fariam por vontade própria. Mas a soma de todos esses motivos não teve tanta força na decisão de colaborar com a Justiça quanto a questão familiar. O choramingo dos filhos e das esposas foi um elemento influente. A maioria dos parentes aprovava a colaboração, pois o que os interessava era o retorno do detento para casa o quanto antes.

Newton conta que a predisposição dos presos em colaborar foi desenhada nas primeiras visitas dos familiares. No início, a comunicação era apenas pelo interfone, no parlatório. Um espesso vidro translúcido os separava. Dependendo do número de visitantes, Newton permitia o contato de até duas horas entre os cônjuges. Nesse tempo, emergia uma vontade carnal e afetiva de se tocarem. Mas o carcereiro era implacável e não permitia a aproximação física. Somente após um sem-número de visitas, quando o preso apresentava sinais de profunda melancolia, Newton consentia algo mais íntimo, uma colher de chá de foro pessoal do agente para aliviar a tensão dos detentos. Concedia a eles a oportunidade de sentir novamente, mesmo que num breve instante, o calor da esposa. Beijavam-se discretamente, como se aquela intimidade não fosse mais adequada ou sincera. O abraço, por sua vez, era intenso, verdadeiro, longo, seguido de soluços chorosos. O toque reconfortava, ao mesmo tempo que era perturbador. Com o nariz enterrado no colo da esposa, o preso inebriava-se de um mundo exuberante e imperturbável que deixara para trás.

– Sentir aquele cheirinho, depois de várias semanas sem ver a família, derruba emocionalmente qualquer um – assegura Newton, com um tom de malícia. – As memórias que o perfume evoca arrebatam o espírito da pessoa.

O método subliminar de tormento emotivo aplicado por Newton acabou por ter implicações sobre a disposição pessoal de cada um em aderir à delação premiada. Newton notou que as colaborações firmadas coincidiam com os dias posteriores a esses encontros de sinestesia acanhada.

– Aí que você comprova o quanto a falta da família interfere nas escolhas do indivíduo. Essa carência era o que mais pegava na vida de cárcere. A preocupação maior não era ser solto logo, mas garantir o bem-estar emocional da mulher e dos filhos. Nessa hora, eles não pensam nos amigos – crê.

O agente percebia nos detentos uma vontade incontrolável de retornar ao convívio familiar, mesmo que fosse com a constrangedora tornozeleira eletrônica, para cumprir o restante da pena em regime domiciliar. O desespero deles era visível, principalmente nos dias de visita. Uma vez lá dentro, fragilizados, redescobriam a família que haviam perdido. O doleiro Youssef reconhece que, nos anos de cárcere, sentiu muito não estar com as pessoas no dia a dia, principalmente com as filhas. Renato Duque é outro que acumula uma sensação de perda por estar preso.

"Sinto que estou sendo privado de momentos importantes de pessoas que amo: o começo de vida de meus netos e o final da vida de meus pais. É um sofrimento, uma dor muito grande. Só por isso, eu falo que tudo que fiz não valeu a pena", penitenciou-se o ex-diretor de Serviços da Petrobras, que diz ter na família o amparo moral para suportar as noites de solidão na masmorra. "Sou abençoado por ter familiares que me apoiam, minha esposa, com quem estou junto há mais de quarenta anos, e três filhos", frisou.

O medo de serem mortos, a ausência da família e a descrença numa saída rápida da prisão chegaram ao limite do suportável. Tinham já argumentos para optar por um acordo cooperativo e evitar uma tragédia ainda maior. Por ser um terreno ainda pantanoso, buscavam informalmente a impressão do carcereiro sobre o assunto. "Seu Newton, o que o senhor acha de eu fazer a colaboração?", perguntavam. "Bom, você tem que ver o lado da família, né? Os filhos, a esposa. Aí, a decisão é tua", devolvia o chefe da custódia.

Foi o caso do ex-vereador de Americana, Alexandre Romano – um dos operadores do desvio de 52 milhões de reais em contratos do Ministério do Planejamento, também envolvido num esquema de corrupção na construção de um centro de pesquisas da Petrobras.

"Newton, vou ter mesmo que procurar advogado pra tratar da delação", confidenciou ao chefe do Núcleo de Operações, já no dia seguinte em que lhe fora negado o recurso impetrado na primeira instância.

O quinto dia de preventiva, diz Newton, passou a ser um marco para as tomadas de decisão. Era quando a Justiça lhes negava o primeiro recurso de soltura. Estava dado o clique de que algo saíra dos trilhos, e a delação lhes parecia cada vez mais o melhor atalho. Se as ponderações do chefe do NO tiveram peso na decisão deles, não se sabe. Mas é certo que os presos, ainda com dúvidas, firmaram acordo com o Ministério Público Federal logo após os conselhos do carcereiro.

Newton era sutil ao fazer suas colocações. Tomava cuidado de que os bate-papos não fossem interpretados como intimidação velada. Qualquer suspeita de indução poderia ser explorada pela defesa de acusados e delatados como vícios procedimentais e usada para anular atos de colaboração. O fato de um investigado ou de um réu estabelecer relacionamento com agentes públicos pode implicar vantagens concretas no resultado do processo. Como notou o ex-procurador-geral da República, Rodrigo Janot, a delação não pode estar contaminada na origem, tem que ser espontânea e voluntária, não provocada.[8]

A ascendência que Newton exercia sobre os presos por causa da admiração que a maioria nutria por ele, reconhecida a contragosto até pelos delegados da Lava Jato, passou a ser percebida pela chefia como uma janela para acelerar os acordos de colaboração. Com dificuldades de obter informações que pudessem contribuir para o prosseguimento das investigações, a força-tarefa dependia das delações. Com o talento para induzir as pessoas a pensarem que chegaram por conta própria a uma conclusão sugerida, o agente poderia ser um instrumento valioso. Não foram poucas as vezes que os jovens delegados, de barba cerrada e cara de mau, recorreram a ele.

Mas, após as bem-sucedidas delações premiadas de Paulo Roberto Costa e Alberto Youssef, esse mecanismo judicial na obtenção de detalhes dos crimes, até então aplicado com acanhamento no direito penal brasileiro, em pouco tempo empolgou os demais presos e tomou conta da arena jurídica no Brasil. Em quatro anos de Lava Jato, o Ministério Público Federal fechou 187 acordos de colaboração premiada, sendo 84% com réus em liberdade.[9]

Na opinião de Newton, a delação foi um instrumento valioso, talvez o único com a capacidade de obter de modo inegável provas da malha de propinagem no Brasil.

– Sem a colaboração, muito do que aconteceu na Petrobras não poderia ter sido descoberto. Dentro do governo, os esquemas de corrupção são muito complexos, com muitas ramificações. Uma delação leva a outra, a outro personagem, a outro órgão do governo, a outras licitações públicas, dando elo à cadeia, fechando um ciclo.

O auxílio dos denunciados, de fato, permitiu a Lava Jato chegar a um ponto onde nenhuma outra operação conseguira. A delação pareceu conferir a robustez de que as investigações precisavam. Mas, paradoxalmente, por pouco ela não foi responsável por desintegrar toda a investigação e sufocar prematuramente a operação.

O doleiro Alberto Youssef confirmou que a colaboração de Paulo Roberto Costa quase caiu por terra, porque "contou muita mentira, muita mentira", colocando em desespero os procuradores federais que apostaram suas fichas nos relatos do ex-diretor da Petrobras para dar sobrevida à Lava Jato.

"A delação do Paulo Roberto teve três acareações e eu desconstruí as três. O conflito comigo e com o (Fernando) Baiano (operador do PMDB) fez com que quase o acordo fosse prejudicado e levasse a Lava Jato pro vinagre. Ele é um filho da puta, quase acabou com a operação, porque também teve muita cagada no lado da polícia", relatou, indignado, como se fosse um entusiasta da Lava Jato. Seu inconformismo era na verdade temor de que um fracasso no acordo com Paulo Roberto pudesse prejudicar as negociações que mantinha com o Ministério Público.

Mas a reação foi rápida. O MPF convocou um "recall" no depoimento do ex-diretor da Petrobras para recolocar no prumo a operação que navegava em direção às pedras, assim como aconteceu em outras missões da Polícia Federal. Os bem-sucedidos acordos inspiraram outros advogados e deram mais confiança aos demais denunciados. Seguiu-se uma explosão no número de colaborações premiadas, algumas ruidosas, como a firmada com Joesley Batista, da JBS. O polêmico acordo causou danos à imagem da Lava Jato, admitiu o procurador federal Carlos Fernando dos Santos Lima.[10]

Ainda que esse instrumento legal tenha permitido à força-tarefa escancarar os mecanismos do poder de empresários e políticos no Brasil, Newton suspeita de que há muito ainda para ser descoberto. Até agora, apenas a ponta do *iceberg* foi mostrada. O carcereiro alimenta a convicção de que a Lava Jato, mesmo não tendo a força propulsora de virar a chave da impunidade no país, mudou o curso da história do Brasil. Ao menos, foi quebrado o paradigma de que rico não vai para a cadeia. Pela primeira vez, a perspectiva de prisão duradoura foi colocada no horizonte dos bandoleiros de colarinho-branco. Nas 51 fases da Lava Jato, oito ex-parlamentares, dos quais o presidente da Câmara dos Deputados, dois ex-chefes da Casa Civil, dezenas de sócios e executivos das maiores empreiteiras do país e um ex-presidente da República foram parar atrás das grades.[11]

— Pelo que se ouve lá na carceragem muita roubalheira parou por causa da Lava Jato. Os empresários e os políticos estão agora com medo de cometer algum tipo de irregularidade, por exemplo, em licitação pública. Os presos falam isso e a gente confirma no noticiário. Não se ouve falar de políticos ou funcionários públicos cobrando porcentagem numa obra. Acredito de verdade que a Lava Jato está fazendo a diferença, inibindo as pessoas a cometerem crimes contra o país. A operação fortaleceu a Polícia Federal, o Ministério Público, a Receita Federal e o próprio Sistema Judiciário. As delações tiveram papel de importância para esse novo cenário – comenta.

Sua avaliação se mostrou em parte imprecisa. Mesmo com a Lava Jato avançando, o mundo das sombras continua em pleno funcionamento. As engrenagens da corrupção, mais inabaláveis que as leis e as instituições, continuaram girando alheias à Lava Jato. Com vida própria, o crime organizado entranhado no organismo do Poder sobrevive ainda às investigações, às prisões, às baixas e à exposição de seus protagonistas.

A realidade se provou menos romântica que as expectativas de Newton. A farra[12] teve sequência com o flagrante, em São Paulo, do empresário Rodrigo Rocha Loures, ex-assessor do presidente Michel Temer, puxando uma mala de rodinha com quinhentos mil reais em propina;[13] com a descoberta, em Salvador, de um apartamento alugado por Geddel Vieira Lima, ex-ministro de Temer, onde estavam escondidos 51 milhões de reais em dinheiro vivo;¹⁴ com as suspeitas de Temer ter recebido diretamente propina para baixar decreto beneficiando a Rodrimar, empresa que opera no Porto de Santos, com a concessão do setor portuário por até setenta anos;¹⁵ e com a gravação da conversa de dois lobistas extorquindo um empresário gaúcho em quatro milhões de reais em troca de um serviço junto ao Ministério do Trabalho,¹⁶ capitania do PTB, partido aliado, adivinhem, do presidente Michel Temer; e com a sua desfaçatez em conceder indulto de Natal a corruptos, o que foi classificado por Ayres Britto, ex-ministro do Supremo Tribunal Federal, como "um convite à reincidência dos crimes".¹⁷

Sobre essa tentativa malsucedida, o ministro do STF, Luís Roberto Barroso – para muitos, o contraponto do colega Gilmar Mendes,¹⁸ que com sua toga dá à sua maneira indultos aos borbotões a presos por corrupção –, concluiu: "Carece de legitimidade corrente um ato do poder público que estabelece regras que favoreçam a concessão de indulto para criminosos do colarinho-branco. Isso porque, em vez de corresponder à vontade manifestada pelos cidadãos, o decreto reforça a cultura ancestral de leniência e impunidade que, a duras penas, a sociedade brasileira tenta superar. Em manifesta falta de sintonia com o sentimento social – e, portanto, sem substrato de legitimidade democrática –, o decreto faz claramente o contrário: dá um passe livre para corruptos em geral."

Se por um lado o desejo de retornar ao convívio doméstico foi determinante na opção dos encarcerados pela colaboração, por outro provocou rupturas na estrutura das empresas e nas relações profissional, pessoal e familiar dos delatores. Filhos, cunhados, compadres e primos, antes inseparáveis, se deram conta da triste realidade de que a cumplicidade ia só até a "página dois". O medo colocou na bacia das almas a lealdade.

Entregar o cúmplice à polícia para salvar a própria pele, colocando um parente na mira do Ministério Público Federal, foi a gota que faltou para transbordar o copo de mágoa. Assim se deu entre os integrantes da gangue do Rio de Janeiro. Thiago Aragão – ex-sócio de Adriana Ancelmo, esposa do ex-governador Sérgio Cabral – brigou com o concunhado Ítalo Garritano, dono da rede de restaurantes Manekineko. Ex-assessor de Cabral, Luiz Carlos Bezerra virou as costas para o compadre John O'Donnel, sócio de uma franquia de cursos de inglês. Sérgio Vianna Júnior se desentendeu com o primo César Romero, ex-subsecretário de Saúde.

A família Odebrecht também se ressentiu. A prisão de Marcelo abateu a família e abriu feridas difíceis de fechar. Detido em 19 de junho de 2015, o Príncipe resistiu até o fim a assinar o termo de colaboração com o Ministério Público Federal. À CPI da Petrobras, em setembro de 2015, sinalizou aos parlamentares sobre o que achava da delação.

"Lá em casa, entre minhas filhas, quando havia uma discussão sobre quem fez algo, eu talvez brigasse mais com quem dedurou do que com quem fez o fato."[19]

A honra lhe era cara e a caguetagem, o pior dos vícios. Para ele, o delator era um detrator. Resistiu o quanto pôde. Acuado, capitulou nove meses depois. Aceitou colaborar com a Justiça quando se deu conta de que seria jogado aos leões pelos próprios executivos do grupo, que liderara por anos, e depois que os porões da Odebrecht foram definitivamente escancarados, em março de 2016, com a descoberta da existência de um setor de contabilidade paralela. O departamento de propina da empresa foi revelado para o Brasil pela ex-secretária da empresa, Maria Lúcia Guimarães Tavares, responsável por catalogar, em minúcias, o fluxo de propina paga pela empreiteira.

Os elos de confiança de Marcelo com alguns colaboradores, que até então eram tidos como leais, foram irreversivelmente comprometidos. Cortou relações por não concordar com o modo com que conduziram o processo de delação dele, dos demais executivos e da empresa.

"Me rifaram, em fevereiro, só que aí não tinha mais jeito. Estou magoado com algumas pessoas, sim", limitou-se a admitir.

Marcelo rompeu com o pai e patriarca do grupo, Emílio, a quem tentou agredir fisicamente, com a irmã, Mônica, com o cunhado, Maurício Ferro, e com a cúpula da Odebrecht, os quais culpou por ter sido condenado por crimes que diz não ter cometido, como no caso do sítio de Lula. Viu-se traído por eles. Nem mesmo a mãe, Regina, a quem era muito ligado, foi poupada do desgosto. A distensão fez com que tenha recebido poucas visitas, que se restringiram à equipe de defesa, à esposa Isabela e às filhas, além dos ex-executivos do grupo, Fernando Reis, Fábio Gandolfo e Ernesto Baiardi – todos os três firmaram acordo de delação premiada na Lava Jato. O pai, Emílio, foi vê-lo apenas duas vezes. A mãe, Regina, foi raramente vista na carceragem.

Marcelo é fechado, demonstra pouco o que pensa. Guarda para si os sentimentos e não os esquece. Aos desafetos, o prato frio. Se depender do Príncipe, nenhum deles terá vida fácil depois de solto. O rancor, traço marcante de sua personalidade, tem ingredientes que podem evoluir para a vingança, que preocupava a todos.

O clima entre os executivos da Odebrecht é de desconforto. Há o temor de que ele aponte imprecisões e omissões nas narrativas que parte dos 78 executivos deu aos procuradores federais, com possível repercussão nos benefícios concedidos pela Justiça. Reviravoltas nos acordos da JBS, do ex-presidente da Transpetro, Sérgio Machado, do ex-executivo da Petrobras, Paulo Roberto Costa, e do empresário Fernando Moura assombram o *core* da empreiteira baiana.

Marcelo contou que "sempre teve a preocupação de não ser injusto com as pessoas" que não estavam envolvidas nos esquemas investigados pela Lava Jato, mas que pelo contexto poderiam ser expostas. Só que, em outubro de 2015, teve início, nas suas próprias palavras, a se configurar "outro cenário", que o levou a considerar a possibilidade de falar tudo o que sabia. Todos os diretores do grupo já se preparavam para acertar acordos com o Ministério Público Federal. As negociações se estenderam até fevereiro, arrastando-o a reboque da própria empresa.

Marcelo fala como se as circunstâncias o tivessem forçado a firmar o acordo de delação – para ele, uma prova de rendição. Mas, não havendo outro jeito, não olharia mais para trás. Seria objetivo, preciso e eficiente. O nervosismo não o trairia. O autocontrole é outra característica marcante de sua personalidade. A rota para liberdade implicaria em algumas regras e posturas no processo de colaboração com a Justiça.

"Quando você relata uma coisa, quando você delata alguém, há duas coisas a fazer. Primeiro, dar oportunidade às pessoas a quem você está se referindo de não se incriminarem. A outra é ser o mais transparente possível e natural no relato de como as coisas aconteceram, sem adjetivar, porque quem tem que ter a capacidade de avaliar o ilícito é o Ministério Público, e quem tem a capacidade de julgar são os juízes. Cabe a você, delator, relatar."

Ele ensina que a maneira como o réu age interfere muito na forma como a delação é recebida e percebida. Fora alertado por uma refinada equipe de advogados de que o juiz só acredita na teoria se os detalhes são plausíveis e o relato minucioso.

"Se você se comporta mal, visando tão somente a maior premiação, que é a redução de pena, a colaboração será prejudicial e considerada ruim na visão deles [o juiz e o procurador]."

Marcelo fez bem o dever de casa. Estudou com afinco singularidades que tangenciam a psicologia comportamental para ser o mais convincente possível. A finalidade era passar credibilidade e legitimidade, de maneira que ajudasse no entendimento do juiz Sérgio Moro e dos procuradores públicos. Orientado pelos advogados, não buscou a liberdade à custa de qualquer coisa. Evitou exageros que pudessem fugir ao propósito do processo. Sabia que estava sob intensa avaliação dos procuradores, prontos a identificar inconsistências em alguém supostamente pressionado a "aumentar um ponto no conto" na busca da redução da sentença. E humanizou o esquecimento.

"São muitos fatos em um período muito longo de ilicitudes. Esquecer é natural."

Marcelo examinava com acuidade seu processo, para falar exatamente o que sabia e não ser cobrado depois por informações de que não tinha ciência. Um delator que o deixou particularmente irritado e por quem sentiu-se atraiçoado de modo repugnante foi Hilberto Mascarenhas, o gerente da corrupção do grupo.

"Ele, com sua equipe, estruturou um departamento de propina, apropriou-se em benefício próprio do dinheiro dos doleiros, pegando de 1 a 2%, e começou a registrar tudo o que ocorria a partir de 2006, sem que ninguém soubesse desses registros", conta, condoendo-se por ter confiado cegamente no ex-executivo da Odebrecht.

Mascarenhas é o típico sujeito que amealha desafetos com facilidade. Não só Marcelo quer distância do executivo; Adir Assad também desenvolveu ojeriza por ele, pela maneira com que entregou à Justiça seu ex-colega de empresa, Luiz Eduardo Soares, que também integrara a equipe do departamento de propinas da Odebrecht.

"Ele foi muito debochado. Não precisava ser desse jeito. Na colaboração, faça o relato puro e simples. Não é agradável, digno, dedurar quem te ajudou a vida inteira, porque, quando você delata alguém, você não traz apenas a pessoa pra cadeia, você traz a família inteira", recriminou Assad. "Qual é a graça em prejudicar alguém? A gente aprende desde criança do pai que se delatar vai apanhar. Eu me lembro da emoção que sentia quando rabiscava a parede da escola e aí vinha o diretor, vinha o professor e perguntavam quem fez aquilo e ninguém dedurava, era bacana demais. Era uma sensação incrível aquela cumplicidade."

Se as delações eram perseguidas pela força-tarefa como atalho para esclarecer o esquema de corrupção na Petrobras, o mesmo esforço não era feito pela aristocracia do direito penal brasileiro – linhagem que enxerga o Código Penal antes de tudo como um negócio. Esboçado por eles mesmos mais para ser lucrativo e menos para ordenar as leis de maneira socialmente justa, a nata dos criminalistas, veteranos costumeiramente atentos, teve seu momento de cochilo. Comeram bola na aprovação da lei 12.850, de agosto de 2013.[20] Conhecida como Lei das Organizações Criminosas, regulamentou o instituto da delação premiada e tirou a exclusividade do mercado do direito criminal de escritórios consagrados,[21] especializados em encontrar nulidades processuais, como a que derrubou a Operação Castelo de Areia.

Assessores parlamentares de políticos na Câmara dos Deputados e advogados de grandes escritórios são contratados justamente para redesenhar constantemente as leis, numa lógica comercial, em que saiam ganhando os advogados medalhões e seus opulentos clientes. Nessas releituras, deixam brechas legais para que os bandidos endinheirados e com pedigree não amarguem a prisão.

À medida que novos modelos de fraude apareciam, recorria-se à Casa de Leis para tornar legal o que antes era crime. Esse *modus operandi* foi aplicado com sucesso na aprovação de leis e normas tributárias durante os governos Dilma Rousseff e Temer para beneficiar a indústria petrolífera com a renúncia fiscal de um trilhão de reais[22] e a remissão de multas no valor perto de quarenta bilhões de reais[23] por sonegação e fraude.

No quesito impunidade, o Brasil é insuperável. Criminosos com atuação transnacional, como dirigentes desportivos, preferem ser julgados aqui. A chance de responder em liberdade é maior. O ex-presidente da CBF, José Maria Marin, fez de tudo para convencer a corte norte-americana de que não deveria responder por corrupção no escândalo da Fifa, porque alguns dos atos pelos quais foi denunciado não seriam, no Brasil, tratados como crime.

Discípulos da escola clássica do direito foram ferozes críticos da nova geração de criminalistas que viram na colaboração com a Justiça o encurtamento do caminho rumo à liberdade de seus clientes. A advogada Beatriz Catta Preta, contratada pelo ex-diretor de Abastecimento da Petrobras, Paulo Roberto Costa, foi uma dessas novas estrelas na constelação de criminalistas. Sua estratégia de defesa, que tirou seu cliente detrás das grades, atraiu o interesse de outros oito acusados,[24] provocando a cólera de opositores doutrinários, que não pouparam maledicências à sua atuação, tentando a todo custo desmoralizá-la. Pouco tempo depois, alegando estar sendo ameaçada, Catta Preta saiu de cena, se mudou com a família para Miami e abandonou os clientes, não antes de faturar milhões de reais na defesa deles, dos quais alguns nem chegaram a ser presos.

O ressentimento se estendeu também às equipes de advogados incumbidos de manter contato direto com seus exigentes clientes na carceragem da Superintendência da Polícia Federal. Na antessala da carceragem, entre os agentes penitenciários, os advogados em confabulação sobre o andamento do processo e das linhas de defesa procuravam evitar uns aos outros. Não havia interação, fosse por restrições de confidencialidade, fosse por rixa. Quando, de dentro do parlatório, a advogada de um dos presos viu dois colegas adentrarem a passos rápidos com uma pasta azul transbordando de papéis, comentou em tom malicioso, referindo-se aos defensores de Marcelo Odebrecht: "Acaba de chegar a dupla dinâmica."

Independentemente da escola que professavam, o mercado de advocacia criminal foi impulsionado pela Lava Jato. Consolidou a fortuna da velha guarda e fez surgir uma nova casta de advogados fora do eixo Rio-São Paulo, em Curitiba e Brasília, que ascendeu no mundo jurídico.[25] Com uma lista de clientes que tem duas das dez famílias mais ricas do Brasil (Odebrecht e Batista), cinco sócios e presidentes das maiores empreiteiras do país e 37 políticos, que abocanharam boa parte dos estimados dez bilhões de reais em propina, dobrou o número de grandes bancas de criminalistas, que cobram entre 1,5 milhão e três milhões de dólares por uma causa cabeluda.

Para dar conta dessa procissão de endinheirados levados às barras dos tribunais, foram empregados mais de 1.200 profissionais do Direito, que, por vezes, congestionavam as salas de audiência. No Rio de Janeiro, por exemplo, é rotina o juiz Marcelo Bretas, que também julga casos da Lava Jato, transferir as sessões da 7ª Vara Federal para o auditório do Tribunal do Júri, a fim de acomodar o pelotão de advogados que acompanha o réu, numa proporção de dez para um.

Quem toca o operacional, visitando o cliente nas celas, são equipes de profissionais talentosos. A estratégia é traçada pelos maestros da advocacia criminal, mesmo que de maneira remota, talvez de algum restaurante no fausto circuito gastronômico parisiense. Alguns deles são pouco vistos no Brasil.

"Sempre que atendia as minhas ligações, eram raras as vezes em que não estava em Paris", revelou um repórter investigativo da TV Globo sobre Antônio Carlos de Almeida Castro, o Kakay[26] célebre criminalista que, quando não passa horas escrevendo contos no Café de Flore[27], dá-se ao luxo de formular teses de defesa de sua longa e rica lista de clientes encrencados. Já passaram por suas mãos três presidentes da República, coisa de oitenta governadores e políticos ficha suja, como os senadores José Sarney, Romero Jucá e Aécio Neves, o doleiro Alberto Youssef e os empresários Joesley e Wesley Batista, da JBS.

Kakay, inebriado em seu delírio, é a caricatura do advogado bem-sucedido que enriqueceu defendendo meia República em apuros. Prefere o *reality show* de seu sucesso a vender sobriedade. Assim foi quando ostentou à imprensa a suntuosa festa de seu aniversário de sessenta anos num palácio em Lisboa. Protetor dos poderosos, desqualifica quem o contraria – procuradores, como Rodrigo Janot,[28] e magistrados, como Joaquim Barbosa[29] –, e tem o "charme" para confraternizar no mesmo espaço partes conflitantes em processos judiciais. Réus, julgadores e acusadores brindam e se divertem numa grande pantomima. O famoso criminalista parece reunir as qualificações do advogado que, na definição do jornalista Robert Wright[30] em *O animal moral*, quer a vitória, não a verdade; e é muitas vezes mais admirado pelas suas habilidades do que por suas virtudes. O anti-herói da Lava Jato, por ironia, cometeu um erro fatal ao calcular mal a robustez das evidências e a rigidez das investigações e quando esnobou a força-tarefa e o juiz Sérgio Moro. A exemplo do que conseguira no operação Sundown,[31] Kakay esperava travar a Lava Jato no Superior Tribunal de Justiça por nulidade de provas já "na primeira sessão". Apostava na tese que apresentara no STJ, pela qual não se poderia validar a delação de Alberto Youssef. No *habeas corpus* liberatório para "o doleiro das estrelas", o criminalista defendeu o fato de o juiz Moro estar impedido de julgar seu cliente por ter, em 2010, dito que deveria se afastar "por motivo de foro íntimo", já que ele mesmo homologara outro acordo de delação feito entre Youssef e o MPF no caso

Banestado, em 2003,[32] e porque um procurador da República teria admitido que a prisão estava sendo usada para forçar a delação. "Só isso daí já leva à anulação."[33] Mas não levou. Youssef abriu mão do pedido de soltura, fechou a delação com outro advogado e a Lava Jato foi mais uma vez salva.

Mas por mais que se possa imaginar a fortuna paga às superbancas pelos serviços de advocacia, perto do que foi roubado no esquema de corrupção na Petrobras, os honorários ainda sim são, nas palavras cruas de Alberto Youssef, "dinheiro de pinga".

A delação premiada teve a virtude de desentocar de seus covis autoridades públicas e celebridades do mundo dos negócios. Sem esse recurso bem engendrado pelos procuradores, é provável que a camarilha continuasse com a narrativa de que as acusações eram uma "maluquice, uma ilação, um despropósito".[34] Newton lembra que os investigados chegavam à Superintendência da Polícia Federal, em Curitiba, ostentando a presunção de inocência. Orientados pelos advogados, vociferavam contra as denúncias e acusações, rotulando-as como um "conjunto de aleivosias", "esdrúxulas", "ineptas", "levianas" e "irresponsáveis", ao mesmo tempo que sua defesa classificava a detenção como "ilegal e abusiva".[35]

O chefe do Núcleo de Operações recorda os truques de retórica que os acusados usavam para negar seus crimes. Eram eloquentes, mostravam-se surpresos e incrédulos com a situação.[36] Desqualificavam reputação, autoridade moral, competência e imparcialidade dos acusadores. Contra-atacavam, posicionando-se como perseguidos, em retaliação a interesses contrariados.

A teatralidade para sustentar a ideia de inocência continuava até a força-tarefa entregar à Justiça provas robustas de suas culpas. Daquele ponto em diante, a performance ficava por conta de seus advogados. O repertório era vasto. Alegavam que as evidências haviam sido extraídas de maneira ilegal, adulteradas ou rasuradas. Questionavam a autenticidade de documentos, apontando diferenças quanto ao que poderia ser o original. Ponderavam a inadequação de casos semelhantes trazidos pelos procuradores. Rejeitavam comparações históricas, levantando dúvida quanto a sua veracidade.

Enquanto puderam sustentar a dramaturgia, os detentos não se despojaram do traje virginal. Uma vez que não tiveram mais como negar seus dolos, a maioria, feito insetos atraídos pela luz, recorreu alvoroçada e agressivamente para a delação premiada. A partir daí, o interesse passou a ser outro: explicar para a Justiça e para a sociedade suas motivações dentro de um contexto persuasório.

Newton afirma ao correspondente inglês que havia aqueles que reconheciam a situação delicada em que se encontravam e partiam logo para resolver a situação, assumindo de pronto o erro. Mas não eram muitos. A maioria se achava mais astuta, esperando que seus advogados os livrassem da cadeia sem sequer se sujar. O ex-presidente da OAS, José Aldemário Pinheiro Filho, o Léo Pinheiro,[37] era um deles.

O empreiteiro tinha sido preso uma primeira vez na Operação Juízo Final, sétima fase da Lava Jato, deflagrada em novembro de 2015. Ganhou prisão domiciliar por ordem do Supremo Tribunal Federal, mas se enrolou em trapalhadas devido à confiança excessiva de que escaparia do cárcere. Suspeito de destruição de provas, voltou para o regime fechado em 5 de setembro de 2016, na carceragem da Polícia Federal, em Curitiba, sob a vigilância de Newton. Posto que sua estratégia não estava funcionando, escolheu ser assertivo dessa vez. Quando levado para a cela, cruzou com o velho conhecido agente, que lhe perguntou, admirado:

"Poxa, o Moro te prendeu outra vez?"

"Pois é, o Moro mandou me prender outra vez", respondeu desacorçoado.

"Mas como, se você nunca fez nada de errado?", brincou, provocando um ataque de risos no empreiteiro, que engasgou com a própria gargalhada.

"Também não entendo, aqui todo mundo é inocente", devolveu.

Apesar de seu senso de humor, Léo estava exausto desse jogo de negação. Exposto diariamente na mídia, com a vida devassada, continuar a farsa lhe exigia esforço, criatividade e cinismo adicionais que não estava mais disposto a dispender. Já não era mais nenhum menino para brincar de gato e rato. Queria se desobrigar de pelejar contra a própria consciência e tocar a vida com mais transparência nos anos que ainda lhe restavam. Assumir a culpa lhe parecia o caminho mais lógico. Já era hora de tirar a máscara e guardá-la, quem sabe, para outra ocasião. "Eu queria agradecer ao senhor e ao Ministério Público a oportunidade para eu esclarecer, para falar a verdade, mesmo que esses fatos me incriminem. Eu cometi crimes e, para o bem da Justiça do nosso país, para o bem da sociedade, estou aqui para falar a verdade, para falar tudo que eu sei", assumiu finalmente ao juiz Sérgio Moro.[38]

Em seu depoimento, sobreveio a carranca de seus atos. Restou-lhe entrar em outro combate, por uma pena menos severa. Criou narrativas para lhe retirar a responsabilidade de suas ações. Não teve jeito. Foi condenado pelo juiz a 26 anos de prisão por corrupção ativa e lavagem de dinheiro, uma pena, na sua opinião, desproporcional ao delito que cometera.

O carcereiro conclui que confissões como a de Léo Pinheiro deixaram claro que os salteadores sempre estiveram cientes do crime que perpetravam. Na perseguição entre polícia e ladrão, a primeira impressão foi de que saíram perdendo. Àquela altura, era inútil posarem de vestais, forjar um discurso de impropriedade da Justiça ou do aparato policial. Newton não se lembra de ter ouvido de nenhum deles críticas a Moro ou à Polícia Federal. Ao contrário, sabedores de que a corriola era vasta, estavam sempre na expectativa de rever velhos conhecidos. Só não sabiam quem seria a bola da vez.

O interesse do correspondente do *Guardian* era crescente, apesar do avançar das horas e da brisa fria que golpeava seu rosto magro e portentoso. Mas nada que incomodasse quem cresceu sob os ventos fortes e gelados de Norfolk, Inglaterra. Enquanto Newton estivesse disposto a falar, caberia ouvir.

CAPÍTULO 10
Os presos

Pelo que Newton conta, entre uma tragada e outra, a reação imediata dos figurões, quando levados para a carceragem, era de constrangimento. Acostumados a saquear as pessoas, o papel havia se invertido. Eles quem estavam sendo despojados de todos os seus pertences. Na triagem, tiveram que entregar à custódia seus relógios e joias, sabe-se lá fruto de qual malandragem. Tudo lacrado na presença do incrédulo preso. Passado o susto, os presos recompunham-se e demonstravam escárnio, com um sorriso lascivo, como o da foto da ficha policial do narcotraficante colombiano Pablo Escobar em 1991, numa clara mensagem de despreocupação.[1] O presidente Michel Temer protagonizou cena parecida quando os repórteres lhe perguntaram se estava apreensivo com o depoimento de sua filha Maristela à Polícia Federal no inquérito do Decreto dos Portos. "Registrem meu sorriso", zombou de maneira desconcertante.[2] Nas primeiras fases da operação, quando ainda era irreal a possibilidade de passarem uma temporada mais longa na cadeia, os "fichados" de Newton retomavam a costumeira altivez, circulando nas alas com o queixo erguido. Mas não por muito tempo.

– Eles chegaram à Polícia Federal confiantes, crentes que ficariam presos um, dois, três dias, que sairiam logo. A ficha demorou a cair. Alguns levaram até três meses iludidos antes de perceberem que as coisas tinham realmente mudado – descreve Newton.

Tudo era uma novidade inacreditável, até para uma constelação de criminalistas que não fora treinada nem para perder nem para ver seus clientes – homens da alta sociedade, admirados no meio empresarial – em situações ultrajantes. Mas não havia motivo para protestos. Newton nunca permitiu qualquer tipo de tratamento desrespeitoso ou ressentido aos presos da Lava Jato por parte de sua equipe.

– Pode ser que passasse pela cabeça de um de nós, servidores públicos, assalariados, tirar o recalque em cima deles, poderosos e milionários, com o pensamento de "Ah, quero mais que ele se dane, tal, tem mais que comer arroz com feijão". Não é por aí, ele é um ser humano e deve ser tratado de maneira respeitosa, assim como qualquer preso.

Por isso, muitos advogados irrompiam na Superintendência da Polícia Federal como se fossem os donos da bola. Afoitos, exigiam ver seus clientes de imediato, assim que chegassem do Instituto Médico Penal, com uma urgência impostergável. Para frustração deles, eram concedidos somente quinze minutos, e "acabou". Facilmente abaláveis, mas imbuídos de uma tenacidade indestrutível, buscavam por vias legais retóricas para questionar e obter benefícios para seus clientes. Newton teve muita dificuldade em controlar a sanha desses *mujahidin* das leis.

– No início, o comportamento dos advogados não era diferente do dos presos. Por serem famosos no Brasil todo e também porque defendiam pessoas de nível econômico elevadíssimo, chegaram à Polícia Federal achando que podiam tudo: "Eu sou o doutor fulano de tal e quero falar com o sicrano." "Não, agora o senhor não pode." "Não, eu vou falar agora. Quero ver meu cliente, quero falar à vontade com ele." Não é por aí. Imagine, vinte e poucos presos... Se cada um quiser falar à vontade com os clientes, cada qual com quatro, cinco advogados, seriam... vinte vezes cinco... – calcula, contando nos dedos –, seriam cem advogados lá dentro. Fisicamente, impossível.

Acontece que os advogados não gostavam de esperar, criando todo tipo de confusão na custódia, obrigando Newton a descer e tentar, com a paciência e o didatismo de um professor de ensino fundamental, explicar suas limitações. Um deles chegou a exigir do delegado executivo uma cela especial para seu cliente, bacharel em Direito.

"Newton, nós estamos com esse problema", chamou-o, preocupado, seu superior.

"Deixa que eu resolvo."

Newton desceu para conversar com os presos.

"Olha, eu preciso de seis voluntários para serem transferidos para o sistema carcerário comum."

Até então, a superintendência não tinha parceria com o Complexo Médico Penal, em Pinhais, para o recebimento de presos da Lava Jato. O CMP é destino de detentos que necessitam de tratamento médico devido a ferimentos, doenças ou problemas psiquiátricos, policiais que praticaram crimes e condenados com curso superior. A alternativa ao CMP, descartada, seria o sistema prisional comum. Especialistas em execução penal afirmam que a custódia alongada de presos preventivos dentro das dependências físicas da PF foi uma excepcionalidade cercada de riscos, para os quais o órgão e Newton tiveram que se adequar. O usual teria sido a remoção dos custodiados para áreas adequadas do sistema penal, com profissionais especificamente treinados.

"Por que vamos ser transferidos?", protestaram, assustados.

"Porque a excelência aqui, que é advogado, está exigindo uma cela especial. Como ele está com mais seis pessoas, o excedente terá que ser transferido", explicou sério, mas jogando com astúcia os colegas contra o aborrecido bacharel.

– Aí, todo mundo parou e ficou olhando pra ele, né? Como quem diz: "Poxa, você..." Ele olhou pra mim e disse: "Não, eu torno sem efeito a petição." "Então assina aqui", falei. Ele assinou. Posteriormente, chamamos e demos ciência ao advogado dele e tudo se normalizou – orgulha-se.

E prossegue:

– Mas hoje não. É outra coisa. Os advogados, mais realistas, sabem que não vão conseguir soltar seus clientes tão rápido assim. Isso não acontecia no início. "Não, não precisa muita roupa, não precisa muito disso, vou sair logo..." – conta e balança a cabeça, jocoso. – Os presos de agora entram fazendo planejamento de como será sua vida lá dentro, com preocupações do tipo "Qual o dia do mês vem o cabeleireiro?". Quer dizer, já chegam pensando "Puxa, vou ter que ficar mais tempo" – revela.

As expectativas e a rotina tiveram que ser readequadas na marra. Os rituais aristocráticos de alguns e os caprichos de outros foram pouco a pouco sendo subtraídos pelas novas obrigações que teriam que executar. Para os presos de terno Ermenegildo Zegna,[3] era sem sentido, até mesmo ofensivo, realizar tarefas ordinárias, impróprias para sua condição social. O agente federal conta, para deleite de Jonathan Watts, que, dois dias depois de vários empreiteiros já estarem detidos, se queixaram da limpeza, indagando sobre quando a faxineira passaria para fazer a "manutenção na cela".

"Tem serviço de limpeza, sim, mas apenas para a parte comum dos funcionários da custódia", respondeu um agente penitenciário, que se levantou, pegou um balde, pano e rodo e os entregou ao mais presunçoso. "Eis aqui a moça da limpeza", ironizou.

– Outro, a quem foi entregue um aparelho de barbear, não sabia sequer se barbear sozinho. – Newton balança a cabeça incrédulo, engasgando com seu próprio riso. Uma bola branca de fumaça é cuspida de sua boca. – Então você via aquelas figuras, consideradas "poderosas", de joelhos, varrendo o chão, limpando o vaso sanitário, numa situação que para eles poderia ser desonrosa – expõe. – As obrigações dos presos eram regras, não punições. A nós da custódia não houve a intenção em humilhá-los, até porque são tarefas que eu faço na minha casa. Se você faz, muitas pessoas fazem, por que eles também não podem fazer?

Por mais que alimentassem a certeza de que sairiam logo do cárcere, os detentos da Lava Jato aparentavam inquietação quando submetidos aos primeiros procedimentos. Praticamente não falavam. Ficavam quietos diante daquela novidade estranha e até ofensiva para eles, como a revista pessoal. Outro momento constrangedor era a separação por alas.

– Aí, eu percebi que eles, de elevado nível financeiro, ficavam realmente deprimidos – consterna-se, numa solidariedade discreta.

Quem já havia passado pela inesquecível experiência do choque da prisão, da queda abrupta do voo de cruzeiro, recepcionava o novato com pequenos gestos de ternura, como levar a mísera trouxa para a cela determinada por Newton.

– "Não, você fica aqui, viu; fica lá, tá?" – interpreta teatralmente Newton.

Os colegas procuravam palavras de incentivo para dizer aos "calouros", palavras que aliviassem a pressão psicológica. Newton crê que o apoio moral oferecido buscava transmitir esperança de que cedo poderiam ser soltos e absolvidos, mesmo sem saber realmente o tamanho da encrenca em que o outro estava metido. Mas, no apagar das luzes, todos continuavam presos, e assim permaneceram por muito tempo.

Era esse tipo de solidariedade que os presidiários da Lava Jato começaram a cultivar para escapar à inédita desesperança. Em situações extremas de ameaça e solidão, a ação cooperativa e até certo ponto empática é a chave para a sobrevivência. Aprenderam a proferir palavras de afeto e de otimismo, a demonstrar cuidado, ternura que se estendeu até a ala dos presos comuns. Newton lembra o dia em que um falsário, preso na carceragem da Polícia Federal, foi beneficiado com um alvará de soltura mediante fiança. Os presos da Lava Jato, sabendo que o rapaz (um "pai de família", segundo Newton) não tinha condição financeira para arcar com a quantia caucionada, se predispuseram a pagá-la. Aos que ganhavam a liberdade, a torcida pela sorte era sincera.

– É a maior alegria na hora quando são soltos; todo mundo bate palmas. Choram. Quando Zwi Skornicki foi embora para casa de tornozeleira, foi aquela festa – relembra Newton, como se se tratasse de uma colação de grau.

A energia positiva dos que ficavam para trás soava como se pudessem de alguma maneira reter um pouco daquela vibração, na esperança de se beneficiarem dela com brevidade. Os que eram soltos, na maioria das vezes, não levavam nada. Deixavam para trás as más lembranças e doavam os bens e objetos pessoais para presos mais desassistidos. Nestor Cerveró, que, assim como Alberto Youssef, recebera autorização para ter uma televisão na cela, não quis levar o aparelho. Mas havia os sovinas, que carregavam até a escova de dente. Outros saíam rápido, apenas com a roupa do corpo, receosos de alguma catástrofe repentina, da incontrolável força do imponderável, de uma improvável cassação de seu *habeas corpus*, ou pior, de uma nova evidência criminal que pudesse jogá-los de volta aos grilhões. Muitas possibilidades negativas lhes ocorriam. Sem olhar para trás, orientavam os advogados a pegarem seus pertences deixados na custódia.

– Há fatos que a gente não fica sabendo na hora, só depois, pelos comentários: de que uns choraram, de que tiveram que ser medicados por eles mesmos, como na chegada do Eduardo Cunha à carceragem – relata Newton.

Foi Antonio Palocci, ex-ministro nos governos Luiz Inácio Lula da Silva e Dilma Rousseff, a dar incentivo ao ex-presidente da Câmara dos Deputados quando estava sendo conduzido para a cela. Mesmo o inabalável Eduardo Cunha desmoronou emocionalmente na cadeia. Precisou da camaradagem dos colegas de cela para se reerguer. Uma cumplicidade tácita se formou naquele recinto reprimido.

"Fique tranquilo. Tudo vai dar certo", Palocci tentou tranquilizar Eduardo Cunha.

Adir Assad foi outro a tentar reanimar o ex-todo-poderoso presidente da Câmara dos Deputados.

"Bateu o desespero nele várias vezes. O Cunha se ajoelhou e chorou como uma criança, se sentiu no fundo do poço. Todo mundo deu forças para ele sobreviver, mitigar o sofrimento, dizendo 'Você vai sair dessa, não é uma vítima'. A gente sempre procurou tirar o outro do desespero. A intenção é ajudar sem esperar nada em troca, algo que a gente deduz não existir no lado de fora da cadeia."

O lobista atuava como um recreador de uma colônia de férias. Animava os colegas com suas brincadeiras para tirá-los da tristeza. Foi assim com o ex-secretário de Gestão do estado do Rio, Wilson Carlos Cordeiro da Silva Carvalho, preso em novembro de 2016, apontado como operador administrativo do ex-governador do Rio, Sérgio Cabral.

"Quando ele chegou, foi colocado na Ala B (onde ficam os presos comuns) e logo entrou em profunda depressão. Dei um '*up*' nele, como faço com o resto da moçada. Coloco pilha na galera", contou Adir Assad, acrescentando que não apenas ele, mas todos os demais se esforçaram para resgatar o companheiro e impedir que ele se afundasse cada vez mais.

A vida como interno tem exercido efeito sobre o que Assad pensa de suas relações pessoais. Obrigado a depender dos colegas de cela para necessidades prosaicas, bem diferente de quando tinha autonomia para engendrar grandes negócios sem se preocupar com parceiros ou sócios, concluiu que a afetividade que vivenciou do lado de fora da cadeia era superficial. Na prisão, o companheirismo era mais profundo e verdadeiro. Compreendeu, naquele contexto, que, se ele e os comparsas chegaram ao topo do crime trapaceando em seu individualismo agreste, no calabouço, para sobreviver, teria de lançar mão de outro tipo de tratamento com os demais, mais aberto e humano.

"Confio nos companheiros. Todos contam suas intimidades. Aqui não tem máscara, as pessoas são honestas, transparentes. A cumplicidade é tão grande que é quase homoafetiva. Eu sinto amor pelos colegas, porque um toma conta do outro. Um prepara o almoço e o café pro Palocci, porque ele é desajeitado, muito atrapalhado. Voa água pra todo lado. O café se esparrama, ele quebra torneira... O cara tem dez dedos em cada mão. Mas, no outro dia, é ele quem dá remédio pro companheiro, como fez com o Eduardo Cunha", relatou. Ajudar o camarada trazia um certo resgate moral que serenava o espírito.

"Deixe eu ver seu olho, deputado", demandou Antonio Palocci, que é médico sanitarista. Receitou um colírio para Cunha, que apresentava uma forte irritação nos olhos. Como já era noite, não havia condições de contatar os advogados para que providenciassem o medicamento. Os agentes penitenciários, sabendo que Pedro Corrêa, médico radiologista, tinha com ele alguns frascos de colírio, perguntaram se não podia cedê-los para aliviar o ardume no olho de Cunha. Por mais que ainda pudessem haver rusgas, ressentimentos eram relevados. Não interessava a ninguém uma noite desagradável. Se um passa mal, todos sofrem, de certa maneira, fosse com gemidos de dor do parceiro, fosse com imprecações dos demais. Pedro Corrêa assentiu e tudo se resolveu.

A prisão de pessoas antes tratadas como próceres causa impacto às famílias inteiras. Nem tanto financeira, mas moralmente. Newton presenciou a decepção imprimida no olhar de um pai nonagenário que saiu de longe para visitar o filho, ou do neto que foi ver o avô atrás das grades. Assad, empresário dos grandes shows, sabe muito bem o que é isso.

"É difícil lidar com o próprio fracasso. E fracasso se transmite para as outras pessoas, para as quais você era um ídolo, como eu era para minhas filhas. Depois da prisão, perceberam que eu não passava de um ídolo pé de barro. Perdi o respeito e a admiração delas e da minha esposa", acabrunhou-se.

Apesar do desapontamento, era incontrolável a emoção do reencontro. O julgamento moral não prevalecia ao vínculo afetivo e familiar que fora construído por toda uma vida, mesmo que sobre uma grande mentira. Para outros, entretanto, a desilusão machucou forte, por trazer consigo uma sensação irreconciliável de traição.

– Sei de filhos que não visitaram o pai. Vergonha do que o pai cometeu. – Newton se compadece pelos meninos, alguns na puberdade, maduros o suficiente para entender os males cometidos pelo antes herói, mas ainda imberbes para integrarem o círculo mafioso dos negócios da família. Diferente dos filhos do Cerveró e do Renato Duque, ex-diretor de Serviços da Petrobras. – Esse pessoal sabia o que acontecia. Penso até que eles achavam certo o que o pai fazia. Isso antes, né? Só que agora, veem que não é nada disso, que não vale a pena, cara.

Teve preso, no entanto, que ficou seis meses sem ver a família por opção. O constrangimento, nesse caso, era do detento, que não queria ser visto pelos filhos na sua desonra.

"Ser condenado e preso é um baque violento para qualquer um que não está preparado para ela, provoca um sentimento horrível de perda absoluta", explicou Assad.

Ele mesmo, detido duas vezes, em março e em dezembro de 2015, fala de cátedra sobre esse desconsolo. Na primeira, alvo da Operação Saqueador, investigação do pagamento de propina no Departamento Nacional de Infraestrutura de Transportes (Dnit),[4] foi levado para o presídio de Bangu, onde mergulhou em tristeza profunda. Encarava a situação como um filme, algo surreal.

"Foi muito estranho. Eu sabia que sairia daquele estado, mas levei vinte dias pra ficar bem", contou.

Adentrar a cadeia pela segunda vez o afetou de maneira muito mais intensa, porque lhe tirou o sentimento de esperança que alimentara depois de solto pela Justiça. A sensação de renascimento se esvaiu. Teve medo de não suportar a prisão novamente. Abateu-se fisicamente, perdeu o entusiasmo.

"Só continuei por causa da família. Sem ela, teria sucumbido", confessou.

Na mesma medida em que a família era fonte de ânimo, quando os presos eram informados de que algum parente ficara doente ou falecera, vinha um forte abatimento que lhes retirava a confiança e repercutia em seu estado de saúde, o que era motivo de preocupação para Newton. Uma vez na carceragem, a integridade deles era agora de sua responsabilidade, mesmo que suas doenças fossem provenientes dos abusos que cometeram na vida pregressa de quadrilheiros. O agente sabia da rotina ensandecida de seus internos à época da fartura, principalmente com bebidas e comida. A vida íntima dessa gente de pouca virtude era diversa da imagem pública. Longe da seriedade e da moralidade com que posavam, gozavam sem moderação uma vida paralela degenerada e vil, que os consumiu fisicamente. Alguns chegaram à custódia necessitando de cuidados médicos urgentes. Boa parte deles, sexagenária, apresentava algum problema de saúde, agravado pela alta carga emocional da situação. Foram diagnosticados com diabetes, arritmia cardíaca, pressão alta e outras enfermidades.

– A correria do dia a dia era tanta que relaxaram com a saúde. Todo o tempo era dedicado a encontrar maneiras de roubar e às inúmeras festas. Era muito negócio, muita viagem, muita conversa, muitos eventos, pelo que ouvi falar. Realmente, 24 horas não bastavam para eles. Dificilmente estavam com os familiares, mesmo quando de folga. Não vou dizer que as esposas e os filhos não se aproveitaram do fruto do crime. Mas pagaram um preço alto. Convívio, mesmo, não havia – revela Newton.

A debilidade dos encarcerados o obrigava, como responsável pela custódia, a redobrar os cuidados. No começo, descia com frequência na parte da manhã, conversava individualmente com eles para saber como estavam, como tinha sido a noite. Quando havia alguma emergência, os próprios presos chamavam os funcionários, que checavam a gravidade do caso, se era caso de levar o preso para o hospital ou acionar o SAMU. Só após esse procedimento, a chefia e o juiz eram comunicados.

Newton não podia vacilar. Os custodiados eram astutos, sedutores e convincentes, especialmente Alberto Youssef. Logo após assumir a chefia do NO, o carcereiro percebeu que estava diante de um preso manhoso.

– O Youssef sempre foi de pedir muita coisa: "Preciso disso, preciso daquilo, preciso ligar pro advogado, preciso ligar pra minha família." Era tanto pedido que eu suspeitava da real necessidade de tudo que vinha dele. Quando reclamou que a pressão tinha caído, fiquei meio desconfiado, mas acabei autorizando sua ida ao hospital. Eu sabia que ele não estava bem. Vinha de uma operação cardíaca recente – justifica, para se lamentar das várias noites em que ficara com o doleiro no hospital Santa Cruz (que em seu site se vende como um dos "melhores hospitais particulares do Brasil"), em Curitiba. – Eles aproveitam o fato de estarmos preocupados com a boa saúde deles para fingir doenças. É um "Estou com úlcera, com alguma coisa no estômago, intestino, rim, pressão alta!", que te deixa maluco. Como não sou médico, não tenho condições de ajuizar. Tem hora que permito que sejam levados para avaliação médica no hospital, local muito mais confortável para eles. A cama é melhor, tem ar-condicionado, televisão... Fazem de tudo para passar uma temporada, dois dias que sejam, no hospital. Nem mesmo o médico escapa do fingimento.

Essa era uma séria queixa que Newton fazia da administração da PF. Os agentes não estavam preparados para socorrer os presos numa emergência. Uma proposta feita por ele, diz, foi a de capacitá-los com um curso de primeiros socorros. Com a qualificação, os policiais resolveriam dois problemas: prestar os procedimentos médicos básicos de urgência e evitar que os detentos fossem escoltados sem necessidade para o hospital. Mas a chefia não levou adiante o projeto. O jeito foi continuar a monitorar a saúde dos presos com o que tinham à mão. Cabia a Newton manter a ordem interna e fazer o possível para que todos estivessem bem fisicamente.

Até com os recém-chegados, o zelo era intensificado. Newton acompanhava de perto a evolução do estado físico e emocional deles. Muitos entravam em pânico, pois a ficção de uma detenção breve se desvanecia diante da duradoura preventiva dos outros presos. Passavam dias catatônicos. Desperdiçavam o tempo com advogados com frivolidades em vez de discutir seus processos. Sem saber o que falar, a adrenalina dos "calouros" batia o pico, acendendo o sinal de alerta em Newton.

Muitos estavam em idade avançada, sofrendo de doenças crônicas. O agente antecipava o que teria que fazer caso algum deles passasse mal, qual a logística adequada para removê-los com segurança e celeridade até o hospital. Eram preocupações de toda ordem. Tinha que se ocupar até do controle da quantidade de remédios que deveria entregar aos custodiados. Determinados medicamentos eram fornecidos em doses para no máximo dois dias, de modo a evitar tentativas de intoxicação.

– Não dá pra facilitar, permitir que um deles, em momento de desespero, tente o suicídio ingerindo uma overdose dessas drogas – observa, sério, providência que passou a adotar com maior rigor após a tentativa de Branislav Kontic de se matar.

Atrás das grades havia somente cinco dias, o ex-assessor de Palocci perdeu a cabeça quando Sérgio Moro converteu sua prisão temporária em preventiva.[5] Tomou ansiolíticos em grande quantidade. Newton estava em casa quando soube. Orientou seus agentes penitenciários a removerem imediatamente das celas qualquer artefato que pudesse ser usado pelo preso para tentar se matar novamente, como cordões e cadarços. Na carceragem, coube ao médico Pedro Corrêa acudir o colega, sugerindo que fizessem nele uma lavagem estomacal de urgência. Depois desse evento, o carcereiro passou a se ocupar mais com o estado mental dos presos, com os sintomas de depressão, em particular daqueles que tomavam medicamentos controlados.

A privação de liberdade é uma condição que coloca à prova a incrível capacidade de adaptação humana de viver em ambientes hostis. Os presidiários da Superintendência da Polícia Federal, em Curitiba, são ótimo exemplo. Mesmo para indivíduos afeiçoados à bajulação, quando não há opção o jeito é se acomodar e incorporar a amarga realidade de uma vida austera e purgativa. O que antes não era tolerado ajusta-se ao inesperado cotidiano. Ruídos e roncos à noite passaram a ser ignorados pelos ouvidos até de quem sofria de insônia crônica.

– São situações a que eles se acostumam com o tempo, porque são obrigados – simplifica Newton.

Se antes na vida daqueles homens havia um leque infindável de opções, a cadeia as reduziu a apenas uma: sobreviver. Mostraram-se aptos a se adaptar às distintas instâncias. Cada um se ajeitava a seu modo. Pedro Corrêa, sem reclamar, pegava no sono lá por volta das três, quatro da manhã. Já Marcelo Odebrecht ia para cama cedo.

– Todos conheciam os costumes de cada um. Tanto é que, quando o Pedro Corrêa ia dormir mais cedo, todo mundo se preocupava e ia conferir se ele estava passando bem – exemplifica.

As manias, decorrentes talvez da vida mimada, cheia de regalias e de serviçais, eram administráveis até para sistemáticos feito Marcelo Odebrecht e Fernando Baiano, portadores de transtorno obsessivo-compulsivo por organização e limpeza. O distúrbio mantinha Baiano ocupado, já que não malhava nem lia muito. Os objetos tinham que ser deixados no mesmo lugar, sempre. O operador do antigo PMDB não podia ver o lençol da cama com uma ruga que lá ia esticá-lo novamente. Tinha vontade de xingar quando alguém tirava seus pertences do lugar. Mas não passava disso.

A rotina não apenas criou hábitos como gerou condicionamentos. Depois de tanto tempo encarcerados, conseguiam até antecipar a chegada de novatos da Lava Jato.

– Toda vez que entrávamos lá e transferíamos presos, eles "Opa! Amanhã já vem mais". E vinha – relembra Newton.

Até se adaptarem à dura realidade e se controlarem emocionalmente, situações embaraçosas aconteciam. Mas não havia situação que mais tirava do sério os confrades da corrupção do que o mau cheiro. Quando vários empreiteiros abarrotaram a carceragem, era comum entupirem o vaso sanitário da cela com fezes e papel higiênico.

– Usavam a todo momento a privada. Devia ser algum desarranjo intestinal por questão do nervosismo – deduz Newton, reproduzindo caretas e gestos de repulsa de quem se lembrou da fedentina que predominou por um tempo na ala dos empreiteiros, uma irônica metáfora de tudo que fizeram à nação.

Por sorte, entre os membros da malta multidisciplinar estava o diretor-presidente da Galvão Engenharia, Erton Medeiros Fonseca, engenheiro por formação, que conseguiu desentupir o vaso. Certa noite, atraído por um acesso de tosse seca que vinha da ala onde ficava Cerveró, Newton entrou na carceragem para conferir se havia algo errado. Apesar de submersos na escuridão, conseguiu divisar os presos; nada de estranho, a não ser o que lhe pareceu uma incomum nuvem de varejeiras, eufóricas pelo bodum que emanava do vaso sanitário e do suor dos inquilinos.

O castigo pelos males que causaram ao povo brasileiro se materializava em diferentes formas de catinga. Se não era a privada entupida, eram as flatulências que empesteavam o ar. Pouco antes de ser preso, João Cláudio Genu, ex-assessor do falecido deputado federal José Janene, condenado a oito anos de reclusão por corrupção passiva e associação criminosa, fizera uma cirurgia bariátrica, procedimento médico de alta complexidade que pode provocar complicações pós-operatórias, como infecções internas e obstruções intestinais. Outro efeito colateral é a produção de gases e fezes com odor podre, uma vez que durante a fase de recuperação o corpo ainda se encontra incapaz de absorver a quantidade necessária de nutrientes das refeições ingeridas. A marmita da carceragem também não ajudava quem precisava de dieta especial: continha feijão, que intensificava o mau cheiro dos excrementos.

– Tanto o Genu como o Luiz Eduardo (da Rocha Soares), um dos diretores da Odebrecht, se submeteram à cirurgia. Então, eles estavam com graves problemas de gases. Não tinham como segurar – conta Newton, sem disfarçar o riso.

O lugar altamente poluído tornou-se motivo de muitas reclamações e discussões sérias entre eles. Naqueles dias, o que mais os ocupava não eram as delações premiadas que estavam negociando, as condenações do juiz Moro, a falta que a família fazia, mas a catinga da Lava Jato em disformes e prolongados peidos.

"Pô, pessoal. Não é de propósito. Vocês precisam entender que é um problema de saúde", foi direto ao ponto Genu, num bate-boca com os demais detentos.

Newton teve que intervir para acalmar os ânimos. Ele os fez compreender que os flatos de Genu não eram deliberados, para que não levassem o episódio para o lado pessoal. Como de costume, resolveu a pendenga com uma simples medida que estava na cara de todo mundo: um aromatizador.

– Desse dia em diante, o item passou a ser obrigatório na lista de material de limpeza e de asseio que eles nos encomendavam. – Não se contém e ri, entre as fumaças do cigarro, como se a custódia fosse um palco tragicômico. Jonathan Watts acompanha Newton na graça.

O mau cheiro os perseguia de outras maneiras. Quando um incêndio atingiu a Superintendência da Polícia Federal, a situação ficou ainda mais precária para os presos. Adir Assad relata que "foi o pior momento que passou na cadeia".

"Acabou a água até para as nossas necessidades pessoais. As bombas não funcionavam, ou seja, a descarga também não. Imagine, 25 caras com seis banheiros sem descarga. Ficamos desesperados", contou o apuro, agora aliviado.

Como era de esperar, foi o Marcelo a sugerir uma saída. Ocorreu-lhe a ideia de usar os sessenta galões de água de vinte litros que eles tinham para se lavarem.

"Lacramos todas as bacias sanitárias, os chuveiros e o ralo com sacos de lixo de cinco litros e fita crepe, onde todos mijamos e cagamos. Aí, foi só fechar os sacos e levar pra fora. O Genu, que é doente, não parava de comer e o pessoal 'para de comer Genu, você vai ter que cagar uma hora'. Só que o Genu não conseguia. Foram dois dias segurando, foram dois dias tentando resolver o problema", lembrou Assad.

Para os encarcerados há mais tempo e que gozavam de mais vitalidade, abster-se de algumas necessidades fisiológicas era uma dura provação. Embora Newton não se lembrasse de pedidos para encontros íntimos mesmo com suas esposas, era evidente que a privação sexual mexia com o humor dos detentos. Embora pudesse ser mais do que natural que tentassem se aliviar de alguma forma, tentativas nesse sentido eram reprimidas pelos próprios colegas de cela.

– Já pegaram um preso se masturbando. Meu Deus do céu! Foi uma bagunça – relata Newton, ocultando com respeito o nome do "depravado".

"Poxa, seu Newton, o senhor tem que tomar uma providência, o cara está se masturbando embaixo da coberta", reclamaram com sincero pudor. Depois do constrangimento público pelo qual passou o desmoralizado punheteiro, e da descompostura que lhe passaram, um dos colegas se aproximou solidário e lhe ensinou técnicas para se masturbar com resguardo e sem sujar a cama. Nas prisões, o detento busca a privacidade possível para se masturbar. Ou se cobre com os lençóis na cama ou do mesmo lençol improvisa uma cortina no canto da cela, onde fica a latrina ou a privada. Ao contrário dos presos da Lava Jato, os detentos comuns respeitam esse momento. Se não se aliviam, sofrem de polução noturna, quando alguém ejacula involuntariamente durante o sono.

A depressão os abatia, fraquejava o espírito. Depois de frustradas as tentativas de obterem um *habeas corpus*, quem antes não tinha fé se apegou a ela para manter a esperança. As investidas jurídicas dos advogados eram paulatinamente substituídas pela magia de Deus. Adir Assad confessa que virou religioso na prisão, "assim como muitos". O lobista brinca que "40% saem da cadeia mais religiosos, outros 40% saem criminalistas, e os 20% restantes, do mesmo jeito que entraram".

"Na vez em que estive, em Bangu, conheci um terrorista. Construímos uma amizade meio louca, porque ele se apresentou como israelita e eu tenho descendência libanesa. No bate-papo, ele se considerou ateu. Até que perguntei: 'Quem é que vai sobreviver entre nós dois? Eu levo uma vantagem sobre você, porque eu acredito em alguma coisa, eu acredito em Deus. Podemos ser racionais, intelectuais, advogados, lógicos, mas se não tivermos uma força a mais, a gente sucumbe.' Ele, que se gabava de ter essa força, acabou se convertendo", disse, satisfeito pelo sucesso de sua evangelização primária.

Assad e muitos ali aprenderam a se agarrar a uma energia sobrenatural, piedosa de seus abusos, que pudesse salvá-los da irrefreável fatalidade. Logo, introduziu-se na carceragem da Polícia Federal outro hábito: os cultos religiosos que lhes apaziguavam o tormento. Aconteceu de Newton descer à carceragem às dezoito horas e flagrar os presos reunidos para acompanhar uma missa na televisão, como se aquele ato lhes fornecesse a redenção. Ranzinza mas coerente, Cerveró, que se dizia ateu, evitava essas tertúlias místicas de ocasião. Não participava dos rituais, para ele mera superstição. Mantinha-se quieto dentro da cela, resistindo às insistentes catequeses dos colegas.

Sexta-feira virou dia de missa. Se a religião foi muitas vezes instrumento político para chegar ao poder, foi também um bom refúgio nos momentos de desesperança. O ex-presidente da Câmara dos Deputados, Eduardo Cunha, quem o diga. Ele, eleito com votos de evangélicos, tornara-se um dos maiores entusiastas do culto católico antes de ser transferido para o Complexo Médico Penal. A caminho da cerimonia, ele, um fundamentalista, profundo conhecedor da Bíblia, obra que relia por horas na solidão da carceragem, foi abordado por Newton:

"Ué, vai assistir à missa, Cunha?", perguntou com certo espanto, uma vez que os evangélicos têm nos católicos e umbandistas adversários na fé e na fonte do dízimo.

"Newton, pede pra publicarem na imprensa: Cunha já admite crer em santo", provocou Assad, numa referência à doutrina evangélica, que abomina qualquer tipo de idolatria. "Bota lá também, Newton, que ele vai passar pra Igreja Universal", continuou.

"Tá errado, é Assembleia de Deus. A Universal é uma seita", corrigiu, sério, Cunha.

"Sim, é uma seita, *aceita* tudo, depósito no exterior, *aceita* imóvel, *aceita* cheque", não deixou por menos Assad.

Desavenças entre os presos eram poucas. Tratavam-se de maneira amistosa, mas não a ponto de se rebatizarem, como normalmente acontece entre os presos comuns – até porque, símbolos e nomes ganham outros sentidos na cadeia. O engenheiro Renato Duque, quando transferido para o Complexo Médico Penal, foi alertado pelo chefe da galeria onde fora colocado a não se apresentar aos colegas de cela por "Duque", como era conhecido na Petrobras desde 1978, ano em que foi contratado pela petroleira.

– O camarada lá tinha o respeito dos demais presos. Era um ex-policial, assaltante de banco... Chegou pra mim e sugeriu: 'Oh, eu te aconselho a se apresentar como Renato, porque Duque é conhecido aqui como quem cometeu crimes de pedofilia e abuso sexual. E os presos não perdoam – relata Newton.

Não precisou mais do que isso para aceitar a sugestão. No presídio, não há compaixão. Sua segurança física estaria em risco. Ficaria exposto a castigos, surras, humilhações e violência sexual.

Por outro lado, evitaram reviver a desagradável experiência de receber alcunhas (ainda há cerca de seiscentos codinomes de beneficiários de pagamentos ilegais sem explicação) que os ridicularizassem e os estigmatizassem para sempre, como aconteceu com a lista de propina da Odebrecht obtida pela Polícia Federal. Viagra, Barbie, Fodinha, Maçaranduba, Garanhão e Kibe foram alguns dos apelidos encontrados nas planilhas da empreiteira.[6] O ex-deputado federal Luiz Argôlo, o mais novo do grupo, foi caso raro.

Passou a ser chamado pelos presos de Bebezão, porque não parava de chorar.

O bom humor entre os presos funcionava como instrumento para despressurizar aquela câmara de mágoa e tristeza. Buscavam agir como se fossem sair em instantes ou como se já aceitassem o amargo destino. O ex-deputado federal do PT André Vargas – aquele que cerrou o punho em gesto de apoio aos presos do mensalão em provocação ao então presidente do Supremo Tribunal Federal, Joaquim Barbosa, em evento na Câmara dos Deputados – ria de si mesmo e de sua desprestigiada condição.

"Newton, agora sim. Posso dormir até tarde, até nove horas, tranquilo. Tomo meu café sem me preocupar em ser preso, né? Não tenho mais esse problema. Antes era aquela coisa de acordar todo dia às cinco da matina, olhar pela janela para ver se tinha algum carro preto, sempre esperando por você. Era aquela aflição", brincou numa manhã, espreguiçando-se, como em seus tempos de reinado, quando era a ponte entre seu amigo Alberto Youssef e os mandarins petistas. Vargas foi condenado a quatorze anos e quatro meses de reclusão por corrupção passiva e lavagem de dinheiro. Ele se viu envolvido na investigação da Lava Jato, por ter intermediado negócios de Youssef no Ministério da Saúde, e está preso desde abril de 2015.[7]

O chefe do Núcleo de Operações diz que atestou que, com a profusão de detenções e com a eficiência da força-tarefa, quem tinha culpa no cartório e estava fora do círculo de proteção do foro privilegiado sabia que era questão de tempo receber a indesejável visita dos policiais federais. Não teria havido um que não tivesse passado a viver a angustiante expectativa de ser preso nas primeiras horas da manhã.

– Assim como o Vargas, contavam que todo dia acordavam às cinco da madrugada, arrumavam-se, botavam a malinha do lado e espreitavam pela janela. Às seis e quinze vinha aquele alívio. "Ufa, não é hoje", e voltavam a dormir.

Os agentes penitenciários, em contato direto com a súcia, começaram a ter ideia aproximada das estúrdias da vida pregressa de uma gente com recursos financeiros ilimitados. Que seus costumes eram próprios, um mundo paralelo, quase ficcional. Era tudo fácil. Faziam o que queriam, quando e do jeito que queriam.

– Tem que ir para São Paulo? Para que tomar um voo comercial, se você tem seu próprio jatinho? Você se assusta, pensa: "Não é possível gastar assim tanta grana" – assusta-se Newton.

Mas era. Dinheiro nunca fora problema. Queimavam fortunas em restaurantes, roupas e viagens, com a naturalidade de quem escova os dentes. Para comprar uma obra de arte caríssima,[8] relógios de pulso que eram joias,[9] ou veículos exuberantes[10] adquiridos com "produto dos crimes investigados", bastava gostar. O hábito de consumo tanto dos aristocratas como dos novos-ricos da Petrobras era ofensivo e escapava à compreensão de Newton, que rodava Curitiba com seu popular Volkswagen Up!.

Chegavam aos ouvidos de Newton histórias das dionisíacas farras semanais, a maioria em São Paulo, onde não faltavam vinhos raros[11] e acompanhantes de luxo, muitas delas modelos de programa de televisão, que o dinheiro do contribuinte bancava.

A riqueza e o poder continuavam a ter ainda um forte componente atrativo e franqueavam passagem por salões frequentados por donatários corruptos que buscavam a mesma coisa. O ex-deputado baiano Luiz Argôlo, condenado a onze anos e onze meses de reclusão em regime fechado por corrupção passiva e lavagem de dinheiro, sabia usar esses atributos como poucos. Boa-pinta, já namorou uma cantora famosa de axé, de quem fez pouco caso aos presos.

"Pô, mas a tua namorada era a Claudia Leitte?", espantaram-se os colegas de cárcere, quando souberam.

"Sim, 'uma delas', mas era a mais feinha de todas", respondeu com ar *blasé*, para desconfiança dos demais.

Os presos da Lava Jato eram a personificação, em dimensões estratosféricas, da sociedade de consumo, que nada tinha a ver com suprir necessidades, mas como algo divertido, a realização de caprichos insaciáveis ou pura ostentação. A identidade dessas pessoas só se firmava com os objetos que possuíam e podiam exibir. Precisavam constantemente afirmar sua distinção social e sua inclusão em círculos restritos. Eram arrivistas desatinados.

– Eles falavam lá dentro entre si de cifras de cinquenta milhões de dólares como se estivessem falando em cinco mil reais. – Newton ainda se espanta, ao se lembrar de quando soube que Alberto Youssef pagara oito milhões de reais para seu advogado e da reação de todos os agentes penitenciários: "Oito milhões! Caralho!", repetiam como num mantra. – Mas aí, quando você tem ideia do montante que era movimentado entre eles, oito milhões não era nada.

Newton cita o empresário Mariano Marcondes Ferraz, solto depois de pagar três milhões de reais para obter a liberdade provisória,[12] mas que chega a ser simbólico perto do valor da fiança arbitrado por Sérgio Moro a Mônica Moura e o marido, o publicitário João Santana: 31 milhões de reais.[13]

– Pagaram satisfeitíssimos e saíram.

Marcondes Ferraz fora denunciado pelo Ministério Público Federal por corrupção ativa e lavagem de dinheiro em meio às investigações da Operação Lava Jato, acusado de pagar propina de quase novecentos mil dólares a Paulo Roberto Costa para que a empresa Decal do Brasil renovasse contrato com a Petrobras. Segundo Newton, esses valores foram inclusive motivo de bate-boca entre os presos.

– Pelo que eu soube, o Julio Camargo devolveu muito pouco à Justiça, perto do que recebeu nos negócios com a Petrobras, e foi solto. Essa foi uma das reclamações que eu ouvi lá embaixo na carceragem. O Youssef reclamou demais quando foi multado em cinquenta milhões de reais, montante superior à multa do Julio Camargo, que nem chegou a ser preso.[14]

Multado em quarenta milhões de reais,[15] soma das comissões admitidas em juízo, Julio Camargo, executivo ligado à Toyo Setal Empreendimentos, foi condenado a quatorze anos de prisão por corrupção e lavagem de dinheiro, pena que, em virtude da colaboração, foi comutada para cinco anos em regime aberto, sem necessidade de uso de tornozeleira. Nos quatro anos de operação, a Lava Jato fixou acordos que previram a recuperação de 11,5 bilhões de reais. Do total, 3,2 bilhões de reais correspondiam aos bens bloqueados dos réus.[16]

Era natural que transações subterrâneas gerassem desconfianças e cobranças. Soube-se de rusga entre os presos por causa de acertos oriundos do crime ainda não honrados. Tinha gente devendo. Num país onde o código de conduta é a vilania, esperar ética entre os corruptos seria um contrassenso.

Newton conta que da sala onde ficavam os agentes penitenciários ouviam-se discussões acaloradas. O operador do PMDB, Fernando Soares, foi acusado pelo ex-deputado Pedro Corrêa de tê-lo roubado. O lobista, mais conhecido como Fernando Baiano, tentava explicar que, com a prisão, o fluxo de dinheiro estancara, impedindo-o de cumprir sua parte no esquema de repasses. Mas os personagens do *thriller* da Lava Jato sabiam que, naquele mundo de dissimulações, havia de tudo, menos sinceridade. "Tem muito dinheiro guardado ainda. Ninguém aqui entregou tudo", pensava Newton. Para ele, era tudo conversa fiada, como o choramingo da família de Cerveró alegando dificuldades financeiras depois que o ex-diretor da Petrobras parou atrás das grades.[17]

O policial deduziu, quando ouvia as conversas intracelas, que nenhum dos presos devia ter aberto todo o jogo aos procuradores federais. Os condenados sabiam que poucas oportunidades os aguardavam no lado de fora. "Quem vai se dispor a contratar amanhã os serviços do João Santana para uma campanha eleitoral?", pergunta-se Newton. Não seria absurdo imaginar que ainda escondessem tesouros para custear seus extravagantes estilos de vida.

– É difícil de acreditar que tenham entregue tudo. Não acredito. Quando perguntei pro Cunha se ele já tinha pagado os advogados, ele respondeu: "Não, não paguei, porque o meu dinheiro está bloqueado no banco." Aí, o Adir não perdeu a oportunidade para tirar um sarro: "Qual banco? E o restante?" Entre os próprios presos, ninguém levava a sério esse papo.

Não havia acanhamento quando se tratava de grana. Os diálogos eram abertos, sem pejo, como se ainda estivessem na sala de casa. O lobista Fernando Baiano foi um dos queixosos:

"Estão falando que eu tenho e que eu desviei para uma *offshore* cinquenta milhões. Isso é mentira! Tudo mentira, foram só trinta milhões", melindrou-se, surpreendendo até os mais canastrões pela despropositada indignação e pela degradação moral a que todos estavam imersos. Todos na cela ficaram quietos.

– Se você analisar direito, por todo dinheiro irregular que eles movimentaram e pelo crime que cometeram, essas fianças foram muito baixas – arrisca-se a opinar Newton, com o assentimento solidário de Jonathan Watts, discreto em suas reações e delicado em suas intervenções. Quanto mais lhe chegavam informações dos hábitos pregressos dos presos, mais considerava generosa a remissão da penitência em regime fechado dos condenados de Moro.

O chefe do Núcleo de Operações, que ouvia a distância as perfídias, não tinha como saber qual era o nível de franqueza nas conversas. Mas com o que lhe chegava diuturnamente lhe parecia que a detenção e os anos encarcerados não estancaram as transações ilícitas. Ainda havia dinheiro ilegal fora do radar da Justiça e que bem provável seria resgatado em breve. Certa vez, ouviu que um deles estaria devendo cinquenta milhões de dólares ao Youssef e ao Pedro Corrêa: "Olha, quando sair daqui, nós vamos te cobrar, porque, né, a gente está precisando de um pouco de dinheiro." Dirigentes da plutocracia do país não se intimidavam mesmo atrás das grades. Afinal, a vida com luxo os aguardava para breve.

— Era tanta grana que eles perderam a noção. É a mesma coisa com todo mundo. Você vê, aí, a despesa da Dilma na Europa. Hospeda-se num hotel daquele, em Portugal – recrimina Newton.

A então presidente Dilma Rousseff, de volta de um compromisso oficial no Fórum Econômico Mundial, em Davos, na Suíça, em janeiro de 2014, decidiu fazer uma "paradinha" em Portugal, em agenda "sigilosa". A imprensa noticiou que a comitiva presidencial ocupara mais de quarenta quartos em dois dos mais caros hotéis de Lisboa.[18] No Ritz, ela se hospedou numa suíte cuja diária era de oito mil euros, cerca de 26 mil reais à época. Em um fim de semana, a "presidenta" teria deixado uma conta superior a setenta mil reais para o contribuinte. O presidente que a sucedeu, Michel Temer, copiou a antecessora. Em meio à crise fiscal do governo, não disfarçou o despudor e se hospedou no mesmo hotel em Lisboa, em agosto de 2017,[19] quando seguia para reunião dos Brics (países emergentes formados por Brasil, Rússia, Índia, China e África do Sul), na China.

A família de Eduardo Cunha foi pródiga em impertinências com o país.[20] Fornida com recursos públicos desviados por seu marido, Cláudia Cruz e a enteada Danielle Dytz da Cunha esbanjavam. Batiam perna nas mais caras lojas do mundo. Saíam como gafanhotos em frenesi alimentar para consumir todos os artigos de alto luxo que conseguissem, como se Paris e Nova York estivessem em promoção relâmpago. Não se sabe bem o que buscavam com as compras desmesuradas, mas não era elegância. Como observou a jornalista Renata Izaal no jornal O Globo, "certos milagres nem mesmo a Chanel realiza".[21]

— Nós vivemos fora da realidade deles, e eles vivem fora da realidade do Brasil – ensina Newton.

O carcereiro conta que a fatura mensal do cartão de crédito de um dos presos era de novecentos mil reais, um valor superior ao patrimônio que um policial federal conseguiria acumular com salário de servidor público.

— A filha do Léo Pinheiro... o cartão de crédito dela era de quatrocentos mil reais. Quatrocentos mil reais, cara. Imagine, só. A gente aqui não consegue nem de perto entender como alguém tem uma despesa mensal dessa. Gastavam com o quê? – revolta-se.

O agente entendeu que os calhordas da Lava Jato não eram habilidosos somente em saquear os cofres do povo, mas também em torrar a dinheirama. Consumia-se muito, porque o dinheiro não parava de entrar na conta dos corruptos. Não havia fim. Circulou na carceragem que Paulo Roberto continuava a receber polpuda comissão, mesmo depois de exonerado da diretoria de Abastecimento da Petrobras.

Em alguns momentos, no entanto, Newton flagrava comentários que traziam reflexão, um mea-culpa sutil de que se sentiam responsáveis pelo estado de coisas no Brasil. Naquela situação, privados de liberdade e sem a vida de privilégios aos quais estavam apegados, eram capazes de convencer Newton de que, no caso deles, o crime não havia compensado. Uma passagem exemplar aconteceu com Eduardo Leite, ex-vice-presidente da Camargo Corrêa, condenado a quinze anos e dez meses de prisão pelo crime de corrupção, mas um dos primeiros a sair da carceragem para cumprir pena em regime domiciliar. Num dia em que retornava do banho de sol, cruzou com o agente federal e comentou cabisbaixo, em tom sincero:

"Olha, Newton, para o bem de todos, temos que acabar com essa safra de empreiteiros, habituada há muito tempo a corromper. Essa coisa de tudo ter 5%, 10% não cabe mais. Se continuar assim, afundaremos o país. Se um dia isso terminar, todo mundo terá o direito a disputar uma licitação honestamente. Será bom pro Brasil", disse, envergonhado, mas com alívio em saber que deixaria logo a cadeia. Outro empreiteiro, companheiro de cela, ouviu a confissão e assentiu com a cabeça. Era preciso de gente nova e honesta no mercado. Já haviam ultrapassado o limite do bom senso.

Por esse tipo de conversa e pelo abatimento que testemunhou na custódia, Newton se convenceu de que se o ex-executivo da Camargo Corrêa pudesse prever onde acabaria teria agido diferente.

– Os meses de sofrimento, longe da família, têm o poder de virar a chave dentro delas, meu amigo. Tanto que muitas esposas me confessaram es-

pantadas: "Meu Deus do céu, estou recebendo um marido novo" – reforça.
– O pensamento muda, restaura o sentimento de família. Uma coisa é você estar por anos direto, saindo com mulheres e tal, tudo é muito bom e muito legal, mas na hora em que você está lá dentro, meu amigo, quem está lá é tua esposa, seja ela feia, gorda, magra, desdentada, mas é tua mulher quem está te dando força lá, assim como os teus filhos – apieda-se.

Em casa, porém, longe da comoção que os detentos provocavam, a dúvida alcançava Newton. Relembrava os casos de que tomava conhecimento na carceragem e custava a acreditar na indiferença dos presos da Lava Jato. Não via nenhuma contrição. Arrependimento, talvez, mas apenas pelo descuido; não por terem rapinado sem trégua os recursos da educação das crianças, da saúde dos idosos, do saneamento básico do povo brasileiro. Nas suas doentias cabeças, seus atos estariam longe de ser imorais. Para todos eles, o funcionamento do sistema era imutável. Alguém tinha que mantê-lo ativo para evitar que a sociedade e a própria democracia fossem esmagadas pelo desmoronamento de gigantes empresariais, erigidos sobre a iniquidade. Não haviam sido eles os conspiradores da nação. Apenas herdaram o papel que lhes fora destinado por antecessores e formuladores desde tempos imemoriais. Não lhes cabia o livre-arbítrio, a consciência, o direito de dizer não, de amotinar-se contra sua origem perversa. Ser justo era atributo de gente com mentalidade de classe média, de perdedores. Seguiam apenas a ordem natural da vida. A essência do homem era, afinal, egoísta e predatória.

Newton, recolhido em seu apartamento, com a mente silenciosa, perguntava-se se a prisão teria o dom de os regenerar moralmente. E se lhes aparecerem novas oportunidades, o vício ou a índole os levariam de volta ao crime? Difícil saber.

O ex-presidente da Andrade Gutierrez, Otávio Marques de Azevedo, em momento de rara franqueza, tomado, talvez, por uma necessidade de purgação, admitiu sem romantismo que não sentiu arrependimento pelos crimes que cometera, a despeito dos sete meses em que esteve no cárcere, passando frio e dividindo comida, período classificado por ele como os piores dias de sua vida. Apenas observou que nesse processo "você entra de um jeito e sai de outro, não melhor nem pior, mas diferente". Pedro Corrêa é outro que não sente remorso. Deputado federal eleito pelo Partido Progressista de Pernambuco, foi preso no caso do Mensalão e teve a situação agravada pelo envolvimento na Lava Jato. Sentenciado, em segunda instância, a 29 anos, cinco meses e dez dias de reclusão pelos crimes de corrupção passiva e lavagem de dinheiro, acabou sendo beneficiado com a progressão para o regime domiciliar, que cumpre em sua cobertura com vista para a praia de Boa Viagem, em Recife. "Eu me arrependo apenas do que não fiz", afirmou.[22] São amostras que revelam muito do caráter dos presos da Lava Jato, para os quais seria preciso uma boa dose de sobriedade e consciência para que a masmorra produzisse uma conversão genuína.

Para o professor de Anticorrupção e Criminologia da University of West London, Graham Brooks,[23] o caso de Azevedo reforça sua crença de que falta ao corrupto o remorso – traço marcante entre os psicopatas, não por acaso, pessoas que o mercado costuma empregar em postos de chefia[24] por conta de sua impulsividade, por não assumirem a responsabilidade pelos seus atos, por sua alta capacidade de manipulação e sobretudo por não delimitar barreiras éticas.[25]

Há quem discorde de Newton. Um tempo longo na cadeia engendra mudanças, em geral para pior. No sistema penitenciário brasileiro, não há ressocialização. Os bandidos saem do presídio mais perigosos do que entraram. Como detentos provisórios compartilham cela com bandidos sentenciados, independentemente da natureza do delito, o estelionatário vira traficante; o contrabandista, sequestrador; e o ladrão, assassino.[26] A tomar como verdade esses exemplos, o período na carceragem em Curitiba talvez tenha servido para que os infames aproveitassem a convivência imposta entre eles menos para reflexões e mais para trocar experiência, rever estratégias e inovar a arte do enriquecimento ilícito sem deixar rastros.

JOSÉ DIRCEU

Em seus mais de três anos na administração da carceragem da PF, em Curitiba, Newton aprendeu a distinguir os aprisionados entre aqueles que abandonaram de vez a dissimulação e os que ainda se agarravam a algum desvario que justificasse seus atos imorais. No primeiro grupo, encontrava-se a quase totalidade dos detentos, entre os quais Antonio Palocci. Newton via no "Italiano", como fora apelidado na lista das propinas das empreiteiras, total despudor em delatar antigos companheiros de partido. Encurralado, se predispôs a entregar todos, a imolar até o antigo chefe, guia e mentor, o ex-presidente Lula. O ato de dedurar os proeminentes do PT, desfez a lenda de que a força dos laços nas odes petistas era ideológica. Suas alianças se sustentavam sobre maracutaias que lhe trouxessem riqueza e poder. Assim também, seus desvios éticos como representantes do povo estavam desalinhados com o discurso social e republicano que procuravam difundir.

Newton viu que Palocci, assim como Léo Pinheiro, estava exausto de representar um personagem sem perspectiva de soltura. Com sua biografia na lama, não lhe restava nada mais do que a esperança de terminar seus dias fora da cadeia e recomeçar. Para isso, leiloaria a consciência. Sua estrutura moral e emocional mostrou-se menos sólida que a de seu agora desafeto José Dirceu.

Já em campos contrários, o ex-guerrilheiro conservou aparente decoro com os antigos companheiros, ainda que em algum ponto de sua jornada como militante de esquerda suas convicções tenham se perdido. O ativismo político de Dirceu se profanou no pragmatismo e nas irresistíveis tentações que a propina é capaz de proporcionar em quantidade e diversidade surpreendentes.

Mas, apesar de ele mesmo ter tido um preço, Dirceu continuava até aquele momento inamovível de sua fidelidade ao partido e seu líder máximo. Newton conta que ele deu mostras de que realmente preferiria terminar seus dias na cadeia a entregar seus companheiros. Fosse em Curitiba, fosse em Brasília, os agentes penitenciários testemunharam o brio do ex-ministro da Casa Civil, que chegou a colocar sua saúde em risco em nome de alguns escrúpulos.

Ele, que sofre de hipertensão arterial,[27] negou-se a ser medicado quando esteve detido na Superintendência da Polícia Federal, em Brasília, por medo de ser dopado, de perder a consciência e de o forçarem a contar coisas que não queria. Mesmo sob orientação expressa de seu médico particular, recusou-se a ingerir o remédio que vinha numa bandeja, destacado da caixa. O estado dele na ocasião exigia cuidados. Fazia seis dias que não tomava o medicamento controlado. Dirceu foi dissuadido quando o corpo de agentes responsável por ele no plantão explicou as implicações administrativas contra os policiais caso ele adoecesse ou mesmo falecesse.

"José, você conhece muito bem como funciona aqui na PF. Se algo lhe acontece, não será o chefe que será punido, seremos nós, que estávamos no plantão, responsáveis por sua alimentação, pela sua custódia", argumentou um deles. Dirceu, por fim, deixou de lado a teimosia. Voltou a se medicar com a condição de que trouxessem a cápsula dentro da caixa lacrada.

"Eu que vou destacar o comprimido", impôs.

No meio petista, circula a história de que ele não colabora com a Justiça, porque alimenta a convicção de que, assim como Ramón Mercader, o assassino de Trotsky,[28] "entrará para a história como um revolucionário profissional que esteve no cumprimento de uma missão". A curadoria de sua biografia com a qual tem se ocupado, após ser solto pela Segunda Turma do STF[29] – conhecida como Jardim do Éden, pela generosidade com que concede *habeas corpus*[30] –, deu sentido a esse rumor. Em um dos vídeos veiculados nas redes sociais, o ex-guerrilheiro conferiu relevo à sua vida clandestina, à época em que lutou contra a ditadura.[31] Contou detalhes sobre a cirurgia plástica que mudou completamente seu rosto. O vídeo tentou transmitir a mensagem de um patriota inconformado em ver o país nas mãos dos militares, do herói que colocou em risco sua vida para libertar o Brasil da tirania.

Era como se Dirceu buscasse as virtudes de seu passado para redimi-lo das transgressões presentes. A narrativa ignorou, entretanto, a vida de luxo bancada pelo suborno do Petrolão. Dirceu reformou sua deslumbrante casa de campo em Vinhedo a um custo de quase dois milhões de reais.[32] Ainda que pesassem todos os crimes que cometera, Newton atribuía certa força de caráter a José Dirceu ao optar pelo silêncio. O petista deixou isso claro, pouco antes de ser transferido para o Complexo Médico Penal, quando se inclinou para agente e disse:

"Newton, vem cá. Estou ciente da minha situação. Delação nem perto passa pela minha cabeça. Morrer na cadeia é para mim algo natural."

"É um soldado", pensou Newton. Como ele, apenas o ex-tesoureiro do PT, João Vaccari, outro que pegou quinze anos de prisão por crime de corrupção.

O chefe do Núcleo de Operações considera Dirceu um preso-padrão. A prisão não é ambiente estranho para ele. Em 1968, aos 22 anos, fora tirado de um congresso da União Nacional dos Estudantes (UNE) por soldados da Força Pública e policiais do Dops e jogado na cadeia. Condenado por corrupção ativa no julgamento do mensalão, passou dezesseis meses na Papuda, complexo penitenciário em Brasília.

– Era um detento exemplar. Quando entrávamos, ele podia estar almoçando que parava e se levantava com solenidade, em sinal de respeito. Nós nos cumprimentávamos. Eu falava: "Não, fique à vontade. Pode continuar." Quando lhe perguntava como estava a comida, sempre era cordato e elogiava a refeição. O comportamento do Zé Dirceu é o procedimento padrão na cadeia para o preso comum e para os presos da Lava Jato. Disciplina exerce controle. Os presos mal podem olhar diretamente para a autoridade policial. Devem ficar cabisbaixos para evitar que o criminoso encare o agente penitenciário, dê um sorriso sarcástico, criar situações que possam gerar conflitos de ordem pessoal. Se você libera, vira uma bagunça – esclarece.

Dirceu era para Newton o preso que todo carcereiro gostaria de ter. Além de não causar transtorno, ajudava a manter a ordem interna. Quando alguém fazia questionamentos, logo intervinha para explicar que a conduta era aquela mesma e que tinha de ser obedecida. Preferia a leitura a distrações a ponto de no Complexo Médico Penal ficar responsável pela biblioteca. Coube a ele o controle de saída e devolução dos livros e a catalogação das doações. A inteligência do ex-guerrilheiro produzia admiração em Newton, que via uma resignação inquebrantável na alma do prisioneiro e um apego à realidade.

"Poxa, Zé Dirceu, era pra você ter sido nosso presidente! E te vejo aqui?", perguntou para o outrora mandarim da República, logo que chegou à superintendência.

"Você se engana, Newton. Eu nunca fui o escolhido de Lula", respondeu, para surpresa do agente.

"Quero dizer que caso não tivesse havido o mensalão, seria você, não a Dilma, o sucessor do Lula."

"Você não entendeu. A mesa estava posta pro Palocci, homem mais político do que eu, de temperamento mais esquentado. Sempre foi ele o escolhido e estava sendo preparado para isso. Lula me falou um dia que eu era uma liderança que resolvia tudo por ter acesso a todos, mas ao mesmo tempo percebia que eu era intolerante, pavio curto. O Palocci era o preferido do Lula. Mas tanto eu como ele fomos atropelados pelos acontecimentos", revelou, sem mágoa.

Newton pensou em fazer mais uma pergunta: se ele considerava um erro Lula ter indicado Dilma como sucessora. Mas preferiu não. Achou que não responderia. Era muito leal ao partido, mesmo tendo para si que o PT não tinha mais solução. Seu destino era a desintegração.

"Ah, o PT acabou, Newton", vaticinou, não antes de advertir: "Vocês acham que o PT arrasou o país? Agora é que vocês vão ver, com o PMDB no poder." Dirceu deu por encerrada a rápida conversa. Virou as costas e caminhou devagar para o canto da cela.

NESTOR CERVERÓ

Se para Newton, Dirceu era um preso-modelo, Nestor Cerveró era o problemático que tirava o humor dos federais. O ex-diretor internacional da Petrobras destratava os agentes penitenciários mesmo quando demonstravam preocupação com seu bem-estar. Quando Cerveró feriu as costas na cama de concreto num tropeção, um federal lhe perguntou com polidez se ele havia se machucado, se precisava de algo, ao que o ex-diretor da Petrobras respondeu com um sonoro palavrão: "Porra! Claro que machuquei, caralho!" O caso chegou aos ouvidos de Newton, que desceu acelerado até a carceragem, tirou seus inseparáveis óculos de sol para ser mais convincente e deu um pito sem igual em Cerveró.

"Isso não são modos, muito menos com uma autoridade policial. Você não está na Petrobras pra tratar as pessoas assim", repreendeu.

"Mas eu não falei nada disso", desconversou Cerveró, intimidado.

"Não, o senhor falou, sim."

"Não, não falei."

"Meu agente está dizendo que você foi desrespeitoso e eu acredito nele. O senhor é um preso", ralhou firme, e aplicou uma correção que se estendeu a todos da Ala A. Os presos ficaram sem banho de sol por três dias. Como o corretivo foi coletivo, à noite ouvia-se os detentos xingarem o ranheta Cerveró.

– Pode parecer pouco ficar na cela por três dias sem banho de sol, mas é uma punição que agrava a condição psicológica dos detentos. Ficar sem banho no chuveiro é um sofrimento ainda pior. É o que eu falo pra eles, a qualidade do tratamento é conforme a conduta de todos. Se se comportarem, serão bem tratados, e vice-versa – explica Newton, professoral.

Para Cerveró, os conselhos e os castigos de pouco valiam. Continuava com seu jeito irascível, para a contrariedade dos colegas de cela. Era daqueles que se recusava a participar da limpeza. Nem mesmo diante do juiz Sérgio Moro se portou com acatamento. Newton, que o escoltou para a primeira audiência, lembra-se da rispidez de Cerveró com o magistrado. Quando o juiz o inquiriu se tinha algum imóvel, o preso respondeu: "Como me pergunta uma coisa dessas, se o senhor já apreendeu tudo?"

"Parabéns, você foi muito bem", ironizou Newton, à saída da audiência, com um tapinha no ombro de Cerveró, que estava, como devem ficar os presos, de costas para os policiais, com o rosto para a parede do elevador.

O ex-diretor da Petrobras acreditou de verdade que o federal falava a sério. Os agentes penitenciários contaram, depois, que quando retornou para a cela os colegas vieram correndo para saber como ele havia se saído.

"Eu fui bem, o sr. Newton disse que eu fui muito bem", orgulhou-se.

O chefe do NO reconhecia em seu inamistoso inquilino um coeficiente de inteligência bem acima da média dos camaradas de cárcere, mas percebia também que ele acalentava uma boa dose de ingenuidade quando se tratava de ter esperança. Depois de acastelado em sua ilusão, voltou ao seu tradicional mau humor.

Ele não tirava do sério apenas Newton, mas também os colegas de cela. Numa madrugada qualquer, com forte vontade de urinar, levantou-se ainda meio tonto, com a vista embaralhada, e errou o alvo. Em vez do vaso sanitário, o jato quente de xixi molhou os pés de João Vaccari. Em outra ocasião, lavou sem-cerimônia a bunda na pia depois de defecar. O protesto foi geral.

Cerveró era assim, um sujeito irrecuperável. Do dia em que chegou à carceragem ao dia em que foi solto, sua personalidade antissocial, de distribuir patada em quem estivesse na frente, não mudou. "Uma vez ogro, sempre ogro", pensou Newton, no dia em que ele deixou a prisão para o regime de reclusão domiciliar.

EDUARDO CUNHA
Um personagem da carceragem improvavelmente tomado por Newton como sumidade, devido a seu vasto conhecimento, é o ex-presidente da Câmara dos Deputados, Eduardo Cunha.

– O cara é inteligente demais. Advogado, né? Praticamente tem resposta pra tudo o que você pergunta: sobre leis, a parte política, religiosa... – Newton balança a cabeça, reforçando sua convicção. – Mas, uma coisa. Do mesmo jeito que é inteligente, é muito mentiroso, né? Eu não sei, eu penso que ele está se achando ainda, que está com muita força – opina.

Newton especula que Cunha blefa com a mesma facilidade com que respira e usa a tática para ludibriar desatentos e confundir espíritos mais intimidáveis. Sempre intervinha como se ainda estivesse operando milagres ou como se seu prestígio prévio ainda estivesse dentro da validade. Foi assim quando a Polícia Federal teve dificuldade em encontrar vaga para ele nos presídios do Paraná. Havia superlotação no sistema penitenciário. "Não, fiquem tranquilos, eu vou entrar em contanto com fulano de tal e resolver isso", teria se gabado Cunha para o chefe do Núcleo de Operações. Em outra ocasião, Newton, agoniado com o possível corte de agentes penitenciários no seu setor, contingenciamento que lhe traria incontornáveis problemas na carceragem, escutou de um Cunha entediado: "Estou sabendo."

– Uma coisa é o Cunha pedir aos advogados que intervenham para resolver algo, outra é ele conseguir. Eles não vão fazer nada, lógico. Cunha não tem mais toda essa entrada no governo. Quando o cara tá preso, não adianta, os comparsas ficam com medo de se queimar e se distanciam. Se alguém entra em contato da cadeia, pensam: "Puta merda! Vão me descobrir." E deixam o outro "largadão" lá. O negócio é feio. O ser humano é muito interesseiro – ensina Newton.

Novato na carceragem, Cunha agia no começo como os demais, como se aqueles eventos não passassem de uma anomalia no espaço-tempo a ser reparada em breve. Newton lembra que, quando ele chegou, sua aposta era de que sairia em três dias.

"Não, no final de semana, eu saio daqui", disse confiante a Antonio Palocci, tão logo que foi preso.

"Putz, melhor você se preparar para o Natal, aqui", Palocci, mais sóbrio, tentou precavê-lo.

"Ah é? Espere só", insistiu.

Passados os três dias, refazia sua profecia.

"Em quinze dias eu saio."

"Cunha, se prepare para três anos", encerrou Palocci, entre risos.

No curto período em que esteve na carceragem de Curitiba, Eduardo Cunha, assim como os outros, segredou a Newton parte de suas fraquezas e angústias. Falou de suas impressões sobre a prisão, os detentos, a Lava Jato, pois via no carcereiro um levita, que mantinha para si suas confissões como um sacerdócio de ofício. E Newton não frustrava a confiança depositada, caso contrário, perderia o crédito para todos. Além do mais, se revelasse o que ouviu na fidúcia, poderia criar intrigas. Pior, a informação de que ele estaria repassando fofocas intracelas poderia ser tomada oportunisticamente pela defesa como motivo de ameaça às garantias legais dos presos, podendo entrar com pedido de liberdade provisória de seus clientes, colocando Newton no epicentro do conflito, transformando-o no pretexto da insegurança. E tudo que o agente queria naquela fase de sua vida era ficar bem longe dos holofotes e das suspeitas. Já sofria com o boato do vazamento da delação de Cerveró; não queria perder a confiança da chefia, os delegados Rosalvo Franco e Igor Romário. Sabotagens na carceragem poderiam causar problemas até para a força-tarefa e para a Lava Jato. Advogados são cães farejadores de vestígios que fundamentem nulidades processuais para derrubar investigações.

E, assim, continuava a ser um bom ouvido até para Cunha, que reclamava sem parar, como no dia em que ficou sabendo que seria transferido para o Complexo Médico Penal por se recusar a colaborar com a força-tarefa.

"Pô, mas por que eu vou? Querem me forçar a fazer a delação?", questionou Cunha. "Agora, só eu? E o Palocci... ele não vai fazer e está aí."

Cunha desconfiava de que a Polícia Federal se movimentava para induzi-lo a assinar uma colaboração com a Justiça.

– Cunha não faz delação. A não ser que caia pra ele a ficha de que todo mundo o largou, sabe? Se ele abrir a boca será uma desgraceira, ele sabe mais que o Odebrecht, né? O Dirceu se abre a boca arrebenta com o PT. Agora, o Cunha, ah, o Cunha... se abrir, arrebenta é com tudo, né? – presume Newton. – Só que o Cunha está naquela fase ainda de "O que eu fiz de errado?" – completa e ri.

PEDRO CORRÊA

Outro que conquistou a admiração de Newton foi Pedro Corrêa, médico radiologista e político brasileiro. Não foi para menos. Nos primeiros dias de cárcere em Curitiba, o ex-deputado demonstrou que pouco falava, mas depois de um certo tempo se soltou para não parar mais. Se tinha alguém que também protagonizava momentos de descontração na carceragem era ele, como da vez em que a bela atriz Bruna Marquezine quase lhe provocou danos irreversíveis na coluna. Na cela do Alberto Youssef havia uma televisão, uma licença concedida por Sérgio Moro ao doleiro. O aparelho foi colocado numa posição estratégica para que todos da Ala A pudessem ver. Numa noite de dezembro de 2016, assistiam à minissérie da TV Globo *Nada será como antes*, quando de repente a namorada do craque Neymar surge na tela seminua, numa sequência de cenas quentes.

– Ele estava deitado com fortes dores lombares, quando o pessoal comentou: "Puxa, os seios da Marquezine!" O Pedro Corrêa deu um pulo da cama, esqueceu que estava com problema na coluna, saiu tropeçando... Se não fossem os colegas, que o seguraram, teria se estatelado no chão – reconta, entre risos.

O amplo conhecimento que acumulara e a leveza em tratar com as pessoas deram a Pedro Corrêa a habilidade de conduzir as negociatas. Estava sempre no front da corrupção, mesmo encontrando-se numa agremiação até então de porte mediano, como o PP. Herdeiro de José Janene no partido, conseguiu fazer um estrago de tal monta no tecido público com suas transações subterrâneas que o Ministério Público Federal entrou com ação de improbidade administrativa, ressarcimento e multas contra o PP na ordem de 2,3 bilhões de reais.[33] Na mesma ação, o MPF pediu penas e compensação individuais a políticos ligados ao partido superiores a 38 milhões de reais.

Esse talento de Pedro Corrêa, fosse para o bem ou para o mal, ficava logo evidente para as pessoas que o conheciam. Mas o ex-deputado fazia troça da fama. Num banho de sol, quando Newton – já celebridade como Japonês da Federal – circulava entre os presos, foi abordado por um deles que arriscou:

"Pô, seu Newton, o senhor não vai sair candidato a deputado?"

"Não."

"Porque, se o senhor for, bem que poderia tomar umas aulas com o Pedro Corrêa, aqui, um político experiente. Ele pode te ajudar."

O ex-líder do PP, com seu habitual jeito burlesco, olhando por cima de seus óculos estreitos, virou-se para Newton e disse com uma seriedade disfarçada:

"Se eu te der aula, daqui um tempo é você quem estará aqui", e percorreu o olhar pelo árido pátio da superintendência, como que indicando a Newton o que o aguardava caso seguisse o caminho da política tradicional. Depois, deixou de lado a gravidade da frase e soltou uma gargalhada.

Pedro Corrêa era, no ambiente prisional, uma fonte de humor. Fazia dos outros o "Cristo do Dia", mas também aprendera a rir de si mesmo, quando da vez em que espalharam que ele tinha uma prótese peniana. Quando lhe indagavam, curiosos, ele confirmava, para em seguida perguntar ao abelhudo se queria conferir o boato. Ninguém se atreveu.

Era muito querido entre os pares. Nas vezes em que sua respiração noturna variava de longas apneias para estertores agonizantes, o pesar tomava conta dos companheiros. Com ele ali na Ala A, era mais fácil suportar os dias de privação. Para Newton também, que via no político pernambucano um baú de novidades e de entretenimento.

– O Pedro é uma enciclopédia. Foi político não sei quantos anos, entende de tudo. É uma pessoa bem-humorada, Nossa Senhora! Conversar com o cara é rir o tempo todo – empolga-se Newton, como se estivesse se referindo a um velho amigo de infância.

RENATO DUQUE

A reclamação feita a Newton por Léo Pinheiro, de que o juiz Sérgio Moro teria, na dosimetria da pena, sido muito duro, era recorrente entre os apenados. O agente ouvia esse tipo de queixa com frequência de Renato Duque. Contundente, vitimava-se com o rigor do magistrado. Não porque se considerasse inocente. Carregava o sentimento de que o juiz usava dois pesos e duas medidas em suas sentenças: condescendente com uns e severo com outros em delitos de igual gravidade. O ex-diretor de serviços da Petrobras não se recompôs dessa iniquidade e andava sempre mergulhado em lamentos.

"A pena foi muito dura, de dez, vinte anos, que, unificadas, serão maiores que os dezenove anos de um criminoso que tirou a vida de alguém. Tem alguma coisa errada aí", resmungou.

O chefe do Núcleo de Operações podia até pensar que Duque tinha alguma razão ao desaprovar a Justiça na aplicação das sentenças, mas para ele a comparação escolhida pelo ex-diretor da Petrobras tinha um quê de descabimento. Mais desproporcional do que supostamente os julgamentos de Moro é a igualdade das penas previstas no Código Penal para crimes de gravidades discrepantes. Na ótica dos operadores da Justiça, o tempo de prisão pelo furto de quatro pacotes de fralda é equivalente ao de um delator da Lava Jato que praticou fraudes financeiras na ordem dos milhões de reais.[34]

De qualquer forma, para Duque, a mão de seu verdugo teria sobrepesado nos ombros de quem se autointitula "apenas uma pequena peça numa engrenagem muito maior". Duque foi condenado a 62 anos e onze meses de prisão por corrupção passiva, dos quais cinco anos em regime fechado.[35] Lúcido, sem as distrações do dinheiro fácil, percebeu na cadeia que, se alguma coisa deu errado, era porque se encontrava na ponta mais débil da corrente da quadrilha.

"Se o esquema de corrupção fosse uma peça de teatro, eu seria apenas um ator coadjuvante. Não seria nem o diretor, nem o protagonista", metaforizou, na busca do atenuante de que fora colocado num ambiente previamente arranjado. "Eu, como funcionário da Petrobras, apenas cumpria as normas da empresa, *by the book*."

Regras que não constavam no estatuto da petroleira, porém, eram mais consagradas que os valores éticos e de transparência de fachada da estatal.

"No começo, só eu não pegava propina. Como todo mundo recebia comissão, acabei me envolvendo. Alguém chegou pra mim e me perguntou: 'Pô, se todo mundo faz, você não vai fazer?'", justificou-se.

Para não ser segregado na empresa, Duque buscou no meio corporativo sinais sobre como se comportar e ser aceito pelo corpo de diretores e respectivos padrinhos políticos. Não demorou para ser afetado pelo "efeito manada".[36] Era mais seguro fazer parte da multidão. Cercado de todo tipo de trapaceiro, o caráter submisso do ex-diretor da Petrobras se ajustou facilmente à conformidade daquele ambiente tóxico, mas sedutor. Entregou sem muita resistência o domínio de sua vida ao grupo predominante na petroleira que o atraía com argumentos convincentes e tentadores. Aos poucos, foi sendo enredado pelos demais, que o submeteram a situações de pequena gravidade. Depois de exposto a vários eventos que não podia questionar nem fazer cessar, foi convidado a praticar atos mais comprometedores, até se ver enredado a uma rede de mentiras e mutretas. Estava mais do que enturmado. Duque agora era cúmplice.

Até ser preso, negociar seus princípios, que tinham se provado pouco austeros, foi um grande negócio. Além de enriquecer com a sensação de que se safaria da Justiça, também sujar suas mãos tranquilizou a gangue empoderada na Petrobras, incomodada com a postura inicialmente asséptica de Duque.

Ao chefe da carceragem e a todos os ouvidos interessados, tentava convencer de que era parte da catequização dos novos diretores apresentar um novo olhar, mais brando e menos autopunitivo, dos atos ilegais que cometeriam. Assim como ele, os executivos foram doutrinados para se verem como executivos de uma grande corporação com espírito privado, apesar de ser de capital misto, nunca como um funcionário público em cargo de chefia.

"Por isso, essa coisa de aceitar propina era tida como normal. Era como se fôssemos representantes de empresas, ou como se fôssemos intermediários como os arquitetos, que em vez de orçarem com vários fornecedores compram produtos de uma loja específica para ganharem sua bonificação."

Atrás das grades, o discurso foi de que suas convicções mudaram.

"Foi uma idiotice. Não precisava. Como diretor de uma empresa como a Petrobras, eu ganhava o suficiente, algo como dois milhões de reais por ano", expõe-se, emburrecido pela ganância. "O dinheiro que recebi, praticamente não usei. Para mim, era mais uma espécie de poupança para o futuro", confessa, como se os vinte milhões de euros que disse ter recebido como propina fossem imprescindíveis para uma velhice segura e tranquila.[37]

Especialistas estimam que cinco milhões de dólares é o valor que alguém precisa ter nos Estados Unidos, por exemplo, para passar o resto da vida sem se preocupar novamente com dinheiro.[38] Mas Duque tinha amealhado o equivalente a oito prêmios da Mega-Sena acumulados – sabe-se lá que padrão de aposentadoria planejava gozar com os recursos públicos. Era tanto dinheiro que sobrava para todos, a ponto de ninguém conferir a exatidão da propina, cenário irresistível para um passar a perna no outro.

"Nesse universo de corrupção institucionalizada, é todo mundo enganando todo mundo. É sócio roubando sócio, empresa roubando concorrente. Pega propina e não paga, ou paga menos. São executivos de empreiteiras que embolsam tudo. É assim há anos e sempre será. É assim que funciona. É algo cultural, né?", conforma-se, jogando também parcela da culpa no atavismo do brasileiro em querer levar vantagem em tudo.

Nessa orgia de pagamento de propina e de ladrão roubando ladrão, com alguns corruptos presos e outros soltos, parcerias e amizades de longa data eram desfeitas de maneira irreconciliável. Seu maior desafeto, produto da Lava Jato, é o operador de propinas Milton Pascowitch.

"Ele pagou multas à Justiça com o dinheiro que ele roubou de mim e do Zé Dirceu. Entregou nós dois para a polícia e usou dinheiro dos dois pra se livrar da prisão", choramingou.

Pascowitch – condenado pelos crimes de corrupção passiva, lavagem de dinheiro e organização criminosa, no mesmo processo do ex-ministro José Dirceu – não ficou nem dois meses na carceragem.[39] Duque acusou Pascowitch de ter embolsado em torno de quarenta milhões de ambos, quantia que ele garante ser limpa.

"Esse dinheiro era meu, não tirei de ninguém. Era o *spread* que as empresas tiraram do seu próprio lucro pra poder nos pagar. O que recebemos do Julio Camargo é um bom exemplo."

Duque se referia aos vinte milhões de reais que recebeu do lobista da Toyo Setal, Julio Camargo. O que para ele era pagamento por serviços prestados, para Moro, a Polícia Federal e o Ministério Público Federal era propina. Assim são as interpretações de Duque de episódios que o envolvem: tendem a absolvê-lo de qualquer dolo intencional.

"A imprensa, que nunca buscou a verdade, e sim o sensacionalismo, divulgou que no carnaval encontraram na minha casa uma sala com quadros milionários de Miró. É mentira. Na verdade, tinha apenas uma gravura, que não custa mais do que trinta mil reais", atenua, negando a propriedade das 131 obras de arte apreendidas pela Polícia Federal.[40]

Newton percebia que Duque, quando dava sua versão, se esforçava em passar a impressão de que os bens que acumulara na condição de membro da máfia da Petrobras eram irrelevantes e banais. Que suas coleções não passavam de manias, hábito de pequeno-burguês que qualquer um, em alto cargo como executivo de grande empresa, poderia adquirir.

"O máximo que eles levaram pra averiguação na busca de bens foram dezesseis canetas de uma coleção de Mont Blanc, que não valiam nem cinquenta mil reais", disse, despretensioso.

Duque alimenta a ideia de que seus atos desonestos teriam sido apenas uma inconveniência que poderia ter acontecido com qualquer um, não um delito grave. A Newton, pregava que seu desvio de conduta era perdoável, que a insuportável reclusão deveria ter sido comutada por Moro. E se apega a qualquer discurso que reforce esse juízo, nem que venha de um carcereiro, sentinela de seu castigo como um apavorante Caronte.

"Quando cheguei ao Complexo Médico Penal, um agente me disse: 'Olha, vocês cometeram crimes, é verdade, mas não são bandidos, não, daqueles que vão te matar quando sair daqui'", repetiu, elevando a opinião à condição de prece misericordiosa.

A despropositada comparação lhe deu certo alívio. Saber que não era tido como um bandido, como um indivíduo mal-intencionado, o reconfortou. Era acolhedor não ser visto como o monstro incorrigível que por vezes chegou a acreditar que fosse. Newton era suscetível a essas reflexões autopunitivas e era compassivo a esse sofrimento.

Não por acaso, Duque via no agente um porto seguro, que lhe trazia conforto psicológico. Quando chegou a cogitar o suicídio, foi Newton que procurou acalmá-lo, relatando seu próprio drama pessoal para assim demovê-lo da estúpida ideia. Como a uma criança, o chefe da carceragem recomendou que refletisse melhor, pensasse na família, na dor insuperável que causaria caso levasse a cabo o plano. A conversa tranquilizou o espírito do desacoroçoado detento.

ADIR ASSAD
Quando o intuito era entreter, nem Newton nem Pedro Corrêa superavam Adir Assad. O empresário de grandes eventos foi acusado de usar contratos fictícios firmados com empresas de fachada para gerar dinheiro vivo para as empreiteiras pagarem propina a políticos. Na carceragem da Polícia Federal, em Curitiba, o lobista era o palhaço da turma.

"Desconsidere 90% do que esse cara falar. Ele não vale nada", advertiu logo de cara Marcelo Odebrecht, com seu jeito meio tímido, olhar no chão e um sorriso discreto de canto de boca.

– Esse Adir… eu falo que é o último que quero que saia de lá, porque ele é legal pra caramba, Nossa Senhora! Gente boa! – entusiasma-se Newton.

Não é difícil entender por que o empresário paulista era tão querido, e até necessário, naquele lugar bruto. Dois minutos com ele bastavam para perceber que o senso de humor corria nas suas veias. Era capaz de fazer os colegas rirem, mesmo naquela morada de grande sofrimento e de condenação. Certa vez, depois de ver no noticiário da TV um político se defendendo das acusações de corrupção, pegou de surpresa todos da Ala A da carceragem ao disparar de chofre: "Tem algum inocente aqui?", fazendo com que todos caíssem na gargalhada.

E rir era o melhor remédio. Todos experimentavam certo alívio no estresse. O corpo era melhor oxigenado. Os músculos relaxavam e esqueciam por pouco tempo as amarguras. Até Sérgio Cabral, ex-governador do Rio de Janeiro, gostou de dividir cela com ele.

"O Cabral esteve preso comigo, em Bangu. Ele disse que existem duas maneiras de 'tirar cadeia': uma com, outra sem o Assad", contou com nítido orgulho, aplicando a gíria dos estabelecimentos prisionais, já incorporada a seu vocabulário.

Adir, com a concordância de Newton, se considerava o suporte psicológico dos presos da Lava Jato.

"Sou sim uma pessoa bem-humorada, que faz os outros rirem, mas risada não é sinal de felicidade para mim. É só a melhor maneira de lidar com a incerteza na prisão. Quando não se tem prazo pra sair, é muito difícil. Se você sabe o dia em que será solto, é mais fácil. É só se fixar naquela data e levar a vida. Sem essa perspectiva, é horrível", revelou, preocupado. Assad ainda barganhava sua delação premiada, que foi, por fim, assinada meses depois, em agosto de 2017.[41] A Procuradoria-Geral da República impôs a ele uma pena de três anos em regime fechado.

Quando não divertia Newton e os colegas, o lobista gostava de viajar no tempo e se lembrar da infância, época em que pensava em ser um dia um super-herói. Ter capacidades para executar ações excepcionais, com coragem e bravura, com o intuito de solucionar situações críticas, sempre o fascinou. Mas o agente sentia que faltava à ideia de heroísmo de Adir uma base de princípios morais e éticos, motivada por um desejo de justiça:

– Gostava mais do Batman, porque o Batman, mesmo quando caía a casa, mantinha a mesma *vibe*. Era um personagem seguro, alguém que sabe que vai conseguir no final virar o jogo. Que age na hora certa, que age quando precisa, que mostra a que veio.

A maioria dos presos da Lava Jato era, para ele, uma espécie de Batman, uns "matadores", palavra que gosta de repetir para definir pessoas que conseguiam se livrar de apuros e ser determinantes em momentos de aparente impasse.

– É como o Cristiano Ronaldo... O Messi joga muito mais, só que o Cristiano Ronaldo é um matador, que faz três gols quando tem que ser feito. Na hora que precisa, você sabe que pode contar com ele, porque está tudo dentro de seu controle – comparou.

A sensação de estar entre aquela gente de mentes brilhantes e autocentrada lhe trazia bem-estar. Era uma oportunidade de ouro conviver com sujeitos com aqueles atributos.

– São pessoas incríveis, com muitas capacidades, que me escutam como se eu fosse um deles. Me pedem conselhos, perguntam o que eu acho, minha opinião sobre o que devem ou não falar na delação, no depoimento ao juiz Sérgio Moro. Me sinto bem em ser reconhecido e de também poder ouvir essa gente de inteligência afiada, tão sofisticada – disse, comovido.

Nesse universo criado por Assad, todos que estariam do lado de fora das grades "são pessoas inexpressivas, que não fizeram nada pelo país".

"Quem vale, quem tem valor mesmo, é quem está aqui dentro", falou com entusiasmo, engrandecendo-se.

Sentia-se atraído por homens de sucesso. Apegou-se à ideia de que, se estava ali compartilhando a desventura e o espaço com homens triunfantes, estava no lado certo da história, independentemente de quem fosse o vilão ou o mocinho. Newton via que, no mundo particular inventado pelo empresário, ele era um homem feliz e predestinado.

"Se tivesse condições de abrir uma empresa com essas pessoas, não tinha pra ninguém. A gente arrebentaria", fantasiou Assad, como uma criança, para quem tudo é possível.

É tiete de quatro colegas de cela. Pedro Corrêa, por sua "inteligência", e Léo Pinheiro, pela "altivez e domínio", como demonstrado em uma das audiências com o juiz Sérgio Moro.

"O Léo, cara a cara com o Moro, afirmou que o Lula teria dito que 'se ele tinha alguma prova, rasga tudo'.[42] O depoimento foi de um matador. Fez um relato com firmeza e autoridade, olhando nos olhos do juiz. Eu mesmo não consegui fazer isso. Na minha vez, quando me sentei de frente pro Moro, minhas pernas tremeram. Senti a boca seca, a voz não saía. Deu dor de barriga", admitiu sem acanhamento, logo ele, que já tinha aberto shows e dado palestras na Fundação Getúlio Vargas para mais de trezentas pessoas.

Palocci é outro que goza de seu respeito. Para Assad, o ex-homem forte de Lula é detentor de uma "astúcia cognitiva e emocional muito grande".

"Aquele aperitivo que ele deu ao Moro sobre o que poderia oferecer à Procuradoria para fechar uma delação favorável foi uma jogada de mestre."

Ao final de um de seus depoimentos para o magistrado, Palocci pôs-se à disposição ao declarar que optara por não contar os detalhes ainda do que teria a dizer "por sensibilidade da informação", mas que no dia em que Moro quisesse ele apresentaria "todos esses fatos com nomes, endereços, operações realizadas e coisas que vão ser certamente do interesse da Lava Jato, que realiza uma investigação de importância, e que vai dar mais um ano de trabalho, que faz bem ao Brasil".[43]

Apesar de devastadoras, as revelações prometidas por Palocci não surtiram o efeito esperado. Os procuradores federais e Sérgio Moro não se convenceram, à época, de que a colaboração do ex-petista seria útil às investigações. Mesmo assim, continuava a traçar hipóteses para manter vivas suas estratégias. A colaboração viria a ser firmada somente em abril de 2018 com a Polícia Federal.[44]

Mas é por Marcelo Odebrecht que Assad tem verdadeira admiração, "uma pessoa que pensa lá na frente".

"O Odebrecht nos chama a atenção por não nos precavermos com problemas fiscais e financeiros que poderemos ter no futuro, depois que sairmos daqui. Está sempre preocupado, tem comportamento de homem, não adjetiva ninguém", definiu.

As histórias que Marcelo narrava aos colegas de cela sobre as "besteiras da Dilma Rousseff" eram contos de ninar para Adir.

"Ele diz que Dilma tinha projetos muito bestas e que ficava se perguntando: 'Como vou demovê-la dessa ideia estúpida. Não é possível que ela queira fazer algo assim?'"

Newton entendia que a temporada no xadrez sem a família e sem a vida de luxo e glamour arrancava suspiros de Assad, mas o que o incomodava talvez até mais que estar preso era a ruína que a imprensa teria causado à sua reputação.

"O jornal, quando cita os acusados, é obrigado a escrever uma pequena biografia, né? Pois quando trataram de falar de mim, o espaço dado aos meus feitos como empresário foi tão pequeno que mal dava pra ler. Perto da matéria principal sobre meu envolvimento na Lava Jato, foi irrelevante", ressentiu-se, como se a trajetória de homem bem-sucedido, arrojado e pioneiro merecesse mais consideração da mídia e da opinião pública que seus crimes.

Assad era, até ser pego pela força-tarefa, um *businessman*, conhecido pela promoção de grandes shows e musicais no Brasil. Trouxe a banda U2 e os artistas Amy Winehouse, Eric Clapton, Shakira e Beyoncé para o país, e montou musicais da Broadway, como *A Bela e a Fera*.

"Simplesmente esqueceram minhas qualificações. Que já fui um *iron man*, o segundo atleta do mundo na categoria acima de 55 anos a atravessar os Estados Unidos de bicicleta. Que revolucionei o mercado de espetáculos no Brasil. Criei safras de atores que sabiam dançar e cantar. Antes de mim, esses artistas eram muito comuns e limitados. Só sabiam interpretar. Transformei São Paulo na meca dos musicais. *O Fantasma da Ópera* no Brasil ficou em segundo lugar entre os 180 países onde foi encenado", vangloriou-se. "Tudo isso foi colocado no rodapé. Só destacaram que eu fui o operador financeiro dos diretores do Dersa etc. Puseram as acusações de maneira gigantesca. O jornal me traçou como um bandido qualquer."

A mídia teria sido tão eficiente em destruir seu nome que ele mesmo, confidenciou, tomava cuidado para não comprar a narrativa contada sobre si. Newton, que também se via como vítima da imprensa, tendia a concordar com Assad.

"É complicado mudar a imagem que o jornal faz de você pras pessoas. A imprensa prefere acabar com a biografia da gente. A partir de agora, pra sociedade, pra todo mundo, eu sou só isso, alguém que cometeu aquele erro", lamuriou-se, procurando subestimar seus delitos.

Assad, em decorrência, não é como gostaria de se ver, mas a projeção do personagem que os outros veem nele. Teme que esse estigma possa lhe causar dificuldades no retorno à vida social.

"Vai ser mais difícil, terei que ser treinado para me readaptar", previu. Mas, em instantes, sua autopiedade dá lugar ao otimismo. Sabe que conseguirá superar mais uma vez a rejeição social e a vergonha pessoal. "Já dei exemplos de resiliência no cárcere."

Sua confiança é grande e, em dialética, colocou-se como exemplo discordante da linha de pensamento do filósofo Friedrich Nietzsche, segundo quem "a esperança é o derradeiro mal; é o pior dos males, porquanto prolonga o tormento".

"A esperança me acompanha. Quero mostrar pra minha família que mudei, que sou uma pessoa digna. Quando sair daqui, serei valorizado pelo que sou."

E se dependesse da custódia de Newton, o promotor de eventos teria sua esperança preservada. Adir Assad também seria um Batman, um matador.

MARCELO ODEBRECHT

Enquanto Corrêa e Assad divertiam a carceragem, Marcelo Odebrecht gerava admiração em Newton por causa das boas sugestões que costuma dar à administração carcerária e aos colegas de cela. Logo conquistou uma natural liderança entre os presos. Mas, no começo, era esperado que não tivesse sido assim.

Aportou na carceragem da Polícia Federal de Curitiba em junho de 2015, ainda com empáfia e atrevimento. Estava tão confiante de que em poucos dias estaria na rua novamente que nem sequer se licenciou da presidência do grupo. Despachava com sua defesa que ia até o presídio em Curitiba e dava ordens como se estivesse em um período sabático. Sem se dar conta de sua nova condição, chegou a ter acalorados e sonoros embates com seus advogados no apertado parlatório, que comportava três detentos por vez, atrapalhando os demais.

A descompostura obrigou Newton a repreendê-lo: "Você não está na sua casa." O agente federal o enviou para o Complexo Médico Penal, onde permaneceu até fevereiro de 2016, quando foi colocado na Ala B, a "classe econômica" do pavilhão, por ter direito somente a uma hora diária de banho de sol e a meia hora com os advogados. Amargou um período dormindo em um colchonete no corredor da carceragem, à espera de vagar espaço na cama da cela, o que aconteceu quando José Antunes Sobrinho, da Engevix, deixou a prisão em maio de 2016.[45] A adversidade não foi suficiente para torná-lo mais sociável.

Newton lembra que Marcelo falava somente o necessário. Não se misturava. Interagia pouco. Seu colega de cela, o lobista Adir Assad, chegou a pensar que ele sofria de síndrome de Asperger, um transtorno neurobiológico que dificulta a interação das pessoas com o mundo exterior.[46] Mas era só seu jeito circunspecto. Apesar da insolência inicial, o herdeiro de um dos maiores conglomerados empresariais do país sabia separar a altivez da polidez. Carregava esses atributos como selo de sua origem aristocrática e bem-educada. Até podia se achar acima dos outros magnatas com quem compartilhou a minúscula cela, mas em nenhum momento foi vulgar ou indelicado.

A salvo, pelo agente federal, da costumeira violência praticada pelo Estado contra a população carcerária, Marcelo, condenado a dezenove anos e quatro meses de prisão pelos crimes de corrupção, lavagem de dinheiro e associação criminosa, veio a ser mais sociável somente depois que tomou a decisão de barganhar sua colaboração com a Justiça. O chefe do Núcleo de Operações o recompensou, migrando-o para a Ala A, a banda "executiva" da carceragem, onde estavam os demais presos da Lava Jato. Com o tempo, tornou-se menos isolado, conversava com todo mundo. Segundo Newton, a cada dia ele se mostrava mais receptivo, uma "pessoa diferente".

Privado da agitação de seu complexo empresarial, do exército de executivos que comandava e de uma legião de bajuladores, restavam não muitas opções àquele homem de quatorze bilhões de reais. Mas Marcelo soube aproveitar a seu favor a dinâmica prisional. Dormia cedo e acordava às seis da manhã, para irritação dos companheiros de cela, como o dorminhoco Alberto Youssef. Encontrou na atividade física uma maneira de se manter alheio à inospitalidade do lugar.

– Ontem, quando cheguei à custódia, às oito e meia da manhã, ele já estava "suadão", havia não sei quantas horas se exercitando. Esse hábito ele adquiriu na carceragem, porque não chegou pra gente "malhadão" – conjectura Newton.

Marcelo garante que já fazia parte de sua rotina se exercitar – talvez não com a mesma intensidade. Diariamente, nas dezesseis horas em que estava acordado, de cinco a seis eram para atividades físicas ininterruptas. Intercalava quatro minutos no aparelho de *step* (um degrau onde o praticante sobe, desce, vira e pula), que comprara, e um minuto de flexão de braço. Pelas contas dele, todos os dias perfazia três mil flexões e subia uma escada de oitocentos metros, equivalente ao arranha-céu Burj Khalifa, em Dubai, o maior prédio do mundo. Chegou por um tempo a usar a porta da cela para suas barras, prática interrompida por conta de dores na costela.

— Ele fazia duas horas de exercícios pelo Pedro Corrêa, uma pelo Renato Duque, outra pelo Léo Pinheiro e duas horas só pra ele — brinca Newton, que disse ter visto Marcelo usar galões de água como alteres que levantava de maneira vigorosa. — Passa praticamente as duas horas de banho de sol correndo — assombra-se.

Os demais apenas caminhavam e, mesmo assim, por influência de Flávio Henrique de Oliveira Macedo, sócio da Construtora Credencial — condenado em ação penal, na qual foi corréu com José Dirceu, pelos crimes de lavagem de dinheiro e associação criminosa. No resto do dia, vestido de calça de moletom Adidas, uma camiseta branca básica, calçando sandálias Crocs, Marcelo se ocupava em estudar o próprio processo.

"São muitas páginas", explicou.

Era um preso obstinado em rever a liberdade. Na sala da administração, contígua à carceragem, onde ficavam os agentes penitenciários, transitava com naturalidade. Costumava ser ele quem buscava os galões de vinte litros de água mineral para consumo dos presos. A circunstância era outra, desfavorável, mas exibia muita força mental. Se não tinha quem executasse a tarefa por ele, como sempre fora em sua vida, Marcelo não se acanhava e punha a mão na massa, sob o olhar grave, que escondia o espanto, de seus dois advogados, alcunhados com certo despeito de Batman e Robin por uma criminalista concorrente. Agia para tornar a purgação menos pior. Terminada a ocupação, sentava-se num banquinho e discutia o desenrolar de seu caso.

Centralizador, característica que não foi atenuada pela prisão, o ex-presidente da Odebrecht desenhava, numa prancheta, possíveis cenários com seus defensores, com quem tinha uma agenda cheia, para em seguida se debruçar com disciplina sobre uma pilha de documentos com informações de repasses da empresa. Preparava-se para prestar depoimento nos meses seguintes ao juiz Sérgio Moro sobre uma ação penal envolvendo suposto favorecimento do grupo ao ex-presidente Lula. Tinha que mergulhar em uma miríade de dados sobre pagamentos questionados pela Lava Jato. Moro e os procuradores tinham especial interesse no sistema interno chamado My Web Day, do Drousys, o manual de propina implementado pela Odebrecht,[47] um método de lavagem de dinheiro que de tão sofisticado processava cerca de noventa milhões de arquivos digitais, incluindo dez milhões de e-mails e anexos, sete milhões de documentos de texto e PDFs e setecentas mil planilhas de cálculo num volume de dados de noventa mil gigabytes.[48]

Era preciso fazer uma varredura nos documentos – tarefa que deveria ter sido executada pelo pessoal interno do grupo, como disse meses depois, numa clara crítica a seus subordinados.[49] Na empreitada insana de elucidar, identificar os ilícitos, de desatar os nós do intricado software,[50] o meticuloso Marcelo via o que ninguém via, encontrava e apontava omissões, mentiras e obstruções que passavam despercebidas até a seus advogados.

Fazia parte também de seu dia a dia a dedicação à limpeza, pela qual era obcecado. O bonachão Pedro Corrêa não deixava barato.

– Olha só onde fomos parar, eu sentado de boa e o Odebrecht limpando minha sujeira – brincou. Por ser idoso, Newton lhe permitia ficar mais tempo sentado. – O grande império acabou mesmo! Até a casca de pão que derrubo no chão, ele pega.

O inescrutável Marcelo acabou na cadeia, catando as migalhas de Pedro Corrêa, porque não percebera a tempo que se operava uma transição nas instituições públicas do país. Surgia uma nova geração de procuradores com garra, pós-graduados em universidades americanas e europeias, estimulados por um procurador-geral determinado.[51] Não fora alertado por seus bem remunerados acólitos que nasciam nas varas federais magistrados bem preparados, sérios, severos e técnicos, como Marcelo Bretas[52] e Sérgio Moro, estudiosos dos crimes contra o sistema financeiro e lavagem ou ocultação de bens. Ignorou que pudesse haver idealismo, determinação e competência dentro da Polícia Federal e da Receita Federal, com auditores fiscais especializados e motivados em descobrir os tortuosos caminhos do dinheiro sujo.[53]

Desavisado, ocupava-se tão somente daquilo para o qual fora predestinado e preparado desde a juventude: expandir o império da família, nem que fosse preciso adotar, na definição do procurador da República Deltan Dallagnol, a corrupção como modelo de negócio profissional.[54] Não se tratava de sobrevivência empresarial, mas de domínio e controle, cuja volúpia acabou por ser sua ruína.

Na verdade, não fez nada de diferente de seus pares. Ele havia aprendido que o poder político era necessário para impor, sem travas, suas vontades.[55] Via os negócios pelos olhos dos acionistas. Seguiu tão somente as regras do capitalismo mafioso, que naturaliza o pagamento de propinas a políticos para ganhar ilicitamente licitações públicas, superfaturar obras, isentar-se de impostos e encomendar empreendimentos colossais técnica e socialmente desnecessários numa dimensão descomunal.

"Mesmo discordando das regras e de muitas coisas que aconteciam na empresa, se é pra jogar, tem que jogar pra ganhar", resumiu.

Colocando-se naquele instante como um observador periférico, não mais nuclear, Marcelo foi sincero ao reconhecer que é "mais fácil admitir que fez algo errado" estando atrás das grades, sob a vigilância de Newton. Mas, enquanto se encontrava no epicentro do poder, no manejo das engrenagens que herdara de seu pai, não havia tempo nem disposição para ajuizar a moralidade dos manuais do mercado, que ele, reforça, não inventara. Marcelo apenas se rendera ao inevitável. Nunca lhe ocorrera se rebelar. Tudo era perfeito demais para contrariar a ordem estabelecida.

"De maneira geral, eu, infelizmente, achava normal a forma como a Odebrecht tratava os negócios", confessou.

Mas relativiza os malfeitos.

"Tudo que praticamos deve ser colocado dentro da conjuntura da época. A gente precisa contextualizar, ver e entender as circunstâncias por inteiro. Pegue a escravidão. Hoje, para nós, é um absurdo imaginarmos isso, mas, duzentos anos atrás, mesmo pessoas de boa-fé viam aquela situação com normalidade", comparou, empenhado em desagravar os crimes que cometera, traço comum entre os apenados.

Assim como o renomado operador de Wall Street, Bernie Madoff,[56] que cumpre pena de 150 anos de prisão por ter fraudado em 65 bilhões de dólares investidores nos Estados Unidos, Marcelo se via não como um conspirador perverso, mas um boi de piranha, que, "por ser CEO, paga pelo erro de outros". Sentia-se incompreendido. Era somente produto de seu tempo. Nascera, crescera e fora doutrinado a considerar essa roda viva criminosa como algo consolidado e imutável.

Com o tempo, seria inevitável tomar gosto por sucessivos e incontáveis sucessos. Não era difícil para Newton imaginar o contentamento de Marcelo toda vez que saía vitorioso de uma disputa ou fechava um acordo supervantajoso para a Odebrecht, triunfos que o impulsionariam a manter a forma de operar.

Teria sido regulado pelo irresistível princípio do prazer, que desencadeia intensa excitação mental em que o vivencia. Vencer teria virado um esporte, com potência para produzir o afrodisíaco efeito da gratificação. Se o acontecimento é corriqueiro, as doses de dopamina no cérebro precisariam estar frequentemente elevadas. Esse neurotransmissor da alegria e da felicidade, liberado com constância em grandes quantidades no organismo, potencializa a sensação de que a vida é bela. Com esse quadro, para satisfazer o aparelho mental, induzindo-o inconscientemente a manter os níveis hormonais tão altos quanto possível, o indivíduo submetido a essa experiência assume riscos cada vez maiores, em progressão incontornável.

Era provável que Marcelo se achasse invulnerável e intocável, percepção que torna as pessoas cada vez mais competitivas, dispostas a superar desafios inéditos diante de uma necessidade de estímulo crescente. Quanto mais, melhor. Mas os efeitos de intensidade no corpo e no cérebro passam. A busca por um novo objeto de desejo – que podia ser uma licitação bilionária ou uma remissão fiscal – torna-se, assim, incessante. Sem perceber, o indivíduo vira um dependente químico desse bem-estar – em particular, Marcelo, que quando foca um alvo o faz com tanta precisão que perde a noção do entorno.

Imersos nesse turbilhão de gozos, os sujeitos afetados por essa euforia infinita têm a capacidade de discernimento comprometida: parte do senso crítico é bloqueado pelos mesmos circuitos que ativam o desejo da recompensa.

Apesar de as escolhas de Marcelo terem uma conexão muito mais próxima com pessoas como o carroceiro que abraçou, esperançoso, Newton, no mundo da concorrência desleal não havia tempo para reflexões. Hesitação representa retração intolerável nos dividendos dos acionistas. Marcelo tinha que seguir os códigos ocultos do mercado brasileiro. Sem meditar sobre o Bem ou o Mal, foi adiante com zelo e eficiência, porque encontrara espaço institucional para isso. Agiu conforme o que acreditava ser coerente, obedecendo a uma ordem superior na mais incontestável lógica empresarial. Para ele, era como se as circunstâncias afetassem o comportamento do indivíduo, subtraindo-o de seu livre-arbítrio pelo meio e pela cultura.

Já os altos executivos de sua empresa e de outras empreiteiras acotovelavam-se em frenesi na insana corrida atrás dos milionários bônus anuais. Valia de tudo para bater metas financeiras agressivas, até selar alianças diabólicas com a bancada da bandalha para fraudar o país em grande escala.[57] A premissa macabra das bonificações que orienta os executivos das corporações é um poderoso estimulante da corrupção, como definiu o conselheiro em *compliance* da Odebrecht, membro da ONG Transparência Internacional, o inglês Jermyn Brooks. Talvez ela seja seu caldo primordial, a partir do qual todo o mal se engendra.

O Príncipe simplesmente pegara já pronta uma estrutura empresarial montada pelo pai, Emílio, e o avô, Norberto, fundamentada no suborno, em cujo organograma havia inclusive um departamento projetado apenas para administrar os custos da corrupção.[58]

"Todo mundo que está no jogo precisa encarar a situação do pagamento de gratificações a políticos. Está arraigada à cultura. Na relação com o Congresso, nada era visto como certo ou como errado", argumentou. As contribuições a políticos e partidos criavam obrigações que seriam honradas em assistência corporativa, dada pelos governantes a indivíduos muito ricos, confederações patronais e grandes corporações.

Marcelo teima que, no Brasil, sempre existiu o ambiente "da corrupção, da propina, das bonificações e da ajuda", termos aos quais buscou dar o mesmo peso para atenuar seus atos criminosos, insinuando que não há no país nenhuma grande empresa que não preste culto à corrupção. Se todos os empresários com o grau de comprometimento dele fossem levados às barras dos tribunais, o presídio da Papuda, em Brasília, não suportaria.

"Não havia ninguém que não soubesse que estava cometendo alguma coisa ilícita, mas todos tinham isso como algo legítimo. Nesse cenário, ninguém se salva", diz enfático, reproduzindo o pensamento do pai.[59]

Pedro Corrêa, decano da política em Pernambuco, reforça a prosa de Marcelo. Aceitou com desembaraço e sem pesar a tarefa de preservar a tradição da família e se tornar um mercenário da política, com reprováveis práticas que existiam "desde o Império".[60]

O presidente dos Estados Unidos, Donald Trump, que conhece os dois lados do balcão, revelou que não é exclusividade do Brasil a promiscuidade entre empresários e políticos. Com sua falta de delicadeza política e descaramento, afirmou que, "quando você doa, eles [os políticos] fazem qualquer coisa que você quiser".[61] Essa interdependência seria universal, mas a banalização do suborno na administração pública por aqui atingira níveis inigualáveis de degradação moral. Assim era o aparelho da corrupção concebido no seio das corporações, que se alastrou no organismo público até terminar em metástase.

A manutenção de políticos costuma estar embutida nas planilhas de custo das corporações. Era trivial provisionar recursos para o pedágio de algum negócio inidôneo de interesse de grupos econômicos, mas não pacífico. Marcelo comentou das batalhas encarniçadas entre lobbies, cada qual competindo por vantagens para o seu segmento.

"Quando a Febraban (Federação Brasileira de Bancos) vai ao Congresso defender seus interesses, ela busca o apoio de quem? Dos senadores, daqueles que a Febraban ajudou a eleger, né? Então, qualquer medida provisória, ou qualquer projeto de lei provoca uma briga feroz entre os setores. Toda vez que sai um PL (projeto de lei), é cada um querendo puxar a sardinha pra sua brasa", exemplificou.

Com essas revelações obtidas também pela Lava Jato, ficaria claro para Jonathan Watts que a cimeira da pirâmide social e econômica há décadas entende que os ganhos dependem da habilidade de influenciar as regras do jogo. Para isso, seria preciso ser sócio dos governantes, sem o ônus da responsabilidade sobre os danos colaterais para o país.

Pelo raciocínio de Marcelo e comprovado pelo correspondente, era como se o bom desempenho das corporações brasileiras só pudesse ser alcançado por meio do *crony capitalism*.* Esse modelo de negócios proporcionado pelo sistema patrimonialista brasileiro, formado por oligopólios, onde não há riscos, apenas uma profusão de vantagens e incentivos, foi tão bem-sucedido que, hoje, praticamente em todo lugar onde há dinheiro público existe corrupção.

O jornalista inglês viria a se certificar dessa realidade com o relatório de novembro de 2017 do Tribunal de Contas da União, que identificou "fortes indícios de ilegalidade", fala por si só.[62] Das 94 obras federais de grande porte, 72 apresentaram irregularidades. Quando o assunto é renúncia ou perdão fiscal, a sangria é uma verdadeira hemorragia. Números da Receita Federal e do TCU apontam uma perda de arrecadação – que o governo registra ao reduzir tributos com caráter "incentivador" para setores da economia e regiões do país – estimada em 284 bilhões de reais em 2017. Juntamente com os benefícios financeiros e creditícios, os valores totais estão projetados em 406 bilhões de reais.[63] Até onde esse generoso pacote é produto de negociatas ou de estudos técnicos ninguém é capaz de precisar. A única certeza é que as suspeitas são muitas e a bondade financiada com

---

* Segundo o dicionário Oxford, *crony capitalism* é um sistema econômico caracterizado por relações mútuas e íntimas de muitas vantagens entre líderes de negócios e altos funcionários do governo.

o dinheiro do pequeno contribuinte perpassa praticamente todos os setores da economia. Para não ferir a Lei de Responsabilidade Fiscal, o presidente e sua equipe econômica tapam o buraco fiscal com medidas compensatórias, alienando parte de seu patrimônio público para o mesmo mercado, que se beneficia das receitas que o governo renuncia.[64] O crime perfeito, pensaria Watts.

O empresário baiano, em suas inconfidências, sugere que o governo, como o mais importante contratante de obras e de serviços bilionários, é, nesse bazar entre amigos, estratégico e imprescindível para as organizações privadas atingirem metas financeiras agressivas. Ao lado do Congresso Nacional, é uma faustosa fonte de lucros na forma de desonerações tributárias, *swap* cambial, alienação de ativos da União, concessões, anistias, redução de tarifas e administração de preços públicos. Esse inventário de perfídia turbina o balanço patrimonial das gigantes empresariais e faz os acionistas sorrirem na medida inversa em que empobrecem a administração pública e deterioram a prestação de serviço à população. Para azeitar esse capitalismo clientelista, seria imprescindível conservar estreitas as relações entre empresários e funcionários do governo.

"Tínhamos como norma sermos mais receptivos às demandas dos governadores com os quais obtivemos um nível maior de sucesso na relação de negócios, com aqueles que nos proporcionaram retorno maior na parceria", contou Marcelo, sem detalhar se a generosidade envolvia o pagamento de propinas e de caixa dois para as campanhas, ou se se referia apenas ao atendimento às solicitações dos governantes, como foi o caso da construção dos estádios de futebol para a Copa do Mundo. "Fomos chamados para que vencêssemos um edital, porque havia o risco de o estádio não ficar pronto a tempo. O governador não queria correr o risco de passar vergonha por não entregar a obra", explicou.

A saída fora qualificar o edital lá pra cima, de forma a dificultar a entrada de empreiteiras menos preparadas para aquele empreendimento.

"Sim, era um ato ilícito, mas legítimo, para que pudéssemos entregar a tempo uma obra como aquela. Ninguém achava errado", defendeu-se, convencido de ter sido benevolente em prol de algo maior.

Na troca de favores entre os representantes da iniciativa privada e os da administração pública, todos, menos a população, saíam ganhando. Dependendo do caso, eram os empresários a demandar do governante. Outras vezes, eram os mandatários a cobrar favores, mesmo que os projetos não fossem bons.

"Era comum atender a pedidos que não eram de nosso interesse. Não vou culpar as missões ruins, porque elas te ajudavam em outras situações. Agradávamos a um governador para que ele nos ajudasse posteriormente em outro projeto muito maior", detalhou, sabendo que, quando você controla o governante, você pode ter tudo que quiser. A construção da Arena Corinthians foi exemplar de como essas relações público-privadas se desenrolavam.

"Não queríamos desagradar o Lula, porque, imagina, desagradar o Lula desagradaria o partido, desagradaria o governo", explicou.

Atender ao pedido do presidente da República significava envolver-se numa teia, sem ter noção exata de seu tamanho ou saber se conseguiria depois se desvencilhar de seus fios.

"A gente entra no empreendimento achando que vai sair o financiamento. Quando o dinheiro para tocar a obra não sai, somos obrigados a fazer pressão, configurado como tráfico de influência, para tocar algo no qual não queríamos entrar. E isso vira uma bola de neve", expõe.

Essa relação exitosa com os políticos se deu, ao longo de décadas, entre a Odebrecht e vários governos, no Brasil ou no exterior, fossem de esquerda ou de direita. O grupo não se importava com o tipo sanguíneo dos chefes de Estado e governantes de plantão com quem atava laços. A estimativa conservadora é de que foram pagos mais de um bilhão de dólares em propina em doze países: Angola, Argentina, Brasil, Colômbia, República Dominicana, Equador, Guatemala, México, Moçambique, Panamá, Peru e Venezuela.[65]

No entendimento de Marcelo, ele simplesmente seguiu à risca esse ordenamento. Seu papel foi tão somente manter o negócio no ritmo de crescimento esperado. O empresário concorda que no mundo ideal as empresas não deveriam se submeter ao código da corrupção. Mas, no mundo real, para entregar lucros obscenos aos acionistas e remunerar bem seus representantes nas esferas de poder, não haveria saída a não ser aceitar as cláusulas das milícias empresarial e política do país. A simbiose entre essas duas classes seria, na opinião dele, inabalável e de conhecimento de todos, até da imprensa.

"Pegue os jornais de dez anos atrás ou mais, a gente vai perceber que a mídia sempre noticiou as disputas terríveis para indicação da diretoria da Petrobras. Era um loteamento absurdo com o intuito de arrecadar dinheiro pras campanhas eleitorais, tá! Foi preciso algo do tamanho e da grandeza da Lava Jato pra quebrar esse padrão", asseverou.

O mercado da notícia, nessa complexa cadeia de corrupção no Brasil, teria sido, nesse sentido, cúmplice sistemático e peça de legitimação dos atos ilícitos.

"A imprensa nunca foi ingênua", disse, discordando de seu pai, Emílio, segundo o qual a mídia foi hipócrita e demagoga em relação à corrupção no Brasil, porque "sabia o que acontecia em todo esse tempo".[66]

O Quarto Poder estava, sim, ciente do que se desenrolava nos subterrâneos da República. Não por impostura, mas por coerência, escolheu seguir um modelo próprio de negócio, no qual se via antes como um empreendimento norteado pela matemática do lucro e, só depois, como um instrumento social constituído para informar a sociedade. A Lava Jato teria apenas supurado uma realidade que não podia mais ser ignorada nem tratada com disfarçável reprimenda pelos conglomerados de notícia.

"Não é uma questão de hipocrisia, apenas negócios. A imprensa tem interesses. É uma ilusão dizer que ela é imparcial. Não dá pra ser imparcial quando há interesse", discorreu Marcelo, compreensivo, nivelando o pragmatismo da indústria da notícia ao regramento da Odebrecht e do mercado em geral. "Nunca vi a imprensa como guardiã da democracia. É uma fantasia quem acha isso. Ela está mais preocupada em defender, preservar e proteger os anunciantes, que são os seus financiadores", resumiu.

Seu olhar crítico coincide com o de muitos estudiosos, mas sua opinião carrega também uma dose de ressentimento.

"A imprensa, quando bate em empresas e em pessoas, não significa necessariamente que esteja certa. Muitas vezes é só pra atender ao gosto da audiência. No nosso processo, construiu-se uma pré-condenação."

Marcelo se queixou de quando um veículo exagerou para suplantar uma notícia publicada anteriormente pelo concorrente e de quando um veículo não voltou atrás para corrigir uma matéria em igual contundência e destaque, mesmo quando os fatos desmentiram a primeira versão publicada.

"A mídia não foi equânime com a Odebrecht", ressentiu-se.

Numa fala sóbria, avaliou que a imprensa procurou sobretudo enfatizar o que chamava mais a atenção do público, sem se preocupar com o contexto.

"Os jornais selecionam trechos de episódios que as pessoas gostam de escutar, como a história de esconder dinheiro nas ceroulas, ao mesmo tempo que evitam colocar parágrafos inteiros que possam realmente explicar um pouco mais o que o depoente falou. Destacam frases que descontextualizam tudo. O noticiário é muito editado para tornar o fato mais gravoso e pornográfico, porque a Lava Jato aumenta a audiência."

Pela compreensão de Marcelo, em nome do lucro e da sobrevivência como atividade econômica, a mídia cedeu ao espetáculo e é apenas sombra de uma imprensa independente.

O Príncipe, uma vez nu, disse diz enxergar na Lava Jato a capacidade de ser um propulsor de mudanças éticas no processo de contratos e operações financeiras nas parcerias público-privadas no Brasil. Mas teme pelo superlativo. Para ele, a enorme proporção que a operação tomou pode, em vez de promover uma catarse, atrapalhar seu propósito moralizador.

"A Lava Jato tem potencial para mudar muita coisa no Brasil, mas está ficando muito grande. Tudo é Lava Jato. Virou um monstro de vários e gigantescos tentáculos que atingem todo o governo e toda a área pública. Com essa expansão, a responsabilidade sobre os procuradores, os juízes e a Polícia Federal aumenta, e se corre o risco de que outras pessoas, outros atores do Judiciário e do Ministério Público não tenham a mesma competência do núcleo original", advertiu, tal e qual um consultor empresarial falando dos prós e contras de um projeto.

Para ele, as autoridades podem perder o controle, a qualidade e a equidade do processo, comprometer toda a operação e fortalecer o inimigo: os adversários da corrupção, grupo do qual hoje se coloca à parte.

"A Lava Jato tem que resistir à tentação de não se utilizar de meios ilícitos ou de abuso para justificar seus fins; não cometer esse erro e destruir um legado muito bom. Vão depois criminalizá-la, podendo ser acusada de abuso de autoridade", aconselhou, como se ele mesmo não tivesse aplicado a doutrina de Maquiavel para alcançar seus propósitos empresariais no melhor estilo "faça o que eu digo, não faça o que eu faço".

A revelação crua de Marcelo sobre o sistema operacional do capitalismo de compadrio deu nitidez à mão invisível do mercado. O que a imprensa tratava como teoria da conspiração e que orbitava na restrita e inofensiva esfera hipotética dos acadêmicos foi finalmente trazido à luz pelo mais proeminente *czar* do setor de construção pesada do país. Foi preciso uma temporada na cadeia, sob o olhar atento de Newton Ishii, para que Marcelo contasse o que todo mundo já sabia, mas fingia não existir: que as coisas nos mundos político e empresarial conversavam entre si, que nunca houve almoço grátis.

Newton, na convivência com os custodiados da Lava Jato, foi aprendendo que era essa a estrutura concorrencial já em plena atividade que os empresários e os executivos encontraram quando assumiram posições de comando em seus grupos. Os circuitos que acionavam o mercado estavam postos havia muito. Insurgir-se não impediria seu funcionamento. A matriz do capitalismo de coalizão era uma fatalidade.

ALBERTO YOUSSEF

Alberto Youssef foi um dos presos que mais demandou atenção e vigília de Newton na carceragem da Polícia Federal, por causa de sua saúde debilitada, pela destemperança do doleiro e pelo que ele e sua Caixa de Pandora representavam para a operação. Mas o agente soube domesticar o gênio e as manhas do operador do Petrolão. Não demorou para que ambos se entendessem, cada um no seu papel – Newton, polícia, Youssef, ladrão –, em perfeita sinergia, até evoluírem para a empatia.

Quando o doleiro deixou a prisão, o agente desejou com sinceridade que Youssef apagasse suas pegadas da estrada do crime, atrás das quais tinha deixado destruição e escuridão. Que abandonasse o discurso de que "a vida é assim mesmo" para se tornar um homem honesto, até porque Newton chegava a ver em Youssef menos dolo que nos demais condenados no esquema de corrupção da Petrobras. O professor na arte de lavar dinheiro não passaria de um coadjuvante na trama nacional.

– Ele foi apenas o operador, que intermediou a ação dos verdadeiros corruptos – diz Newton a Jonathan Watts.

Assim como o chefe da custódia, Youssef reservara um julgamento igualmente indulgente sobre si mesmo e sobre o grau de sua culpa na trama. Para evitar conflitos internos que gerem sofrimento psicológico, os presos têm a propensão de elaborar para si mesmos explicações convincentes sobre seus atos criminosos. Não assumem responsabilidade plena pelo que fizeram. Preferem ser diversionistas, o que dificulta a possibilidade de remissão e reabre uma estrada para retomarem a trajetória do crime.

Para condenados como Luiz Inácio Lula da Silva e Marcelo Odebrecht, o verdadeiro agente do butim nunca é quem aperta o gatilho, mas fatores externos como o contexto, o ambiente, a oportunidade, a sociedade, a cultura, a perseguição política, as tramas conspiratórias, a pressão por lucros ou a concorrência desleal do mercado. Outro sentenciado por corrupção, evasão de dividas, lavagem de dinheiro e organização criminosa, o ex-presidente da Eletronuclear, Othon Luiz Pinheiro da Silva, recorreu à mesma cantilena.

Já criminosos como Renato Duque, Adir Assad e Pedro Corrêa preferem se ver como removíveis peças de uma engenhoca comandada por um fabuloso e desconhecido senhor, ou, numa visão fatalista, do Leviatã, um organismo sociopolítico primordial, onipresente e irreparável.

Mas, como era do conhecimento de Watts, não se culpar por nada é próprio do ser humano, com um tom acentuado entre os gângsteres. Enaltecem seus feitos e atenuam suas contravenções. O lendário Al Capone e o idiossincrático Dutch Schultz[67] se achavam benfeitores públicos. E foi assim com Youssef.

O doleiro ressaltou que já fez muito pela sociedade. Gerou mais de 1.300 empregos num empreendimento hoteleiro em Aparecida, em parceria com a Igreja.[68] Não foi bem-sucedido, "por não ter escolhido as melhores pessoas" para gerenciar o negócio e "por culpa do governo, que destruiu tudo". Se vê como alguém humilde e pacato, que valoriza todos da mesma forma, capaz de conversar com igual respeito seja com a faxineira, seja com o presidente de uma grande empresa.

"Sou pessoa de hábitos simples. Criei minhas filhas para a vida, na classe média alta, mas sem ostentação", definiu-se.

Revelou seu gosto por cozinhar, especialmente pratos árabes e massas, mas assegurou que não tem paladar apurado para o vinho.

"Gosto de vinho suave, mas não sei diferenciar um vinho comum de um vinho de seis mil dólares. Na verdade, poucos sabem", disse, tentando transmitir modéstia e desapego, ao mesmo tempo que dava a entender que, sim, consumira garrafas da categoria de um Chateau Petrus 2002 para celebrar negócios que lhe renderam fortunas.[69]

Quando indagado se cometera algum crime, contemporiza.

"Eu nunca roubei."

De fato, era inocente desse delito, mas autor de vários outros, de maneira metódica e continuada. Foi condenado a 122 anos e três meses de prisão, em nove ações penais, por lavagem de dinheiro e associação criminosa, corrupção ativa e passiva, evasão fraudulenta de divisas, uso de documento falso e sonegação de tributos federais. Operador de propinas no bilionário esquema de corrupção na Petrobras, Youssef banaliza seu protagonismo nos dois grandes escândalos em que se envolveu – o Banestado e a Lava Jato.

A alma de policial ensinou Newton a desconfiar das intenções e das promessas de sujeitos com falência moral decretada, embora dentro de si mantivesse a fé no homem. "Até que se prove o contrário, todos são bons e merecedores de crédito. As pessoas são capazes de evoluir e aprender moralmente", afirma. São dessas crenças que constituem o agente.

O agente tinha para si que as transformações observadas no doleiro durante sua estada na carceragem eram aparentes, superficiais, um recurso conveniente para sobreviver num cenário adverso, decorrência da total falta de escolha. Era bem possível que a regeneração fosse mesmo uma utopia, mais uma encenação como a que se vê com frequência em políticos condenados por corrupção, que persuadem magistrados com diminuto rigor.

Por um minuto, no bate-papo com o jornalista inglês, Newton silencia. Sem dizer palavra, pita seu cigarro e olha para o nada. Em momentos assim, ele se perde em reflexões. Dá mais uma tragada e sorri para o correspondente. É como se a fumaça que enevoa seu rosto quadrado lhe provocasse revelações.

Nas reflexões do policial, a reforma do caráter talvez não se desse por meio da punição. Seria preciso uma purgação voluntária, uma contrição quase espiritual que Youssef estaria longe de experimentar. Ao doleiro já lhe fora dada a oportunidade de ser um cidadão honesto. Preso e condenado em 2004, no caso do Banestado,[70] como operador de empréstimos fraudulentos e remessas ilegais para o exterior, recebera o perdão do juiz Sérgio Moro, que atuara no processo e o reencontraria dez anos depois. Assinou a delação premiada e se comprometeu a nunca mais operar no mercado do dólar.[71] Mas sua redenção moral não aconteceu. Caiu, assumiu Youssef, mas não por força de uma presumível sina criminosa ou por ser um anjo abatido pela cobiça de um poder maior que se entregara às trevas e ao pecado, mas "forçado" pelas circunstâncias.[72]

"Fui arrastado do Banestado pra Lava Jato pela Receita Federal, que passou a reter todo o rendimento que eu obtinha com trabalho legal. Me multou de um dinheiro que não era meu. Isso dificultou a minha reinserção na sociedade", queixou-se, convicto de sua falta de opção.

De fato, a Receita Federal lhe aplicou uma multa de 123 milhões de reais pelos recursos ilegais movimentados no caso do Banestado.[73] Se é verdade que sua reincidência deveu-se à "perseguição infundada" do Fisco, é de esperar que Youssef retorne às sombras para "escapar" de novo lançamento tributário. O doleiro e suas empresas foram autuados em pouco mais de um bilhão de reais por sonegação fiscal.[74]

Newton trata com realismo o caminho e o destino criminoso sem volta de Youssef. A correção do doleiro seria tão improvável quanto é nebuloso o futuro do Brasil.

– É uma pessoa muito gananciosa – comenta Newton resignado, com certo dissabor. – É um sujeito que vai continuar na atividade de doleiro. É bem provável que ainda tenha muito dinheiro guardado lá fora.

Principalmente a grana que pertencia a José Janene, morto em 2010. Na carceragem, os comentários eram de que o espólio do ex-cacique do PP, fruto de propinas e subornos, teria sido ocultado até da própria família, afundando-a em eventual dificuldade financeira. Como era administrado por Youssef, somente o doleiro saberia a quantia exata e seu paradeiro.

– Eles eram amigos de longa data.[75] Quem reconheceu o corpo dele no IML e está como declarante da certidão de óbito dele? O Youssef – aponta Newton, como que juntando peças de um quebra-cabeça.[76]

Ambos eram muito próximos. A ex-mulher de Janene, Stael Fernanda, contou que o doleiro passou a frequentar a casa da família a partir de 2004, e desde então não parou mais de fazer "negócios" com o marido.[77] Uma versão que circulou na carceragem é a de que o espólio da corrupção de Janene estaria em algum paraíso fiscal, longe do radar da Receita Federal, num país onde o dinheiro é irrastreável por não ser signatário de acordos internacionais de troca automática de informação sobre contribuintes suspeitos de corrupção, tráfico e terrorismo.[78]

Youssef negou os boatos. Deu a entender que sua vida pós-Lava Jato será regrada pelo que receber legalmente, não por sobras do crime. Já livre das grades de Curitiba, era essa a mensagem a todos que recebia em sua prisão domiciliar. Era visível a incontrolável necessidade de contar sua versão dos fatos. Para ele, confinado num pequeno apartamento no charmoso bairro paulistano da Vila Nova Conceição – para onde foi tão logo saiu da cela em Curitiba, recebendo visita apenas de familiares e advogados –, era fácil passar quatro horas conversando sobre o assunto, desde que provido por intermináveis bules de café sem açúcar que ele mesmo preparava. A nova e provisória residência tinha apenas um dormitório. Compondo a decoração, um quadro em 3D de Jesus Cristo e uma vela de sete dias acesa para Nossa Senhora.

"Confesso que na prisão a gente aprende a rezar mais", explicou, num sinal de que a desesperança o abatera algumas vezes na carceragem.

Na cabeceira da cama, além da Bíblia, alguns livros: *Minutos de sabedoria* e *O egípcio*, de Mika Waltari, um suspense onde não faltam intrigas, traições, espionagem, morte, guerra, situações de paixão, lutas religiosas e superação. Havia também uma obra sobre liderança e o livro *Lava Jato – O juiz Sérgio Moro e os bastidores da operação que abalou o Brasil*.

"Comecei a ler. Não gostei. Puxa saco de delegado", depreciou. "Dei alguns depoimentos pro autor, mas pouco. Guardei o melhor pro meu livro."

Conhecedor dos meandros da política, do crime e da economia, é mais fácil para ele deslindar vários assuntos com a legitimidade e o conhecimento de quem, mais do que as autoridades, aprendeu a reconhecer onde estavam as falhas do sistema e se aproveitar delas. Dominava os terrenos tributário e financeiro como ninguém, e sacava as malandragens nos subtextos das medidas fiscais e econômicas apresentadas à sociedade e ao mercado com verniz social e discurso moralizante. Zombou, por exemplo, do Regime Especial de Regularização Cambial e Tributária. A tal da repatriação de recursos fora alinhavada no governo de Dilma Rousseff e aperfeiçoada no de Michel Temer, ambos bem assessorados por diligentes tributaristas interessados em legalizar o dinheiro sujo de clientes parrudos.

"O que está sendo repatriado não é nada perto do que já mandaram pra fora.[79] Calculo que tenha sido coisa de 1,5 trilhão de dólares (quase 80% do Produto Interno Bruto de 2016, pela cotação cambial média de agosto de 2017).[80] Só eu enviei mais de trinta bi",[81] admite, sem evidenciar orgulho ou arrogância, como se estivesse comentando algo trivial, uma simples transferência bancária para as filhas. "Existem várias maneiras de mandar dinheiro pra fora, e a maioria está em Hong Kong e em Cingapura. Quero ver alguém conseguir alguma informação de lá. Na Suíça, não tem mais nada", provoca.

Youssef sabe o que fala. É a instância máxima em não deixar rastros em operações financeiras fraudulentas. Modernizou os métodos de lavagem de dinheiro. Está sempre dois passos à frente das autoridades tributárias e financeiras. Gaba-se de nunca ter aberto uma conta bancária, mesmo operando bilhões de dólares. Nas apurações feitas por Watts e pela imprensa brasileira, comprovou-se que suas transações eram complexas, astutas e sutis, uma obra de arte da criminalidade financeira – talento admirado até pelos auditores fiscais da Receita Federal que integraram a força-tarefa da Lava Jato.

Um dos aspectos que mais causavam assombro era a capacidade de Youssef em transitar invisível aos olhos da Receita Federal. "Ele praticamente inexistia para nós. A blindagem fiscal dele era espetacular. Usava uma trupe de advogados, contadores e administradores financeiros para terceirizar suas operações. Nem mesmo era copiado nos e-mails sobre as movimentações comerciais e financeiras de seus negócios. Sua declaração de imposto de renda era pífia. Se não fosse delatado, nunca o teríamos pego", admirou-se um auditor fiscal, que esteve com ele na carceragem em Curitiba para tomar seu depoimento em uma das linhas de investigação de que cuidava. "Ele me pareceu calmo, encarando a prisão e as acusações como um espetáculo circense e divertido, ou, na pior das hipóteses, como algo prosaico", contou. "A cara de pau do Youssef surpreendia. Ele nos chegou a propor uma espécie de 'acordo de leniência tributário' para reduzir a pena fiscal dele. Isso não existe", revelou entre risos, ao se lembrar da proposta.

O doleiro não se emendava. Desde o Banestado, não se intimidava diante das autoridades. Na primeira vez em que foi preso e condenado, chegou a assediar o auditor fiscal Roberto Leonel, chefe da força-tarefa pela Receita Federal, com quem viria a se reencontrar tempos depois na Lava Jato. "Por que você e seus colegas não largam a Receita e vêm trabalhar comigo? Vocês são pessoas capazes. Podemos ganhar muito dinheiro", convidou na caradura, para espanto e embaraço dos auditores.

Sobre a repatriação dos recursos, profetizou o fiasco. Com as duas edições do programa, foram regularizados cerca de 180 bilhões de reais, o que rendeu ao governo pouco menos de cinquenta bilhões de reais, valor muito inferior à expectativa descrita no projeto de lei. As estimativas "furadas" apresentadas pelo governo à imprensa eram de que o montante de ativos no exterior não declarados podia chegar a quatrocentos bilhões de dólares e de que a arrecadação dos cofres da União atingiria até 150 bilhões de reais.[82]

Youssef, à medida que se queixava dos pernilongos que o infernizavam no apartamento – "Tem mais aqui do que na carceragem" –, aproveitava para avançar no assunto sobre política tributária. Em sua opinião, a lei da repatriação poderia ter sido elaborada com fundamentos socioeconômicos, mas foi costurada para se manter no curso natural da economia imoral, feita para não incluir todo mundo.

"A lei está toda errada. O governo deveria ter obrigado os contribuintes que aderiram ao programa a comprar títulos do Tesouro. O dinheiro arrecadado seria usado na infraestrutura do país", palpitou, enquanto se servia de mais café. Mesmo ele, embusteiro confesso, reagiu com certo pudor à desfaçatez dos patrocinadores da lei.

A força-tarefa da Lava Jato, mais tarde, corroboraria as suspeitas de que a conveniente repatriação seria usada por picaretas da Lava Jato como lavanderia.[83] O operador financeiro Renato Chebar seria um que, rapidamente, regularizaria quase três milhões de dólares, propina do empresário Eike Batista para o ex-governador do Rio, Sérgio Cabral. O marqueteiro João Santana e sua esposa Mônica Moura confessariam também a intenção de usar a anistia do governo para limpar seu dinheiro de origem ilícita.

Mas o passado de intrujão de Youssef impossibilita atestar a qualidade de suas afirmações. Não é possível traçar a linha que separa a verdade da mentira, a franqueza da falsidade. Dono de uma personalidade determinada, que suporta uma intensa atividade mental necessária para tornar suas histórias coerentes, calibra com esmero os sinais que emite para convencer o interlocutor e não ser pego na patranha. Mas o que ele diz importa. Mesmo dissimulado, inserindo meias-verdades nas suas confissões, é possível decantar um pouco de suas impressões e aprender com uma das mais brilhantes mentes criminosas do país.

Mestres do submundo do crime financeiro, doleiros como Youssef e sua ex-amante Nelma Kodama sabem onde estão as rachaduras fiscais e cambiais para a lavagem de dinheiro, que, de tão óbvias, parecem ter sido abertas sob medida por dirigentes de importantes órgãos de supervisão, como Receita Federal e Banco Central.[84]

O casal de doleiros se utilizou do relaxado sistema de câmbio no Brasil para simular importações que nunca aconteceram. Sob as barbas do Fisco e do Banco Central, sem ter que comprovar para as autoridades a compra da mercadoria, milhões, talvez bilhões de reais, foram transferidos ilegalmente para o exterior. Esse esquema dificilmente teria acontecido nas dimensões reveladas pela Lava Jato se estivesse valendo a regra anterior, que exigia a conferência compartilhada pelos dois órgãos de dados como o pagamento da importação, a entrada correspondente do produto no país e que verificava se a quantidade batia com o valor da operação.[85]

Desobrigados dessa checagem por determinação do Ministério da Fazenda, como pretensa medida desregulatória, Youssef e Kodama tinham à sua disposição o canal perfeito para evadir bilhões de dólares, que depois retornariam desinfetados pela lei de repatriação de ativos.

O correspondente inglês compreenderia, em suas apurações, que, num país onde o volume de dinheiro sujo compete com o meio circulante oficial, o ramo de lavanderia clandestina só poderia ser bem valorizado.[86] O passe de Youssef e de outros operadores financeiros era pago a peso de ouro. Em maio de 2018, a Operação Câmbio Desligo da Polícia Federal comprovaria que o segmento continuava aquecido.[87] Seria desarticulada uma rede de doleiros em atividade há mais de vinte anos, que teria movimentado mais de 1,5 bilhão de dólares por meio de transações financeiras conhecidas como dólar-cabo, uma manjada operação que forja a transferência de dinheiro do e para o exterior sem passar pelo sistema financeiro formal.

Para Watts, não seria demais inferir que omissões e inércias tão escandalosas assim criaram justificadas desconfianças de que os arranjos oficiais e as normas legais eram orientados para tornar o Brasil um dos países mais promissores à corrupção em todo o mundo. Hervé Falciani, o *whistleblower* que vazou os dados que deram origem ao *Swiss Leaks*, alertou que por aqui há mais facilidade para todas as atividades de finanças escusas do que em qualquer outro lugar, "porque há uma ausência total de controle, bem maior do que em outros países".[88]

Mesmo diante desses fatos, Youssef continuava convencido de que sua participação no diagrama mafioso, que capturara o Brasil, era periférica. Estava disposto a apontar os verdadeiros culpados. No alto do pódio de sua bronca, estavam os políticos.

"Eu sou a favor da Lava Jato", defendeu, sem modular a voz, com a mesma *pokerface*, aquele olhar sereno de jogador experiente, como se na frase fosse absurdo encontrar qualquer sinal de cinismo ou contradição. Para Youssef, a raiz de todo mal não estaria na Petrobras, que, para ele, fora colocada indevidamente como ré, mas nos políticos. "Essa safra de corruptos é que quebra as empreiteiras. Veja a Queiroz Galvão…"

Segunda maior do país, a empresa de Ildefonso Colares Filho viu, de 2014 a 2017, suas receitas despencarem de cinco para dois bilhões de reais e reduziu o quadro de funcionários a menos da metade. A construtora integrou um cartel que fraudou sistematicamente as licitações da Petrobras.[89]

Em sua preleção aparentemente desinteressada, ficou nítida também sua zanga com o sistema financeiro.

"O Brasil é o único país onde os bancos lucram mesmo com a crise, cobrando juros altíssimos.[90] É preciso uma auditoria da dívida pública. Se um juiz qualquer quiser e um tribunal mantiver, é possível fazê-la", asseverou. "O governo inventa história de que não tem dinheiro pra saúde, pra escola, quando na verdade não tinha que ter dinheiro pra pagar os juros", defendeu, no melhor estilo militante de esquerda, para em seguida reproduzir o pensamento neoliberal. "Se eu fosse presidente, privatizaria tudo, menos a segurança, a educação e a saúde."

Youssef gosta de ser direto. O funcionamento real do mundo não pode ser romantizado. Os operadores da economia e da política do país deveriam parar com toda essa dissimulação e ir direto ao ponto.

"Tem que legalizar o lobby e as contribuições aos partidos, o mundo é assim", foi franco, para jogar mais uma pergunta no ar. "Quem você acha que financia as ONGs?"

Mas estava claro que o ressentimento irreconciliável era com a Receita Federal. A relação pouco amistosa com o órgão parece ter embaralhado sua lucidez. Ao falar, a impressão que se tinha era a de que o Fisco estava no seu encalço por birra, não por critérios técnicos.

"O problema neste país está na fiscalização da Receita Federal", apontou, contendo imprecações.

O Leão seria, na opinião dele, um dos responsáveis pela tolerante regulação do mercado brasileiro, território fértil para a ação de gangues financeiras transnacionais, e por estimular a sonegação e planejamentos tributários agressivos por causa da carga excessiva de impostos. E emendou:

"Sou a favor mesmo da desoneração e da isenção de impostos pra gerar empregos. Esses impostos em cima dos empresários, que pagam 40%... Isso tem que acabar", selou sua animosidade com a autoridade tributária. "Deixa o pessoal ganhar dinheiro!"

A renúncia fiscal defendida por Youssef é, quando fruto de negociatas, uma das mais onerosas e disfarçadas formas de corrupção e, no Brasil, um dos maiores responsáveis pelo desequilíbrio fiscal do governo, aprofundando a já calamitosa desigualdade social, com mais de cinquenta milhões de brasileiros vivendo abaixo da linha da miséria.[91] Foram quase quinhentos bilhões de reais de tributos que deixaram de entrar nos cofres públicos, que poderiam ter sido revertidos para a educação, a saúde e a segurança pública de que fala o doleiro.[92] Por ser tão nociva para a sociedade, perversidade dessa natureza só poderia ter sido pensada, arquitetada e viabilizada num espaço institucional corrupto.

Delatores da Lava Jato, como o ex-diretor da Odebrecht, Claudio Melo Filho, revelaram como muitas das medidas provisórias foram colocadas no balcão de secos e molhados para atender um *pool* de corporações empresariais e confederações patronais.[93] As propinas que rolaram seriam de conhecimento de todos, sobretudo dos comandantes supremos do governo federal.

"O presidente da República sabe de tudo. Dilma sabia de tudo, e só caiu porque não soube fazer política, não sabe dar jantar pra políticos. O Collor caiu porque queria tudo só pra ele e pro PC Farias. O Temer não cai porque tem bom relacionamento no Congresso Nacional", vaticinou, com a erudição de quem compreende como funciona a cabeça dos políticos. "Conheço como ninguém o Congresso sem nunca ter pisado lá", assegurou com alguma satisfação, como que entendendo que os parlamentares brasileiros são facilmente previsíveis.

Por ser um dos mais engenhosos doleiros do país, muitos políticos de conta forrada e espaldar duro contrataram seus serviços desonestos. Essa relação exitosa por anos lhe conferiu autoridade para opinar sobre a classe.

"O povo sai às ruas chamando o PT de ladrão... O PT perto do MDB e do PSDB é batedor de carteira. Veja quanto o banco dá para as campanhas do PSDB e quanto dá para o PT?"

Pelo mosaico eleitoral da Transparência Política da Diretoria de Análise de Políticas Públicas da Fundação Getúlio Vargas, enquanto Aécio Neves (PSDB) recebeu seis milhões de reais em doações oficiais de um grande banco nas eleições de 2014, a petista Dilma Rousseff recebeu apenas quatro milhões de reais da mesma instituição.[94]

"Depois da eleição, os empresários batem à sua porta", validou o riscado de Marcelo Odebrecht, segundo quem as contribuições criam vínculos e favores que são cobrados, no futuro, na forma de obras e prestação de serviços viciadas e benefícios fiscais, cambiais ou comerciais.

"Mesmo sendo governo, tendo o presidente da República, o PT pegava 1% de comissão nos contratos, enquanto os outros partidos tomavam 10%", diz, acrescentando, ruborizado, que chegara a pedir "pros caras maneirarem na ladroagem". Na Petrobras, onde "desde a mulher do cafezinho até o presidente, todos sabiam o que acontecia lá", a margem seria superior a 20%. Mas, uma vez no poder, os "cristãos-novos" petistas teriam aprendido rápido a jogar e mais rápido ainda a aceitar suas regras.

Da mesma forma, o doleiro se sente confortável em restaurar parte da imagem do ex-presidente da Câmara dos Deputados, Eduardo Cunha, sobre quem teriam recaído todas as culpas pela falência moral da Congresso Nacional. Insinuando que conhece a intimidade secreta do parlamentar evangélico, saiu em sua defesa:

"O Cunha não tem dinheiro, não vão achar pra morder. O que ele recebia era pra pagar os 150 deputados do baixo clero. Eram oito milhões (de reais) por mês. Custa caro ser líder de partido."

De fato, o ex-presidente da Câmara era um banqueiro de propinas, nas palavras de outro doleiro, Lúcio Funaro, operador do PMDB.[95] Ele remunerava não somente os deputados do Centrão, de cujos mandatos se tornara avalista, mas até do então vice-presidente Michel Temer. Segundo delação de Funaro, Temer estava entre os políticos que recebiam dinheiro do ex-deputado.[96]

Funaro, outro prodígio das manobras obscuras, conhecido pelo temperamento agressivo, era muito próximo a Cunha, de quem ganhou carta branca para cobrar dívidas de empresários de forma intimidativa. Milton Schahin sentiu na pele a agressividade do operador, que o teria amedrontado: "Você está com câncer, né? Pois vou comer seu fígado com câncer e tudo." Já Fábio Cleto, ex-vice-presidente da Caixa Econômica Federal, acusou Funaro de ameaçar incendiar sua casa "com os filhos dentro".[97]

Os mais de três anos em regime fechado fizeram com que Youssef formulasse soluções e análises definitivas sobre questões relacionadas à Lava Jato. Em aparente estupor, considerou, por exemplo, "uma loucura prenderem o ex-presidente Lula por causa do tríplex do Guarujá e do sítio em Atibaia".

"Ele não poderia ter sido preso pelo que apareceu até agora. Só se tiver coisa nova com a delação do Marcelo."

E teve. O procurador-geral da República, Rodrigo Janot, a poucos dias de deixar o cargo, denunciou Lula como "o grande idealizador da constituição da presente organização criminosa", que desviou bilhões de reais da Petrobras. O procurador afirmou que PT, PMDB e PP arrecadaram juntos mais de três bilhões de reais em propina do setor privado. Lula acabou sendo preso em 7 de abril de 2018, quatro anos depois de deflagrada a Lava Jato.

Mas logo, como que contido pela prudência, relativizou as implicações socioeconômicas da indústria da corrupção no país. Para ele, o maior problema no Brasil é o de gestão, não a roubalheira. Youssef profere uma aula de como os operadores de segurança pública deveriam agir para proteger a sociedade de pessoas como ele. Sobram puxões de orelha para todos, até para os delegados da Polícia Federal, categoria que compartilha com os auditores fiscais seu desprezo.

"Eles ficam atrás da mesa. Na década de oitenta, na ditadura, eles saíam em campanha. Hoje, esperam tudo pronto. Defendem o grampo telefônico, porque assim é mais fácil, não precisam sair do lugar", criticou a suposta preguiça das chefias da PF.

Youssef carrega a convicção de que os delegados federais passaram maldosamente para a imprensa suas intimidades, expondo ele e sua família desnecessariamente.

"Não gostam de mim."

Mas os vazamentos não o afetaram.

"Até meus advogados talvez tenham vazado informações", desprezou.

A metralhadora giratória do doleiro estava bem municiada. Recriminou ainda a "ditadura branca dos juízes e dos procuradores" e classificou a Justiça brasileira de tacanha, por não ter aproveitado o talento e o conhecimento dos vigaristas da Lava Jato em benefício do país, como acontece em outros lugares do mundo.

"Eles prenderam os 10% do PIB em Curitiba, em vez de colocarem eles para trabalhar para o Estado. É gente muito boa, competente", considerou, lembrando o emblemático caso de Frank William Abagnale Jr., falsificador de cheques e impostor norte-americano, solto depois que firmou acordo para ajudar as autoridades federais no combate a crimes financeiros.[98]

Companheiro de carceragem de Youssef, Adir Assad também pensa que a Lava Jato prestou um desserviço ao país por não ter aproveitado o talento e o conhecimento dele e dos colegas Marcelo Odebrecht, Léo Pinheiro e Antonio Palocci.

"Encarceraram os proativos do país. Minha estada na prisão foi um desperdício de trabalho pra sociedade. Começo a me convencer de que, por mais que tenha *handicap* empresarial, de nada valeu meu empreendedorismo, a visão de negócios que tinha para o país", censurou Assad, com ambiguidade, pois sua prisão deveu-se justamente a sua proatividade que lesou o país.

Ainda é cedo para dizer, mas o pitaco de Assad e Youssef talvez tenha sido bem aproveitado pelos procuradores da República da Operação Câmbio Desligo, que terão aulas sobre técnicas de como lavar dinheiro ministradas por doleiros e colaboradores das investigações.[99]

Com a mesma facilidade com que critica adversários, Youssef defende quem lhe é caro. Lastimou o erro cometido pelo amigo e ex-deputado André Vargas por mentir à Polícia Federal sobre o jatinho que custeara para o parlamentar e a família viajarem para João Pessoa. Vargas foi condenado por Moro a quatro anos e meio de prisão por lavagem de dinheiro.[100]

"Se ele tivesse falado a verdade, estaria hoje numa situação melhor. Não há mal nenhum em emprestar um jatinho pra um amigo de trinta anos. Ele não tinha passagem comprada... Só que ele deu três versões diferentes e se fodeu. O Congresso perdeu um grande parlamentar."

Se os prognósticos de Newton sobre o doleiro não estiverem errados, Youssef abandonará de vez a imprevisível e agora arriscada atividade criminosa de operador financeiro para se dedicar a uma jornada de remissão na forma de uma biografia.

"Em nome das minhas filhas, vou esclarecer tudo num livro, porque a Lava Jato e a imprensa acabaram com a minha família", afirmou, lamentando a dor que causou a elas e o preconceito por que passaram até no mercado de trabalho.

Uma das filhas de Youssef, "poliglota", teria sido desclassificada na última fase de um processo seletivo na Braskem, braço petroquímico da Odebrecht, depois que souberam quem era seu pai.

Depois de concluído seu testemunho público, o doleiro mais famoso do país tem planos de entrar na política ou de dar cursos e conferências.

"Penso em ser candidato, em dar palestras de *compliance*. Vou até me matricular num curso de oratória", antecipou.

Mas admitiu que seu maior talento é mesmo o de fazer dinheiro.

"O que eu posso fazer? As pessoas me procuram e eu gosto de trabalhar. Não tenho medo de trabalhar. Vou das seis à meia-noite direto", gabou-se com modéstia, reforçando sua condição de líder e empreendedor.

A mente refinada de Youssef é capaz de aturdir fácil um interlocutor despreparado, que pode sair de um bate-papo com ele o absolvendo, ou se julgando tão imoral quanto. Ele defende o enunciado de que a escuridão em nós não nos faz necessariamente pessoas ruins.

"Você já sonegou? Fala a verdade!", pergunta sempre que surge oportunidade a quem está fora de seu círculo e possa se achar imaculado. Nivela todos os erros, arrastando-os para a mesma vala, naturalizando o instinto indefectível do homem em trapacear. Roubar muito ou pouco seria apenas uma questão de oportunidade. Youssef estaria assim redimido moralmente.

Torquato Jardim, ministro da Justiça de Temer (2017-), também se valeu dessa lógica para perdoar os atos de corrupção dos políticos de sua safra, "culpabilizando" a "cultura do jeitinho do brasileiro".[101] O que o ministro ignorou, por desconhecimento ou por má-fé, é que o atavismo de um povo não legaliza as malfeitorias de um governante. Revestido de autoridade pública, o político deveria deixar, em tese, seus instintos para representar melhor a sociedade. Na condição de agente do Estado, precisa sempre ser melhor e maior que o indivíduo.[102]

Ao contrário do ministro e do amigo Youssef, a convicção de Newton baseia-se nos princípios da cultura japonesa e da educação que recebeu dos pais, segundo os quais só é possível educar pela demonstração do bem. A cadeia de obrigações que conecta as camadas sociais se dá pelo exemplo de quem está no topo. Ao chefe de Estado e seus ministros não é permitido priorizar os interesses individuais quando há conflito com o bem-estar social. A matriz filosófica de Confúcio é uma que professa a lógica segundo a qual se o desejo do governante for bom, o povo será bom.[103] O povo se curva ao caráter moral de seu líder.

EPÍLOGO

Já é tarde da noite. O frio aguça. Hora de se despedirem. Jonathan Watts chama um táxi e agradece a Newton pelo seu tempo. O agente federal dá mais duas tragadas em seu cigarro e solta uma baforada de densa fumaça, antes do último aperto de mão. Trocam mais uma dúzia de palavras sem importância até o motorista chegar. Somente depois que o carro some de seu campo de visão, o famoso policial caminha de volta, sem pressa, para casa, e desaparece engolido pela escuridão.

Era muita coisa para um gringo assimilar, mesmo para um correspondente experiente que trabalhou no país por mais de cinco anos.[1] As revelações de Newton e os fatos absurdos descobertos pela Lava Jato apurados pelo jornalista estavam desconectados do emergente Brasil promissor vendido ao mundo pela revista *The Economist* cinco anos antes.[2] O Brasil real era um país endemicamente degenerado; os soberanos do PIB nacional e os governantes eram corruptos. Descrever o funcionamento das engrenagens da depravação nos órgãos públicos não era o gargalo na reportagem de Watts. O desafio era explicar a seu público, educado em países onde as instituições funcionam, a disfuncionalidade dos aparelhos do Estado que permitiram que grandes corporações tomassem de assalto a esfera pública. Tudo lhe era muito distópico.

Ele e a tradutora têm muito o que assimilar daquela noite. Há tempo ainda para uma bebida num espaço que lhe lembrasse um país menos selvagem. Nada melhor que um pub, uma espécie de embaixada britânica em Curitiba. Ao som de U2, hidratando a garganta seca com um *pint* de cerveja honesta, os lampejos lhe provocam epifanias em série.

A Lava Jato, como Newton lhe disse, poderia, sim, ser um divisor de águas no Brasil, no que tange a derrubar o velho paradigma de que rico não vai para a cadeia. Mas não se tratava, pensa o correspondente inglês, de apenas colocar o *entourage* do crime atrás das grades. Esperava-se, com a maior operação policial de combate à corrupção, que o Brasil entrasse num ponto de inflexão para mudança de postura no trato da Coisa Pública. Só o tempo poderá dizer.

Enquanto troca impressões com sua tradutora, Watts é surpreendido com a chegada de um caubói aplumado que, deslocado do ambiente, ocupa assento à mesa sem-cerimônia. Homem feito, cara carrancuda e jeito comum, com sua roupa bem-arrumada, mas com a camisa suada colada ao corpo magro e uma cabeça menor que o chapéu de couro que lhe escondia a testa tostada, sem demora tira conversa com o jornalista num surpreendente inglês nasalado típico do Texas.

"*Howdy!*", saúda o vaqueiro. "Nada deve mudar", continua, sem maiores introduções. "A estrutura da corrupção não é uma casualidade ou má sorte. Está no DNA do país. É parte da herança da colonização, do deus brasileiro que sempre adia o futuro. *Whatever!* A linha de chegada é uma ilusão. Está em constante curso, removida para mais longe toda vez que o povo chega perto. O Brasil precisa ser implodido para renascer numa conjuntura em que o bem-estar social seja um valor protegido da pressão de nossos sôfregos acionistas. A corrupção é somente um modelo de negócio bem-sucedido como outro qualquer, fruto sei lá de qual equação matemática formulada pela alta ralé de economistas e banqueiros pela qual a miséria e a expropriação são parte inseparável do enriquecimento de poucos. Não é por acaso que estamos baseados aqui. As regras são frouxas e os órgãos de controle são fracos, realidade que a Lava Jato não tem o poder ou propósito de alterar", conclui doutrinário, em voz clara, perfeitamente entendível apesar da música alta. Levanta-se, enterra ainda mais o chapéu na cabeça minúscula e se vai embora com seu ar brejeiro, restabelecendo a harmonia do espaço do rock.

EPÍLOGO

Watts volta para o Rio no dia seguinte. Ainda tem muito o que checar. Nos treze meses seguintes de apuração jornalística, ele se perguntaria como é que houve tantos casos de corrupção sistêmicos, que já aconteciam por tanto tempo dentro de vários governos sem nunca terem sofrido represália, combate ou enfrentamento significativo das instituições de controle? Como é que as pessoas não viram antes o que acontecia com essa máquina robusta do Estado? Se a Lava Jato mostrou o descontrole visível na esfera federal, como não seria a gestão na maior parte dos municípios e nas administrações estaduais?

Mesmo depois de concluída sua reportagem, que viria a ser publicada somente em 1º de junho de 2017,[3] Watts ainda não conseguiria vislumbrar mudanças estruturais que trouxessem esperança para o Brasil real – os mais de quatorze milhões de miseráveis do país[4] e os mais de treze milhões de desempregados.[5] Passados tantos anos de Lava Jato, não se veria qualquer instituição (Ministério Público, Tribunal de Contas da União, dos Estados e dos Municípios, Controladoria Geral da União, ouvidorias das agências reguladoras, entre outras) posicionar-se seriamente para rever seus procedimentos de controle e aperfeiçoar a governança. "O brasileiro testemunhou um Estado quebrar radicalmente pela má gestão, pela omissão e pelo desvio de dinheiro público, sem que se visse a atuação preventiva e eficiente de qualquer um desses órgãos. A mais grandiosa operação de combate aos crimes financeiros do país não teria trazido ares de renovação no funcionamento da estrutura estatal. A paisagem no Planalto Central era ainda mais inóspita do que quando a operação começou", rascunha para a matéria.

Não é um pensamento fora de razão. Desde o primeiro tiro da Lava Jato, em 2014, o que se viu foram iniciativas tímidas para mudar o curso do Estado ineficiente e corrompido. O preciso mecanismo de pilhagem estaria ainda em pleno vapor, porque, no sistema propositadamente desalinhado, não fora instalada uma válvula de segurança e controle, uma interface de informações entre os órgãos. Ao contrário, permanecia cada qual fechado em seu departamento, alheio ao todo, ninguém falando com ninguém para desobstruir a longa e bem pavimentada estrada por onde transitam as organizações criminosas.

Disputas de classe saíram dos bastidores, expondo as visões comezinhas a serviço de interesses pessoais e corporativos. O país assistiu perplexo ao fim repentino da bem-sucedida força-tarefa da Lava Jato,[6] à desagregação entre a Procuradoria-Geral da República e a Polícia Federal para ver quem devia firmar delações premiadas[7] e às ginásticas argumentativas de juízes para manter penduricalhos imorais em seus salários, como o auxílio-moradia.

A primazia das batalhas era por poder e vantagens, não por modelos de investigação mais funcionais e um ordenamento jurídico mais célere. Para atacar a impunidade, seria preciso uma reforma do processo de persecução penal de maneira a eliminar a burocracia do inquérito policial, que não serve para nada, a não ser para invalidar a materialidade do crime e dar mais poder aos delegados de quem será investigado e quando. Depois no Judiciário, onde os processos se arrastam por conta de infindáveis instrumentos recursais, como os embargos de declaração, que constituem, na opinião de Sérgio Moro, em "uma patologia protelatória que deveria ser eliminada do mundo jurídico".[8] Mas esses debates estão fora de questão, porque não interessam à classe política e à elite dominante.

A prisão de condenados em segunda instância está sempre sob ameaça de revisões no Supremo Tribunal Federal. O anti-igualitário foro privilegiado[9] ainda permanece para um número espantoso de mais de 58 mil autoridades.[10] Mesmo pegos na boca da botija da corrupção, só podem ser julgados pelas instâncias superiores da Justiça, com grandes chances de seus crimes serem prescritos.[11] As regras para a atividade de transporte e bases de valores mantêm-se inalteradas ao largo da fiscalização do Banco Central, sendo usada por operadores de propina como um verdadeiro sistema financeiro paralelo.[12]

Na Receita Federal, desenrola-se outro tipo de tratamento diferenciado. A cúpula do Fisco instituiu, por recomendação do então ministro da Fazenda, Guido Mantega (2006-2015), um sistema de monitoramento e alerta que avisa à chefia quando o CPF de agentes públicos e outras pessoas classificadas como politicamente expostas (PPEs), por desempenharem função relevante na administração pública e em estatais, está sendo acessado.[13] Essa vigilância interna intimida o auditor fiscal, que para não ser punido pela administração abandona a supervisão de contribuintes em posição de relevo. O relaxamento da fiscalização permitiu que diretores da Petrobras e seus familiares praticassem delitos sem serem incomodados pela Receita Federal.

Para a chefia da Receita Federal, interessa apenas se o contribuinte está recolhendo correntemente os impostos. Pouco importa se os rendimentos provieram de fonte ilícita ou de atividade criminosa. O que vale é a cláusula tributária *non olet*, segundo a qual "dinheiro não tem cheiro". Resultado dessa estranha doutrina, o departamento de inteligência da Receita, a Copei,[14] ignorou as evidências de crime da consultoria de Paulo Roberto Costa. As transações fraudulentas não foram detectadas, porque a Costa Global, escritório do ex-diretor de abastecimento da Petrobras, estava recolhendo em dia os tributos dos subornos.

Outro caso que ilustra bem como opera a blindagem de corruptos em cargos públicos foi o do ex-governador do Rio de Janeiro, Sérgio Cabral, e de sua esposa, Adriana Ancelmo. Protegidos pelo tratamento dado às PPEs, o desempenho patrimonial do casal foi vertiginoso durante os dois mandatos de Cabral sem que o Fisco os importunasse.[15] A vida esplendorosa dos dois não era segredo para quem convivia com eles.[16] Carros luxuosos e lanchas, pinturas de artistas famosos, joias, festas do guardanapo, mansões, tudo se desenrolava para todos verem, menos para os auditores fiscais da Receita Federal, numa obra de realismo fantástico. Enquanto no resto do mundo civilizado usam-se lupas para analisar a vida fiscal de autoridades públicas, por aqui, no kit do auditor fiscal montado pelo alto comando do órgão, a lupa foi trocada pela venda.

Ainda na esfera da autoridade tributária, possíveis atores do crime organizado foram mais uma vez protegidos pela autoridade tributária, que impôs uma camada adicional de sigilo a todos que aderiram ao programa de repatriação de recursos oriundos seja da sonegação, seja da corrupção.[17] O procedimento criou uma proteção excepcional ao sigilo fiscal desses contribuintes, ferindo preceitos constitucionais.

Em perspectiva, o legado da Lava Jato ia virando um borrão para Watts. Tanto mais lhe vinha essa percepção, mais inexorável revelava-se o brocardo do texano, uma espécie de porta-voz enigmático das forças primitivas do mercado. "Era como se o efeito dramático da Lava Jato tivesse sido apenas o de expor cruamente a fragilidade e a falência do modelo institucional em todos os níveis do Estado brasileiro, a falta de transparência e de percepção da sociedade de como se operava o mecanismo da administração pública", matuta o inglês no período em que se ocupa em dar sentido à sua história.

A reportagem sobre a Lava Jato seria uma das últimas do experiente jornalista como correspondente internacional do *Guardian* na América Latina. Pouco mais de um mês depois, estaria de volta a Londres, devastado com o que encontrou no Brasil, que, para ele e o mundo, fora uma promessa, e agora se revelara um erro de leitura. "É impossível não sentir pena do Brasil", escreveria em sua despedida.[18]

Nada indicaria a Watts que o Brasil faria uma travessia para uma sociedade virtuosa por causa da Lava Jato, porque, enquanto a operação recuperava para os cofres públicos bilhões de reais de dinheiro desviado e de propinas, o país prosseguia sangrando pelos mesmos dutos clandestinos e imorais desencavados pela força-tarefa e pelas mãos dos únicos que conheceriam o traçado e os meandros do labirinto por inteiro: os monarcas do Congresso Nacional, as cúpulas das instituições e os gurus do direito criminal e tributário. Apenas eles saberiam como trabalhar o processo para "o cara" ser absolvido lá na frente.

A maior operação anticorrupção do país teria, no final das contas, sido útil a esses consórcios secretos. Pagaram o preço alto com o sacrifício de alguns de seus diletos membros, mas as investigações iluminariam as trincas das estruturas edificadas para atender aos requisitos de desvio de recursos públicos com a cumplicidade geral e a blindagem adequada. Forneceria dados valiosos para o priorado da corrupção montar uma reação ao processo da Lava Jato nos moldes como aconteceu com a Operação Mãos Limpas, na Itália.[19] Seria uma questão de tempo no Brasil tentarem "a solução política" para o cerco de agentes públicos e de empresários – a aprovação de um pacote *à la* Lei Conso,[20] descriminalizando o financiamento desonesto, tornando mais elástica a negociação em casos de corrupção e extorsão, facilitando a vida de empresários envolvidos no pagamento de propina, instaurando a confidencialidade das investigações e dando um caráter legal ao que hoje é ilícito.[21]

Alguns passos na direção da impunidade e da improbidade disfarçada seriam dados. Tentariam impedir o Tribunal de Contas de identificar a conduta errada do gestor público.[22] Travariam o pacote de medidas legislativas elaborado pela equipe da Operação Lava Jato e entregue ao Congresso em 2016, com remotíssimas chances de sair do papel.[23] Patrocinariam incontáveis atos de improbidade administrativa para desonerar grandes empresas, minando as contas públicas, fazendo a alegria dos acionistas (em 2017, a renúncia fiscal foi de pelo menos quatrocentos bilhões de reais, soma que superou os gastos com saúde e educação).[24] Perdoariam dívidas de empresas lucrativas, como bancos, e até de empreiteiras que eram alvo da Polícia Federal,[25] com sucessivos e licenciosos programas de parcelamento de débitos tributários, obrigando a União a se endividar no mercado.[26] O aparelhamento das agências reguladoras com a nomeação de diretores em conflitos de interesse seguiria desenfreado, para que políticos influenciassem decisões bilionárias dos órgãos.[27]

As galerias da evasão de divisas por meio de operações fictícias de importação e exportação e pelo dólar-cabo ainda estariam desimpedidas para doleiros e operadores financeiros lavarem o dinheiro da corrupção. Nem a Receita nem o Banco Central corrigiriam esse desvio com o restabelecimento do trânsito de comunicação entre eles. Pela perspectiva de quem está no topo da hierarquia do crime financeiro, a negligência ou a omissão desses órgãos reguladores é senha.

No campo da investigação, sem equipes com dedicação exclusiva para investigar e julgar os casos de corrupção, a força-tarefa da Lava Jato em São Paulo não conseguiria repetir o desempenho dos grupos criados no Paraná e no Rio, poupando o tucanato paulista das mãos da Justiça.[28] A "delação do fim do mundo" da Odebrecht se mostraria um fiasco. Devido à lentidão, que trabalha a favor dos acusados, dos mais de quatrocentos políticos denunciados só um número pífio acabaria na barra dos tribunais.[29] O repertório é vasto.

Watts voltaria para sua terra natal com a convicção de que a Lava Jato expôs o nervo infeccioso do sistema político e derrubou os tapumes da hipocrisia nacional sobre a ética do empresariado. O mundo saberia que o crime organizado não estava apenas nos morros. O Estado era a própria organização criminosa comandada remotamente pelas confederações patronais. Mas encerraria sua temporada no Rio de Janeiro sem cravar que dias melhores virão para os brasileiros e sem saber se as mudanças que advirão somente reacomodarão as placas tectônicas da cleptocracia.

De certo, apenas que a Lava Jato continuaria fazendo vítimas e surpreendendo. O ex-presidente Luiz Inácio Lula da Silva seria preso,[30] o gabinete do ministro do STF, Gilmar Mendes, viraria o "pátio dos milagres" dos petistas,[31] o intocável senador Aécio Neves[32] tornar-se-ia réu, o grau de confiança do brasileiro com a queda da corrupção diminuiria[33] e Newton Ishii, já aposentado, revisaria sua opinião sobre a política com a assunção da presidência regional de um partido pequeno.[34]

Ao contrário do jornalista inglês, a perspectiva do agente federal é mais esperançosa. Ele, que vivenciou períodos mais soturnos da história do país e assistiu impotente a inúmeras investigações da Polícia Federal pararem no lixo por decisão da Justiça, tem motivos para acreditar que o fruto da Lava Jato é alvissareiro. Ao olhar para trás, ele tem para si – e sente orgulho de ter participado desse processo histórico – que a operação fez mais do que abrir a caixa-preta da política no Brasil. As investigações tiveram o mérito de assustar a elite mafiosa do país, de colocar em xeque as contradições das instituições públicas, de trazer à tona as relações obscenas que os governantes mantiveram com as organizações privadas. O solo estava arado. E, para ele, o novo brota a partir da decomposição do velho. Faltaria somente fertilizá-lo para rediscutir novo modelo de governança no país. A Lava Jato tinha deixado seu postulado.

Newton, chamado carinhosamente pelos colegas de o "rei das selfies", devolveria à PF o distintivo de agente federal e começaria um novo ciclo em sua vida, dando palestras sobre o privilégio de vivenciar de perto a mais bem-sucedida operação policial no Brasil, de sua trajetória pessoal de superação, levando mensagens de esperança e de crença nas instituições que tornaram a Lava Jato possível, principalmente o Departamento da Polícia Federal, ao qual se dedicou por 42 anos.[35]

O Japonês da Federal, rosto da investigação da Lava Jato, ficará para a história, indelével, representando para milhares de brasileiros de todas as camadas sociais a imagem icônica do policial federal dedicado, sério, profissional e humano, vestido de preto com seus indefectíveis óculos de sol, pronto para prender o próximo corrupto.

E a Zelotes?

APÊNDICES

O QUE É A LAVA JATO?

A Lava Jato, maior investigação de corrupção do Brasil, foi deflagrada em 17 de março de 2014. Os fatos que deram origem à operação estão relacionados à apuração de um esquema de lavagem de dinheiro envolvendo o ex-deputado federal José Janene (PP-PR), as empresas CSA Project Financeira Ltda. e Dunel Indústria e Comércio Ltda., sediadas em Londrina, no norte do Paraná, o doleiro Carlos Habib Chater, e pessoas físicas e jurídicas ligadas a ele. Como os crimes eram praticados no Paraná, a investigação foi ancorada na vara especializada em lavagem de dinheiro desse estado.

Por meio de interceptações telefônicas, as investigações chegaram a outros doleiros, o que deu origem a cinco apurações: Lava Jato, cujo nome ficou consagrado, Bidone, Dolce Vitta I e II e Casablanca. Por meio delas, foi constatada a prática de delitos relacionados a organização criminosa, evasão de divisas, falsidade ideológica, corrupção de funcionários públicos, tráfico de drogas, peculato e lavagem de capitais.

Durante as investigações, constatou-se que um dos doleiros, Alberto Youssef, anteriormente condenado na Operação Banestado (nos anos 2000), voltara a atuar na lavagem de dinheiro, e havia presenteado o ex-diretor da Petrobras, Paulo Roberto Costa, com um veículo Land Rover. Isso levaria à descoberta de um esquema de corrupção na estatal, incluindo diversos diretores que atuavam a mando de partidos políticos (PMDB, PP e PT) e mantinham relações espúrias com executivos de empreiteiras.

As apurações revelaram que, de 2004 a 2014, e talvez por mais tempo, estruturou-se uma organização criminosa dentro e em torno da Petrobras, formada por quatro núcleos principais, cujo objetivo era desviar dinheiro da estatal. Os núcleos eram formados por empreiteiras, funcionários e altos executivos da Petrobras, operadores financeiros, agentes e partidos políticos. Um dos principais esquemas funcionava da seguinte forma: as empreiteiras organizavam-se em cartel a fim de escolher, num jogo de cartas marcadas, quem venceria as licitações. Os preços cobrados à estatal eram inflacionados, causando prejuízos diretos à administração pública. Para colaborar com as fraudes, os diretores recebiam propina das empreiteiras vencedoras e repassavam estes valores a políticos e outros agentes públicos.

Apesar da origem em Curitiba, posteriormente foram criadas forças-tarefas nos Ministérios Públicos Federais de Rio de Janeiro (2016) e São Paulo (2017). Todas apuram crimes de corrupção e lavagem de dinheiro em órgãos públicos. Além disso, em 2015, foi criado um Grupo de Trabalho da operação na Procuradoria-Geral da República, em Brasília, para atuar nos casos que envolvem políticos com foro privilegiado.

O funcionamento do esquema

As empreiteiras – As empreiteiras se cartelizaram em um "clube", para substituir uma concorrência real por uma concorrência aparente. Os preços oferecidos à Petrobras eram calculados e ajustados em reuniões secretas, nas quais se definia quem ganharia o contrato e qual seria o preço, inflado em benefício privado e em prejuízo dos cofres da estatal.

Funcionários da Petrobras – As empresas precisavam garantir que apenas aquelas do cartel fossem convidadas para as licitações, o que foi assegurado com a cooptação de agentes públicos. Os funcionários favoreciam o cartel, restringindo convidados e incluindo a ganhadora entre as participantes, em um jogo de cartas marcadas.

Operadores financeiros – Os intermediários entregavam a propina disfarçada de dinheiro limpo aos beneficiários.

Agentes políticos – Outra linha da investigação começou em março de 2015, quando o procurador-geral da República, Rodrigo Janot, apresentou ao Supremo Tribunal Federal 28 petições para a abertura de inquéritos criminais destinados a apurar fatos atribuídos a 55 pessoas, das quais 49 eram titulares de foro por prerrogativa de função (o "foro privilegiado"). Elas foram citadas em colaborações premiadas feitas na 1ª instância mediante delegação do procurador-geral.

Instrumentos utilizados na obtenção de provas

Prisões preventivas alongadas – As prisões preventivas são solicitadas e mantidas pelos juízes responsáveis, quando há risco de comprometimento de investigações ou risco de fuga. Os investigadores recorreram aos mandados de prisão preventiva, quando alguém é mantido preso sem condenação, sob o argumento de que pode atrapalhar as investigações.

Delações premiadas – As colaborações premiadas são um instrumento de defesa, utilizada quando o investigado, juntamente com a defesa, verifica que é ou não a melhor maneira de encarar o processo e as acusações. As delações forneceram subsídios para que a investigação avançasse. Por toda a cadeia de corrupção, dos funcionários que entregavam a propina aos donos de empreiteiras, passando por políticos de vários partidos, houve acordos de delação. Criou-se um ciclo em que as delações ensejavam novas fases.

Conduções e buscas – Outro método foi a condução coercitiva, quando o investigado ou a testemunha eram obrigados a prestar depoimento, ou quando os investigados se recusavam a prestar depoimento. As buscas e apreensões, tanto em escritórios como em residências de investigados. Em diversas dessas ações, os investigadores apreenderam documentos que foram cruciais para o avanço da operação ou até embasaram denúncias.

Colaboração internacional – Por meio de pedidos de cooperação internacional, procuradores e policiais tiveram acesso a dados bancários de contas em paraísos fiscais, para onde o dinheiro desviado era transferido.

Desdobramentos

As investigações sobre o esquema da Petrobras apontaram para outras malhas de corrupção detectadas na usina hidrelétrica de Belo Monte, no Pará, na usina nuclear de Angra 3, no Rio de Janeiro, nos Fundos de Pensão ligados a servidores federais, nos estádios construídos ou reformados para a Copa do Mundo de 2014, nas linhas e estações de metrô de pelo menos sete estados mais o Distrito Federal e nos trechos do Rodoanel, em São Paulo. A amplitude das apurações desmembrou a Lava Jato.

Momentos cruciais

Petrobras – O cartel existente na Petrobras já era de conhecimento dos investigadores. As colaborações de Alberto Youssef e de Paulo Roberto Costa ocorreram depois de diversos processos já estarem tramitando na Justiça Federal do Paraná. As investigações motivaram a chamada "Lista do Janot", referência aos pedidos de inquérito feitos pelo então procurador-geral da República, Rodrigo Janot, em março de 2015, a deputados e senadores no exercício do mandato.

Odebrecht – Líder do ramo da construção no país, o conglomerado era conhecido pela estreita relação de seus donos com o meio político. A empreiteira foi alvo da 14ª fase, em junho de 2015. Com base em documentos e depoimentos de executivos, viu-se que o esquema foi adotado em dezenas de contratos públicos, indo além da Petrobras. Após a prisão de Marcelo Odebrecht, herdeiro do grupo, e do forte abalo à imagem da empreiteira,

78 funcionários e ex-funcionários firmaram acordo de delação premiada no fim de 2016. As delações renderam a "segunda Lista do Janot", ou a "Lista do Fachin", como também ficou conhecida, em referência ao ministro do STF Edson Fachin, que a referendou, incluindo ministros de Michel Temer e governadores.

JBS – A Lava Jato deu um novo passo quando se aproximou da JBS, maior processadora de proteína animal do mundo e uma das maiores doadoras de campanhas eleitorais. Em maio de 2017, a delação dos donos do frigorífico, Joesley Batista e Wesley Batista, levantou acusações, principalmente, contra Temer e Aécio Neves, flagrados em grampos comprometedores e denunciados por corrupção sob acusação de receberem propina. Temer ainda foi acusado de organização criminosa e de tentar atrapalhar o avanço da Lava Jato. O presidente ficou ameaçado de ser afastado do cargo, mas graças ao apoio da Câmara as denúncias foram rejeitadas. Os irmãos Batista chegaram a dizer que tinham informações capazes de comprometer quase 1.900 políticos.

A Lava Jato em números

51 fases
300 políticos atingidos, de 14 partidos[1]
187 acordos de colaboração firmados, sendo 157 deles com pessoas que não estavam presas.
1.255 mandados expedidos
442 acusados
168 prisões preventivas
105 pessoas denunciadas
160 réus condenados em primeira instância
77 réus condenados em segunda instância
2.384 é a soma dos anos de cadeia dos sentenciados

R$ 12 bilhões, aproximadamente, é o valor que colaboradores e empresas se comprometeram a devolver em colaboração e leniência

R$ 1,9 bilhão recuperado pela Petrobras

R$ 2,33 bilhões de reparação solicitada no Rio de Janeiro

R$ 38,1 bilhões é o valor total pedido pelo Ministério Público Federal do Paraná em ressarcimentos, incluindo multas

R$ 6,4 bilhões em propinas do esquema da Petrobras, dos quais metade paga para políticos e partidos; o valor total pode chegar a 42 bilhões

1% a 5% é o valor da propina na Petrobras

R$ 12,5 trilhões analisados em operações financeiras rastreadas

4.220 policiais federais, 13 procuradores da República e mais 50 auxiliares (assessores jurídicos, técnicos, analistas, especialistas em tecnologia da informação, estagiários), 70 auditores fiscais (sendo 12 da Inteligência da Receita Federal com dedicação exclusiva) e analistas tributários trabalharam em pelo menos uma fase da operação

193 inquéritos instaurados no âmbito da Lava Jato em curso no STF

39 investigações tramitando em tribunais superiores, 36 delas no STF, envolvendo 101 investigados

1 é o número de julgamentos de autoridades com foro privilegiado nas instâncias superiores da Justiça

395 pedidos de cooperação internacional envolvendo 50 países

Um terço dos ministros, um terço dos senadores, metade dos governadores, 415 políticos de 26 partidos implicados no acordo de delação da Odebrecht

AGRADECIMENTOS

Agradeço à minha companheira e esposa, Ana Paula Felício. Além de apoiadora de primeira hora, foi o pedaço da minh'alma que me faltou para eu concluir este projeto. Sou grato também a amigos que, com tolerância, leram e opinaram sobre trechos do livro durante o processo de sua produção.

Obrigado a Carlos José Diniz, Fernando Porto, Eugênio Melloni, Luiz Octavio de Lima, professor Paulo Nassar e Mary Vida. Sou igualmente grato a Cláudia Belém por me apontar o caminho tortuoso do mundo editorial, a João Paulo Rocco por acreditar no potencial da obra de um novato e a parceiros e colegas que com sua *expertise* me esclareceram e me orientaram em vários aspectos nebulosos e intrincados dos órgãos públicos de controle.

Obrigado, pelas dicas, orientações e esclarecimentos, a Kleber Cabral, Mauro Silva, Rachel Machado, Flávio Werneck e muitos agentes federais que mantenho no anonimato para não sofrerem represálias de suas chefias.

Agradeço a Jordana Ishii, que me recebeu de peito aberto em sua casa, e ao correspondente inglês, Jonathan Watts, quem, de maneira involuntária, primeiro abriu a fenda para eu trilhar essa estrada fascinante da literatura com o crítico olhar jornalístico.

Obrigado aos personagens que aceitaram contribuir para este livro com seus depoimentos.

Por fim, a gratidão maior é pelo agente federal Newton Hidenori Ishii, que me deu o privilégio de sua convivência e de contar sua história para o público.

NOTAS

PREFÁCIO
1 BOECHAT, R. Estado de alerta. *IstoÉ*. 4 maio 2018. Disponível em: <https://istoe.com.br/estado-de-alerta/>.

CAPÍTULO 1 – PASSA A BOLA, JAPONÊS!
1 WATTS, J. Operation Car Wash: Is this the biggest corruption scandal in history? *The Guardian*. 1º jun. 2017. Disponível em: <https://www.theguardian.com/world/2017/jun/01/brazil-operation-car-wash-is-this-the-biggest-corruption-scandal-in-history>.

2 DIONÍSIO, B. PF estima que prejuízo da Petrobras com corrupção pode ser de R$ 42 bi. *G1*. 12 nov. 2015. Disponível em: <http://g1.globo.com/pr/parana/noticia/2015/11/pf-estima-que-prejuizo-da-petrobras-com-corrupcao-pode-ser-de-r-42-bi.html>.

3 RIBEIRO, I. M. O custo Brasil da corrupção. *O Estado de S.Paulo*. 20 set. 2016. Disponível em: <http://politica.estadao.com.br/blogs fausto-macedo/o-custo-brasil-da-corrupcao/>.

'Estadão' mostra o custo da corrupção no Brasil. *O Estado de S.Paulo*. 4 maio 2017. Disponível em: <http://economia.estadao.com.br/noticias/geral,estadao-mostra-o-custo-da-corrupcao-no-brasil, 70001762755>.

SEIXAS, B. Saiba qual é o preço da corrupção no Brasil: Ações ilegais chegam a corroer até 2,3% do PIB nacional por ano. *Gazeta Online*. 29 maio 2017. Disponível em: <https://www.gazetaonline.com.br/noticias/economia/2017/05/saiba-qual-e-o-preco-da-corrupcao-no-brasil-1014059906.html>.

BITTENCOURT, A. Corrupção eleva o custo da expansão econômica. *Valor Econômico*. 10 abr. 2017. Disponível em: <http://www.valor.com.br/brasil/4932656/corrupcao-eleva-o-custo-da-expansao-economica>.

Especialistas calculam o custo exato da corrupção no Brasil. *G1*. 5 jun. 2017. Disponível em: <http://g1.globo.com/fantastico/quadros/brasil-quem-paga-e-voce/noticia/2017/06/especialistas-calculam-o-custo-exato-da-corrupcao-no-brasil.html>.

Brasil perde cerca de R$ 200 bilhões por ano com corrupção, diz MPF. *IstoÉ*. 7 fev. 2017. Disponível em: <https://istoe.com.br/brasil-perde-cerca-de-r-200-bilhoes-por-ano-com-corrupcao-diz-mpf/>.

Empresas privadas devem R$ 450 bilhões à Previdência, mostra relatório final da CPI. *Senado Notícias*. 23 out. 2017. Disponível em: <https://www12.senado.leg.br/noticias/materias/2017/10/23/empresas-privadas-devem-r-450-bilhoes-a-previdencia-mostra-relatorio-final-da-cpi>.

Sonegação deve atingir R$ 500 bilhões em 2014, indica Sonegômetro. *Folha de S.Paulo*. 4 ago. 2014. Disponível em: <http://www1.folha.uol.com.br/mercado/2014/08/1494365-video-sonegacao-deve-atingir-r-500-bilhoes-em-2014-indica-sonegometro.shtml>.

União abriu mão de R$ 68,7 bi com desoneração da folha em 5 anos. *Época Negócios*. 29 mar. 2017. Disponível em: <http://epocanegocios.globo.com/Economia/noticia/2017/03/uniao-abriu-mao-de-r-687-bi-com-desoneracao-da-folha-em-5-anos.html>.

4   DEMANI, A. Sérgio Takao Sato, projetista de estrada e turismólogo: 'No Brasil, um coreano e um japonês são amigos.' *O Globo*. 1º mar. 2018. Disponível em: <https://oglobo.globo.com/sociedade/conte-algo-que-nao-sei/sergio-takao-sato-projetista-de-estrada-turismologo-no-brasil-um-coreano-um-japones-sao-amigos-22442438>.

5   CARVALHO, Márcia Siqueira. O uso do solo na década de 1960 no norte do Paraná e a política cafeeira. *Geografia*, Londrina, v. 8, n. 2, p. 135-141, jul./dez. 1999. Disponível em: <http://www.uel.br/revistas/uel/index.php/geografia/article/download/10191/8990>.

CAPÍTULO 2 – NA POLÍCIA FEDERAL

1   Contrabando causa prejuízo de R$ 350 bi ao país nos últimos 3 anos. *G1*. 10 mar. 2018. Disponível em: <http://g1.globo.com/jornal-nacional/noticia/2018/03/contrabando-causa-prejuizo-de-r-350-bi-ao-pais-nos-ultimos-3-anos.html>.

2   POLÍCIA FEDERAL – PF [@policiadeferal]. Facebook. 4 jun. 2014. Disponível em: <https://www.facebook.com/policiafederal/photos/a.465261690168176.116246.223630627664618/841614212532920/?type=3>.

3   WERNECK, F. Duro golpe na Lava Jato. *Folha de S.Paulo*. 11 set. 2017. Disponível em: <http://www1.folha.uol.com.br/opiniao/2017/09/1917093-duro-golpe-na-lava-jato.shtml>.

4   SASSINE, V. Só 27% das investigações de crimes de corrupção viram denúncias. *O Globo*. 16 ago. 2015. Disponível em: <https://oglobo.globo.com/brasilso-27-das-investigacoes-de-crimes-de-corrupcao-viram-denuncias-17198150>.

5   LIMA, R. S. de; BUENO, S. Cartório da Impunidade. *G1*. 9 nov. 2017. Disponível em: <https://g1.globo.com/monitor-da-violencia/noticia/cartorio-da-impunidade.ghtml>.

6   TUMA JUNIOR, R.; TOGNOLLI, C. *Assassinato de reputações: Um crime de Estado*. Rio de Janeiro: Top Books, 2013.

7   AZEVEDO, R. Show midiático da 'Carne Fraca' deveria envergonhar a PF e o país. *Veja Online*. 20 mar. 2017. Disponível em: <https://veja.abril.com.br/blog/reinaldo/show-midiatico-da-carne-fraca-deveria-envergonhar-a-pf-e-o-pais/>.

8   MATOS, V. Agentes da PF encerram greve na maioria dos estados, diz federação. *G1*. 15 out. 2012. Disponível em: <http://g1.globo.com/brasil/noticia/2012/10/agentes-da-policia-federal-decidem-encerrar-greve.html>.

9   GUIMARÃES, J. Suicídio entre policiais federais é seis vezes maior do que a média brasileira. *R7*. 24 mar. 2017. Disponível em: <https://noticias.r7.com/brasil/suicidio-entre-policiais-federais-e-seis-vezes-maior-do-que-a-media-brasileira-24032017>.

10 PARDELLAS, S. O bilhete que liga o doleiro a Dilma. *IstoÉ*. 11 mar. 2016. Disponível em: <http://istoe.com.br/448517_O+BILHETE+QUE+LIGA+O+DOLEIRO+A+DILMA/>.

CAPÍTULO 3 – OPERAÇÃO SUCURI

1   MANOEL, L. PF desmantela quadrilha de muambeiros em Foz. *Tribuna do Paraná*. 13 mar. 2003. Disponível em: <http://www.tribunapr.com.br/painel-do-crime/pf-desmantela-quadrilha-de-muambeiros-em-foz/>.

2   ALENCAR, C. Investigação da PF em corrupção faz apreensões de armas caírem 59%. *R7*. 25 out. 2017. Disponível em: <https://noticias.r7.com/brasil/investigacao-da-pf-em-corrupcao-faz-apreensoes-de-armas-cairem-59-25102017>.

3   TOLEDO, M. Contrabando 'ficha' agentes e dribla repressão na fronteira com Paraguai. *Folha de S.Paulo*. 13 nov. 2017. Disponível em: <http://www1.folha.uol.com.br/cotidiano/2017/11/1934930-contrabando-ficha-agentes-e-dribla-repressao-na-fronteira-com-paraguai.shtml>.

4   SCRIVANO, R.; NASCIMENTO, B. Contrabando gera perdas de cerca de R$ 130 bilhões em 2016. *O Globo*. 29 mar. 2017. Disponível em: <https://oglobo.globo.com/economia/contrabando-gera-perdas-de-cerca-de-130-bilhoes-em-2016-21128352>.

5   MANOEL, L. Idem, ibidem.

6   GIESSEL, R. O 'Japonês da Federal', 13 anos de impunidade. *Gazeta de Joinville*. 22 fev. 2016. Disponível em: <http://www.gazetadejoinville.com.br/portal/2016/02/22/o-japones-da-federal-13-anos-de-impunidade/>.

7   PF prende deputados, desembargador e juiz em Rondônia. *Gazeta do Povo*. 4 ago. 2006. Disponível em: <http://www.gazetadopovo.com.br/vida-publica/pf-prende-deputados-desembargador-e-juiz-em-rondonia-a5fzywecedzj53idq6yglnozy>.

8   TORTATO, M. Operação prende 22 policiais federais no PR. *Folha de S.Paulo*. 13 mar. 2003. Disponível em: <http://www1.folha.uol.com.br/fsp/cotidian/ff1303200319.htm>.

9   Justiça bloqueia R$ 33 milhões em bens de secretário de Marconi. *Goiás Real*. 22 maio 2017. Disponível em: <http://www.goiasreal.com.br/noticia/6088/justica-bloqueia-r-33-milhoes-em-bens-de-secretario-de-marconi>.

10 KRÜGER, A.; BARBIÉRI, L.F. Uma mala não é prova suficiente, diz Segóvia sobre denúncia contra Temer. *Poder360*. 20 nov. 2017. Disponível em: <https://www.poder360.com.br/justica/mala-nao-e-prova-suficiente-diz-segovia-sobre-denuncia-contra-temer/>.

11   CASTRO, F. Juiz manda transferir Japonês da Federal para sede da Polícia Civil. *G1*. 8 jun. 2016. Disponível em: <http://g1.globo.com/pr/parana/noticia/2016/06/juiz-manda-transferir-japones-da-federal-para-sede-da-policia-do-pr.html>.

12   WRONSKI, F. STJ mantém condenação do 'Japonês da Federal'. *CGN*. 14 mar. 2016. Disponível em: <http://cgn.inf.br/noticia/169389/stj-mantem-condenacao-do-japones-da-federal>.

CAPÍTULO 4 – TRAGÉDIA NA FAMÍLIA

1   LANE, E. Os jovens japoneses que estão trabalhando literalmente até a morte. *BBC Brasil*. 10 jun. 2017. Disponível em: <http://www.bbc.com/portuguese/internacional-40140914>.

2   NAÇÕES UNIDAS NO BRASIL. OMS: suicídio é responsável por uma morte a cada 40 segundos no mundo. 12 set. 2016. Disponível em: <https://nacoesunidas.org/oms-suicidio-e-responsavel-por-uma-morte-a-cada-40-segundos-no-mundo/>.

CAPÍTULO 5 – NA LAVA JATO

1   DIÁRIO OFICIAL DA UNIÃO. 16 abr. 2014. s.2, p.37. Disponível em: <https://www.jusbrasil.com.br/diarios/69139692/dou-secao-2-16-04-2014-pg-37>.

2   BENITES, A. O 'homem-bomba' da Petrobras se cala e CPI vira palanque político. *El País*. 18 set. 2014. Disponível em: <https://brasil.elpais.com/brasil/2014/09/18/politica/1410991673_268800.html>.

3   LUCHETE, F. Ex-diretor da Petrobras diz que foi ameaçado pela PF. *Consultor Jurídico*. 25 abr. 2014. Disponível em: <https://www.conjur.com.br/2014-abr-25/carta-ex-diretor-petrobras-sido-ameacado-policia-federal>.

4   DIAS, M.; MATTOSO, C. PF revela erro em investigação sobre grampo na cela de Youssef. *Folha de S.Paulo*. 5 mar. 2017. Disponível em: <http://www1.folha.uol.com.br/poder/2017/03/1863743-pf-revela-erro-em-investigacao-sobre-grampo-na-cela-de-youssef.shtml>.

5   FERNANDES, M. Por que o fim da força-tarefa da Lava Jato em Curitiba prejudica as investigações. *HuffPost Brasil*. 7 jul. 2017. Disponível em: <http://www.huffpostbrasil.com/2017/07/07/por-que-o-fim-da-forca-tarefa-da-lava-jato-em-curitiba-prejudica_a_23021235/>.

6   MORAIS, R. Fim do contrato do sistema de digitais da PF afeta busca de procurados da Interpol e emissão de passaportes. *G1*. 26 set. 2017. Disponível em: <https://g1.globo.com/distrito-federal/noticia/fim-do-contrato-do-sistema-de-digitais-da-pf-afeta-busca-de-procurados-da-interpol-e-emissao-de-passaportes.ghtml>.

7   CARVALHO, J. de. Análise: O sorriso de Segóvia, a cúpula do PMDB e a Lava-Jato. *O Globo*. 10 nov. 2017. Disponível em: <https://oglobo.globo.com/brasil/analise-sorriso-de-segovia-cupula-do-pmdb-a-lava-jato-22056223>.

NOTAS

8   KRÜGER, A.; BARBIÉRI, L.F. Idem, ibidem.

9   MINISTÉRIO PÚBLICO FEDERAL. Caso Lava Jato: Atuação na 1ª Instância. Disponível em: <http://www.mpf.mp.br/para-o-cidadao/caso-lava-jato/atuacao-na-1a-instancia/investigacao/histórico>.

10 Prisão após 2ª instância ameaça 11 réus da Lava Jato. *Folha de S.Paulo.* 22 mar. 2018. Disponível em: <https://www1.folha.uol.com.br/poder/2018/03/aos-4-anos-lava-jato-ve-fim-da-prisao-em-2a-instancia-como-maior-ameaca.shtml>.

11 Janot denuncia Renan, Jucá e Sarney na Lava Jato. *Veja Online.* 25 ago. 2017. Disponível em: <https://veja.abril.com.br/politica/janot-denuncia-renan-juca-e-sarney-na-lava-jato/>.

12 MATTOSO, C. Corintiano fanático, Segóvia tem elos com Sarney, Gilmar e CBF. *Folha de S.Paulo.* 27 nov. 2017. Disponível em: <http://www1.folha.uol.com.br/poder/2017/11/1938479-novo-diretor-da-pf-tem-elos-com-sarney-gilmar-e-cbf.shtml>.

13 SADI, A. 'Jamais antecipei julgamento', diz Barroso em resposta a Gilmar Mendes. *G1.* 28 fev. 2018. Disponível em: <https://g1.globo.com/politica/blog/andreia-sadi/post/2018/02/28/jamais-antecipei-julgamento-diz-barroso-em-resposta-a-gilmar-mendes.ghtml>.

14 PIMENTEL, J. C. Polícia Federal troca comando em Santos e envia delegado para força-tarefa no Rio de Janeiro. *G1.* 23 dez. 2017. Disponível em: <https://g1.globo.com/sp/santos-regiao/noticia/delegado-da-pf-em-santos-deve-deixar-o-cargo-e-chefiar-forca-tarefa-no-rio-de-janeiro.ghtml>.

15 PARAGUASSU, L.; BRITO, R. REEDIÇÃO-EXCLUSIVO-Segóvia diz que não há indício de crime em inquérito contra Temer e indica arquivamento. *Reuters.* 9 fev. 2018. Disponível em: <https://br.reuters.com/article/domesticNews/idBRKBN1FT30G-OBRDN>.

16 BOGHOSSIAN, B. Segóvia se transformou em risco que precisava ser eliminado. *Folha de S.Paulo.* 28 fev. 2018. Disponível em: <https://www1.folha.uol.com.br/colunas/bruno-boghossian/2018/02/segovia-se-transformou-em-risco-que-precisava-ser-eliminado.shtml>.

17 BRANDT, R.; AFFONSO, J. Em três anos, Lava Jato tem acervo de 30 milhões de documentos. *Folha de S.Paulo.* 9 jan. 2017. Disponível em: <http://politica.estadao.com.br/blogs/fausto-macedo/em-tres-anos-lava-jato-tem-acervo-de-30-milhoes-de-documentos/>.

18 FERREIRA, F. Volume de dados da Lava Jato leva PF a criar novo sistema. *Folha de S.Paulo.* 2 jan. 2017. Disponível em: <http://www1.folha.uol.com.br/poder/2017/01/1846272-neo-volume-de-dados-da-lava-jato-forca-pf-a-criar-novo-sistema.shtml>.

19 SCHIMITT, G. PF troca comando da Lava Jato no Paraná. *O Globo.* 12 dez. 2017. Disponível em: <https://oglobo.globo.com/brasil/pf-troca-comando-da-lava-jato-no-parana-22180387>.

CAPÍTULO 6 – A PRISÃO DE CERVERÓ

1   AFFONSO, J.; COUTINHO, M.; BRANDT, R.; MATAIS, A. Codinome de Cerveró em planilha de propina era 'Lindinho', diz delator. *O Estado de S.Paulo.* 22 out. 2015. Disponível

em: <http://politica.estadao.com.br/blogs/fausto-macedo/codinome-de-cervero-em-planilha-de-propina-era-lindinho-diz-delator/>.

CAPÍTULO 7 – O JAPONÊS DA FEDERAL

1. RAMOS, M.; VIEGAS, N. Policial federal que acompanha presos da Lava Jato é alvo de processos por corrupção. *Época*. 25 jul. 2015. Disponível em: <http://epoca.globo.com/tempo/expresso/noticia/2015/07/policial-federal-que-acompanha-presos-da-lava-jato-e-alvo-de-processos-por-corrupcao.html>.

2. 'Japonês da Federal' faz sucesso e ganha até marchinha de carnaval. *Folha de S.Paulo*. 4 dez. 2015. Disponível em: <http://f5.folha.uol.com.br/voceviu/2015/12/1715075-japones-da-federal-faz-sucesso-e-ganha-ate-marchinha-de-carnaval.shtml>.

3. WILLMERSDORF, P. Autor adapta letra de marchinha após prisão de 'Japonês da Federal'; ouça: o 'Japonês da Federal' virou hit no Carnaval deste ano, após marchinha viralizar na web. *Extra*. 8 jun. 2016. Disponível em: <https://extra.globo.com/noticias/brasil/autor-adapta-letra-de-marchinha-apos-prisao-de-japones-da-federal-ouca-19464213.html>.

4. REIS, V. Máscara do 'Japonês da Lava Jato' é a mais procurada no carnaval de SP: máscaras de personagens da política saem por R$ 6 no centro de SP. Lojistas e fabricantes relatam movimento fraco às vésperas do Carnaval. *G1*. 23 jan. 2016. Disponível em: <http://g1.globo.com/sao-paulo/carnaval/2016/noticia/2016/01/mascara-do-japones-da-lava-jato-e-mais-procurada-no-carnaval-de-sp.html>.

5. FILHO, E. F. Juízes da Lava Jato viram bonecos gigantes e são apostas em Olinda: o criador dos bonecos gigantes de Olinda explica como escolhe seus personagens. *Veja*. 10 fev. 2018. Disponível em: <https://veja.abril.com.br/blog/veja-gente/juizes-da-lavajato-viram-bonecos-gigantes-e-sao-apostas-em-olinda/>.

6. 'Japonês da Federal' pretende se aposentar para cuidar da família: aos 60 anos e dono de uma trajetória difícil, Newton quer se dedicar mais à filha. *Correio Braziliense*. 28 fev. 2016. Disponível em: <http://www.correiobraziliense.com.br/app/noticia/politica/2016/02/28/internas_polbraeco,519701/japones-da-federal-pretende-se-aposentar-para-cuidar-da-familia.shtml>.

7. NOGUEIRA, K. Como Temer, o Japonês da Federal enganou os oportunistas que queriam ser enganados. *Diário do Centro do Mundo*. 8 jun. 2016. Disponível em: <http://www.diariodocentrodomundo.com.br/como-temer-o-japones-da-federal-enganou-os-oportunistas-que-queriam-ser-enganados-por-kiko-nogueira/>.

8. DUAILIBI, J. Delegados da Lava Jato exaltam Aécio e atacam PT na rede: durante a eleição, perfis de policiais que investigam o escândalo na Petrobras chamam Lula de 'anta' e replicam conteúdo crítico a Dilma. *O Estado de S.Paulo*. 13 dez. 2014. Disponível em: <http://politica.estadao.com.br/noticias/geral,delegados-da-lava-jato-exaltam-aecio-e-atacam-pt-na-rede,1591953>.

NOTAS

9   Manifestantes tentam se aproximar de local de depoimento de Lula em Curitiba. *UOL Notícias*. 10 maio 2017. Disponível em: <https://noticias.uol.com.br/politica/ultimas-noticias/2017/05/10/manifestantes-tentam-se-aproximar-de-local-de-depoimento-de-lula-em-curitiba.htm>.

10 CARVALHO, J.G. Lula xingou e ameaçou policiais e procuradores quando ocorreu a operação de condução coercitiva. *Blog do Pávulo*. 21 dez. 2017. Disponível em: <http://blogdopavulo.blogspot.com.br/2017/02/lula-xingou-e-ameacou-policiais-e.html>.

11 TRIBUNAL DE JUSTIÇA DO DISTRITO FEDERAL E DOS TERRITÓRIOS. Horário de Mandados Judiciais. *TJDFT*. 20 nov. 2015. Disponível em: <https://www.tjdft.jus.br/institucional/imprensa/direito-facil/horario-de-mandados-judiciais>.

12 Japonês da Federal visita a Câmara e faz selfies com deputados. *G1*. 17 fev. 2016. Disponível em: <http://g1.globo.com/politica/operacao-lava-jato/noticia/2016/02/japones-da-federal-tem.html>.

13 BRASIL. Lei 4.878/65. 3 dez. 1965. Disponível em: <http://www.planalto.gov.br/ccivil_03/leis/L4878.htm>.

14 Art. 43. Das transgressões disciplinares. XXXV – contrair dívida ou assumir compromisso superior às suas possibilidades financeiras, comprometendo o bom nome da repartição.

15 BRAGA, J. Torquato demite agente da PF que denunciou superintendente. *O Globo*. 28 dez. 2017. Disponível em: <http://blogs.oglobo.globo.com/lauro-jardim/post/torquato-demite-agente-da-pf-que-denunciou-superintendente.html>.

16 AULER, M. Delegados da PF sobre o Japonês: 'vexatório, tragédia, patético'. *Marcelo Auler Repórter*. 9 fev. 2016. Disponível em: <http://marceloauler.com.br/delegados-da-pf-sobre-o-japones-vexatorio-tragedia-patetico/>.

17 Quem quer ser o próximo 'Japonês da Federal'? *Gazeta do Povo*. Disponível em: <http://www.gazetadopovo.com.br/economia/pos-e-carreira/quem-quer-ser-o-proximo-japones-da-federal-85jcm0c9zvabbsm42o0txurpp>.

18 TREVISAN, F. A Polícia Federal virou 'marca'. *Exame*. 11 abr. 2017. Disponível em: <https://exame.abril.com.br/blog/branding-consumo-negocios/a-policia-federal-virou-marca/>.

19 RCTV INTERATIVA OFICIAL. Polícia Federal é ovacionada em desfile de 7 de setembro em Brasília. 7 set. 2017. Disponível em: <https://www.youtube.com/watch?v=HAfozF8Rog4>.

20 PAPPAS, S. Oscar Psychology: why celebrities fascinate us. *Live Science*. 24 fev. 2012. Disponível em: <https://www.livescience.com/18649-oscar-psychology-celebrity-worship.html?utm_source=feedburner&utm_medium=feed&utm_campaign=Feed%3A+Livesciencecom+%28LiveScience.com+Science+Headline+Feed%29&utm_content=Google+Reader>.

21 RIZZO, A. A viagem secreta de Cardozo ao centro da Lava Jato. *Época*. 11 dez. 2015. Disponível em: <http://epoca.globo.com/tempo/noticia/2015/12/viagem-secreta-de-cardozo-ao-centro-da-lava-jato.html>.

22 'Japonês da Federal' vai virar consultor de multinacional. *O Antagonista*. 30 dez. 2017. Disponível em: <https://www.oantagonista.com/brasil/japones-da-federal-vai-virar-consultor-de-multinacional/>.

23 CALDEIRA, J. P. Ruralista que matou agente da PF é condenado a 34 anos de prisão. *GGN*. 23 fev. 2017. Disponível em: <https://jornalggn.com.br/noticia/ruralista-que-matou-agente-da-pf-e-condenado-a-34-anos-de-prisao>.

24 'Policial gato' que escoltou Lula vira fenômeno por um detalhe: profissional escoltou ex-presidente para depoimento com juiz federal Sérgio Moro. *Blasting News*. 11 maio 2017. Disponível em: <http://br.blastingnews.com/politica/2017/05/policial-gato-que-escoltou-lula-vira-fenomeno-por-um-detalhe-001691011.html>.

CAPÍTULO 8 – A CARCERAGEM

1 CORREIA, A. A. Adoecimento dos policiais federais. *SINDIPOL/DF*. 2 jul. 2014. Disponível em: <http://sindipoldf.org.br/noticias-sindipoldf/adoecimento-dos-policiais-federais/>.

2 AFFONSO, J.; MACEDO, F. Janot ataca 'larápios' e 'escroques' que ocupam 'vistosos cargos'. *O Estado de S.Paulo*. 13 set. 2017. Disponível em: <http://politica.estadao.com.br/blogs/fausto-macedo/janot-ataca-larapios-e-escroques-que-ocupam-vistosos-cargos/>.

3 BERGAMO, M. José Dirceu diz que prefere morrer a delatar como Palocci. *Folha de S.Paulo*. 9 set. 2017. Disponível em: <http://www1.folha.uol.com.br/colunas/monicabergamo/2017/09/1916871-jose-dirceu-prefere-morrer-do-que-delatar.shtml>.

4 IRAHETA, D. O pacto de sangue da alma mais honesta do Brasil. *HuffPost Brasil*. 7 set. 2017. Disponível em: <http://www.huffpostbrasil.com/diego-iraheta/o-pacto-de-sangue-da-alma-mais-honesta-do-brasil_a_23200764/?utm_hp_ref=br-homepage>.

5 BERGAMO, M. Idem, ibidem.

6 OHANA, C. PF revela temor de atentado em escolta e uso de *snipers* na Lava Jato. *UOL Notícias*. 21 jul. 2015. Disponível em: <https://noticias.uol.com.br/politica/ultimas-noticias/2015/07/21/pf-revela-temor-de-atentado-em-escolta-e-uso-de-snipers-na-lava-jato.htm>.

7 SANTOS, C. Inquérito sobre preso morto na PF do Rio deve ser concluído em um mês. *Folha de S.Paulo*. 15 nov. 2002. Disponível em: <http://www1.folha.uol.com.br/folha/cotidiano/ult95u62922.shtml>.

8 PARDELLAS, S. Idem, ibidem.

9 DUAILIBI, J. Idem, ibidem.

10 ODILLA, F.; HAUBERT, M. Dilma assina medida provisória pró-delegados e gera tensão com a PF. *Folha de S.Paulo*. 14 out. 2014. Disponível em: <http://www1.folha.uol.com.br/poder/2014/10/1532203-dilma-assina-medida-provisoria-pro-delegados-e-cria-problema-com-agentes-da-pf.shtml>.

NOTAS

11 CAMPBELL, U. Cunha, o detento: encrenqueiro e detestado pelos carcereiros. *Veja*. 30 mar. 2017. Disponível em: <http://veja.abril.com.br/brasil/cunha-o-detento-encrenqueiro-e-detestado-pelos-carcereiros/>.

12 SENNET, Richard. *A corrosão do caráter*. Rio de Janeiro: Record, 2005. p. 128.

13 VALENTE, R. Cunha recebeu R$ 57 mi de Funaro após início da Lava Jato, aponta PF. *Folha de S.Paulo*. 18 set. 2017. Disponível em: <http://www1.folha.uol.com.br/poder/2017/09/1919366-cunha-recebeu-r-57-mi-de-funaro-apos-inicio-da-lava-jato-aponta-pf.shtml>.

14 Dono da JBS gravou Temer dando aval para comprar silêncio de Cunha, diz jornal. *G1*. 17 maio 2017. Disponível em: <http://g1.globo.com/politica/noticia/dono-da-jbs-gravou-temer-dando-autorizacao-para-comprar-silencio-de-cunha-diz-jornal.ghtml>.

15 PHILLIPS, D. Accused of corruption, popularity near zero – why is Temer still Brazil's president? *The Guardian*. 17 oct. 2017. Disponível em: <https://www.theguardian.com/world/2017/oct/17/accused-of-graft-popularity-near-zero-so-why-is-brazils-president-still-in-office>.

16 CARAZZAI, E. H. Renato Duque sairá da prisão após cinco anos, determina Moro. *Folha de S.Paulo*. 26 jun. 2017. Disponível em: <http://www1.folha.uol.com.br/poder/2017/06/1896096-renato-duque-saira-da-prisao-em-cinco-anos-determina-moro.shtml>.

17 Após incêndio, serviços da PF ficam suspensos por tempo indeterminado. *G1*. 20 fev. 2017. Disponível em: <http://g1.globo.com/pr/parana/noticia/2017/02/apos-incendio-servicos-da-pf-ficam-suspensos-por-tempo-indeterminado.html>.

18 KANIAK, T. Empresário e lobista condenado na Lava Jato chega à PF, em Curitiba. *G1*. 19 ago. 2016. Disponível em: <http://g1.globo.com/pr/parana/noticia/2016/08/empresario-e-lobista-condenado-na-lava-jato-chega-pf-em-curitiba.html>.

19 ZILAH, K. Presos recebem pizzas e lagostas em presídio, denuncia relatório. *Jornal da Paraíba*. 1º maio 2011. Disponível em: <http://www.jornaldaparaiba.com.br/policial/noticia/59607_presos-recebem-pizzas-e-lagostas-em-presidio – denuncia-relatorio>.

20 MP descobre quartos de motel na Cadeia Pública de Benfica no Rio. *Jornal Nacional*. 7 mar. 2018. Disponível em: <http://g1.globo.com/jornal-nacional/noticia/2018/03/mp-descobre-quartos-de-motel-na-cadeia-publica-de-benfica-no-rio.html>.

21 GASPARI, E. Presos da Lava Jato ganharam banho aquecido de empreiteira. *Folha de S.Paulo*. 10 dez. 2017. Disponível em: <http://www1.folha.uol.com.br/colunas/eliogaspari/2017/12/1942095-presos-da-lava-jato-ganharam-banho-aquecido-de-empreiteira.shtml>.

22 LUIZ, G. Luiz Estevão reformou bloco de presídio onde cumpria pena, diz MP. *G1*. 8 ago. 2016. Disponível em: <http://g1.globo.com/distrito-federal/noticia/2016/08/luiz-estevao-reformou-presidio-onde-cumpre-pena-acusa-mp-veja-fotos.html>.

23   VALENTE, R. Em diálogos gravados, Jucá fala em pacto para deter o avanço da Lava Jato. *Folha de S.Paulo*. 23 maio 2016. Disponível em: <http://www1.folha.uol.com.br/poder/2016/05/1774018-em-dialogos-gravados-juca-fala-em-pacto-para-deter-avanco-da-lava-jato.shtml>.

24   BÄCHTOLD, F. Para 84% dos brasileiros, Lava Jato deve continuar; 12% defendem término. *Folha de S.Paulo*. 17 abr. 2018. Disponível em: <https://www1.folha.uol.com.br/poder/2018/04/para-84-dos-brasileiros-lava-jato-deve-continuar-12-defendem-termino.shtml>.

25   RODRIGUES, R. Os deslizes do juiz Sérgio Moro. *HuffPost Brasil*. 18 mar. 2016. Disponível em: <http://www.huffpostbrasil.com/rafael-rodrigues/sergio-moro_b_9501926.html?utm_hp_ref=brazil>.

26   MORO, S. Considerações sobre a operação Mani Pulite. *Centro de Estudos Judiciários*. Brasília, n. 26, p. 56-62, jul./set. 2004. Disponível em: <http://media.folha.uol.com.br/poder/2015/12/29/trabalho_internet_revista.pdf>.

27   VASCONCELLOS, J. Conselhos representam comunidade na fiscalização de presídios. *Conselho Nacional de Justiça*. 30 jul. 2015. Disponível em: <http://www.cnj.jus.br/noticias/cnj/80000-conselhos-da-comunidade-representam-a-populacao-na-fiscalizacao-dos-presidios>.

28   CARAZZAI, E. H. Foi o pior dia da minha vida, diz ex-executivo em palestra sobre a prisão. *Folha de S.Paulo*. 27 set. 2017. Disponível em: <http://www1.folha.uol.com.br/poder/2017/09/1922066-foi-o-pior-dia-da-minha-vida-diz-ex-executivo-em-palestra-sobre-a-prisao.shtml>.

29   FALCÃO, M.; TEIXEIRA, M. Barroso libera aplicação de parte do indulto de Natal para presos. *Jota*. 12 mar. 2018. Disponível em: <https://www.jota.info/stf/do-supremo/barroso-libera-aplicacao-de-parte-do-indulto-de-natal-para-presos-12032018>.

30   ALVARENGA, D. Lava Jato levou empresas a vender mais de R$ 100 bilhões em ativos desde 2015. *G1*. 13 out. 2017. Disponível em: <https://g1.globo.com/economia/negocios/noticia/lava-jato-levou-empresas-a-vender-mais-de-r-100-bilhoes-em-ativos-desde-2015.ghtml>.

31   NOGUEIRA, I. 'Nossas putarias têm que continuar', escreveu ex-secretário de Cabral. *Folha de S.Paulo*. 4 maio 2017. Disponível em: <http://www1.folha.uol.com.br/poder/2017/05/1880935-nossas-putarias-tem-que-continuar-escreveu-ex-secretario-de-cabral.shtml>. BARREIRA, G. 'Nossas p. têm que continuar', escreveu Sérgio Côrtes, acusado de fraude em licitações no RJ. *G1*. 4 maio 2017. Disponível em: <https://g1.globo.com/rio-de-janeiro/noticia/nossas-p-tem-que-continuar-escreveu-sergio-cortes-acusado-de-fraude-em-licitacoes-no-rj.ghtml>.

32   CASTRO, L. A 'Confraria do Vinho' e o que une Aécio e Cabral. *Sportlight*. 17 jul. 2017. Disponível em: <http://agenciasportlight.com.br/index.php/2017/07/17/a-confraria-do-vinho-e-o-que-une-aecio-e-cabral/>.

33   ANDRADE, M. Porque o crime compensa: a matemática do crime. *InfoMoney*. 19 jun. 2015. Disponível em: <http://www.infomoney.com.br/blogs/economia-e-politica/

terraco-economico/post/4111760/porque-crime-compensa-matematica-crime>. REILLY, B.; RICKMAN, N.; WITT, R. Robbing banks: crime does pay – but not very much. *Significance*, v.9, n.3, p.17-21, jun. 2012. Disponível em: <http://onlinelibrary.wiley.com/doi/10.1111/j.1740-9713.2012.00570.x/abstract>. Como calcular se o crime compensa. *Para entender direito*. 1º março 2012. Disponível em: <http://direito.folha.uol.com.br/blog/como-calcular-se-o-crime-compensa>.

34 VIEIRA, R. D. Pelo MP: confisco alargado. *Ministério Público Federal*. Disponível em: <http://www.dezmedidas.mpf.mp.br/apresentacao/artigos/confisco-alargado-roberto-vieira.pdf/view>.

35 BRASIL. Discurso do presidente da República, Michel Temer, durante almoço ampliado com empresários e investidores, promovido pelo Conselho das Américas – Nova York/EUA. 21 set. 2016. Disponível em: <http://www2.planalto.gov.br/acompanhe-planalto/discursos/discursos-do-presidente-da-republica/discurso-do-presidente-da-republica-michel-temer-durante-almoco-ampliado-com-empresario-e-investidores-promovido-pelo-conselho-das-americas-nova-iorque-eua>.

36 SILVEIRA, D.; ALVARENGA, D. Desemprego sobe a 13,1% em março e atinge 13,7 milhões de pessoas. *G1*. 27 abr. 2018. Disponível em: <https://g1.globo.com/economia/concursos-e-emprego/noticia/desemprego-fica-em-131-em-marco-e-atinge-137-milhoes-de-pessoas.ghtml>.

37 BORGES, R. Brasil tem maior concentração de renda do mundo entre o 1% mais rico. *El País*. 14 dez. 2017. Disponível em: <https://brasil.elpais.com/brasil/2017/12/13/internacional/1513193348_895757.html>.

38 BENITES, A. Temer será investigado sob acusação de capitanear esquema de propinas do MDB. *El País*. 2 mar. 2018. Disponível em: <https://brasil.elpais.com/brasil/2018/03/02/politica/1520025529_511485.html>.

CAPÍTULO 9 – DELAÇÃO PREMIADA

1 HERDY, T. Um ano após prisão, Odebrecht muda comportamento no cárcere. *O Globo*. 12 jun. 2016. Disponível em: <https://oglobo.globo.com/brasil/um-ano-apos-prisao-odebrecht-muda-comportamento-no-carcere-19489559>.

2 Advogados conseguem no TRF liberdade de jovem preso com dinheiro falso. *GC Notícias*. 19 nov. 2015. Disponível em: <http://www.gcnoticias.com.br/policia/advogados-conseguem-no-trf-liberdade-de-jovem-preso-com-dinheiro-falso/17929416>. MINISTÉRIO PÚBLICO FEDERAL. Recurso de *habeas corpus* nº 111.546, São Paulo. Disponível em: <http://webcache.googleusercontent.com/search?q=cache:YGHhWMosz1gJ:www.stf.jus.br/portal/processo/verProcessoPeca.asp%3Fid%3D1181874%26tipoApp%3D.pdf+&cd=10&hl=pt-BR&ct=clnk&gl=br&client=firefox-b-ab>.

3 GODOY, M.; TOMAZELA, J. M. Financiador do PCC e ex-integrante da cúpula da facção, Biroska é morto. *O Estado de S.Paulo*. 5 dez. 2017. Disponível em: <http://sao-paulo.

estadao.com.br/noticias/geral,financiador-do-pcc-e-ex-integrante-da-cupula-da-faccao-biroska--e-morto,70002108915>.

4   SCOLESE, E.; ALBUQUERQUE, L. Empresário afirma ter pago R$ 2,5 mi a prefeitura do PT. *Folha de S.Paulo*. 11 jul. 2002. Disponível em: <http://www1.folha.uol.com.br/fsp/brasil/fc1107200202.htm>.

5   Cunha e Geddel podem fraquejar e delatar. *Brasil 247*. 30 set. 2017. Disponível em: <https://www.brasil247.com/pt/247/poder/320040/Cunha-e-Geddel-podem-fraquejar-e-delatar.htm>.

6   FABRINI, F.; SERAPIÃO, F. Geddel alega risco de 'estupro' e pede para voltar ao lar. *O Estado de S.Paulo*. 14 set. 2017. Disponível em: <http://politica.estadao.com.br/blogs/fausto-macedo/geddel-alega-risco-de-estupro-e-pede-para-voltar-ao-lar/>.

7   SERAPIÃO, F. Geddel está na área dos 'vulneráveis' da Papuda. *O Estado de S.Paulo*. 4 jul. 2017. Disponível em: <http://politica.estadao.com.br/blogs/fausto-macedo/geddel-esta-na-area-dos-vulneraveis-da-papuda/>.

8   'Fiquei chocado e senti náusea', diz Janot sobre gravação de Temer. *Jornal Nacional*. 6 jul. 2017. Disponível em: <http://g1.globo.com/jornal-nacional/noticia/2017/07/fiquei-chocado-e-senti-nausea-diz-janot-sobre-gravacao-de-temer.html>.

9   SPERB, P. Delações premiadas precisam ser acompanhadas de provas, diz Dodge. *Veja*. 16 mar. 2018. Disponível em: <https://veja.abril.com.br/blog/rio-grande-do-sul/delacoes-premiadas-precisam-ser-acompanhadas-de-provas-diz-dodge/>.

10 ZANINI, F.; NUNES, W. Acordo com a JBS causou dano à imagem da Lava Jato, diz procurador. *Folha de S.Paulo*. 28 jul. 2017. Disponível em: <http://www1.folha.uol.com.br/poder/2017/07/1904986-acordo-com-a-jbs-causou-dano-a-imagem-da-lava-jato.shtml>.

11 PF deflagra a 51ª fase da Lava Jato e faz buscas e apreensões na BA e em SP. *UOL Notícias*. 23 mar. 2018. Disponível em: <https://noticias.uol.com.br/politica/ultimas-noticias/2018/03/23/pf-deflagra-a-50-fase-da-lava-jato-e-faz-busca-e-apreensao-na-ba-e-em-sp.htm>.

12 A farra continua. *Veja*. 2 mar. 2018. Disponível em: <https://veja.abril.com.br/tveja/ultima-edicao/a-farra-continua/>.

13 AFFONSO, J.; SERAPIÃO, F.; MACEDO, F. Rocha Loures disse que ia pegar 'mala de um amigo' na pizzaria, conta taxista. *O Estado de S.Paulo*. 21 jun. 2017. Disponível em: <http://politica.estadao.com.br/blogs/fausto-macedo/rocha-loures-disse-que-ia-pegar-mala-de-um-amigo-na-pizzaria-conta-taxista/>.

14 PITOMBO, J. P. Após 2 semanas, Geddel mantém silêncio sobre dinheiro. *Folha de S.Paulo*. 20 set. 2017. Disponível em: <http://www1.folha.uol.com.br/poder/2017/09/1920005-apos-2-semanas-geddel-mantem-silencio-sobre-dinheiro.shtml>.

15 PIRES, B.; MOURA, R. M. Temer pode escolher depoimento por escrito sobre Decreto dos Portos, diz STF. *Estado de Minas*. 5 out. 2017. Disponível em: <https://www.em.com.br/app/noticia/politica/2017/10/05/interna_politica,906445/temer-pode-escolher-depoimento-por-escrito-sobre-decreto-dos-portos-d.shtml>.

16 BRONZATTO, T. Gravação mostra pedido de propina no Ministério do Trabalho. *Veja*. 2 mar. 2018. Disponível em: <https://veja.abril.com.br/politica/gravacao-mostra-pedido-de-propina-no-ministerio-do-trabalho/>.

NOTAS

17   CARVALHO, C. 'O indulto, da forma como foi feito pelo presidente, é um convite à reincidência', diz ex-ministro do STF. *O Globo*. 13 mar. 2018. Disponível em: <https://oglobo.globo.com/brasil/o-indulto-da-forma-como-foi-feito-pelo-presidente-um-convite-reincidencia-diz-ex-ministro-do-stf-22484552>.

18   VENTURINI, L. Como Barroso virou um contraponto a Gilmar Mendes no Supremo. *Nexo Jornal*. 9 mar. 2018. Disponível em: <https://www.nexojornal.com.br/expresso/2018/03/09/Como-Barroso-virou-um-contraponto-a-Gilmar-Mendes-no-Supremo>.

19   BRASIL, G. Delações da Odebrecht: entenda o maior escândalo de corrupção do país. *G1*. 14 abr. 2017. Disponível em: <http://g1.globo.com/jornal-hoje/noticia/2017/04/delacoes-da-odebrecht-entenda-o-maior-escandalo-de-corrupcao-do-pais.html>.

20   BRASIL. Lei nº 12.850. 2 ago. 2013. Disponível em: <http://www.planalto.gov.br/ccivil_03/_ato2011-2014/2013/lei/l12850.htm>.

21   BÄCHTOLD, F.; MARQUES, J. Delação premiada tirou espaço de advogados consagrados. *Folha de S.Paulo*. 20 nov. 2017. Disponível em: <http://www1.folha.uol.com.br/poder/2017/11/1936664-delacao-tirou-espaco-de-advogados-consagrados.shtml>.

22   MILITÃO, E. Estudos apontam perda de R$ 1 tri em renúncia fiscal após leilão do pré-sal. *UOL Notícias*. 31 out. 2017. Disponível em: <https://economia.uol.com.br/noticias/redacao/2017/10/31/estudos-apontam-perdas-de-r-1-tri-em-renuncia-fiscal-com-leilao-do-pre-sal.htm>.

23   GONÇALVES, E. E no quartel de abrantes. *Veja*. 17 nov. 2017. Disponível em: <https://veja.abril.com.br/revista-veja/e-no-quartel-de-abrantes/>.

24   Os executivos Julio Camargo e Augusto Mendonça (Toyo Setal); o ex-gerente de Serviços da Petrobras Pedro Barusco; o ex-diretor de Abastecimento da estatal Paulo Roberto Costa, a esposa dele, as duas filhas e dois genros.

25   CAMPBELL, U. Os novos-ricos da Lava Jato. *Veja*. 24 nov. 2017. Disponível em: <https://veja.abril.com.br/politica/os-novos-ricos-da-lava-jato/>.

26   Kakay: festa é em Portugal, porque ser feliz no Brasil é dar soco nos outros. *Poder 360*. 22 set. 2017. Disponível em: <https://www.poder360.com.br/lava-jato/kakay-festa-e-em-portugal-porque-ser-feliz-no-brasil-e-dar-soco-nos-outros/>. TRINDADE, E. Advogado de Joesley faz festa na Europa e diz não haver clima no Brasil. *Folha de S.Paulo*. 25 set. 2017. Disponível em: <http://www1.folha.uol.com.br/colunas/redesocial/2017/09/1921453-advogado-de-joesley-faz-festa-na-europa-e-diz-que-nao-havia-clima-no-brasil.shtml>.

27   https://vip.abril.com.br/perfil/kakay-o-anti-heroi-da-operacao-lava-jato/

28   BONFANTI, C. Defesa de Joesley e Saud afirma que Janot 'usurpa' competência do STF. *Valor*. 14 set. 2017. Disponível em: <http://www.valor.com.br/politica/5120164/defesa-de-joesley-e-saud-afirma-que-janot-%3Fusurpa%3F-competencia-do-stf>.

29   NERY, N. Para criminalista, Barbosa humilhou todo mundo e não deixa legado. *Folha de S.Paulo*. 29 maio 2014. Disponível em: <http://www1.folha.uol.com.br/

poder/2014/05/1461992-para-criminalista-barbosa-humilhou-todo-mundo-e-nao-deixa-legado.shtml>.

30   WRIGHT, R. *O animal moral – por que somos como somos: a nova ciência da psicologia evolucionista*. Rio de Janeiro: Elsevier, 2005.

31   https://www.conjur.com.br/2015-fev-19/ministro-barroso-mantem-decisao-stj-anulou-castelo-areia

32   https://www.conjur.com.br/2014-set-23/youssef-contraria-advogados-aceita-acordo-delacao-premiada

33   http://congressoemfoco.uol.com.br/noticias/advogados-apostam-na-anulacao-da-lava-jato/

34   CALGARO, F. Petrobras não era 'casa de negócios', diz Paulo Roberto Costa no Senado. *UOL Notícias*. 10 jun. 2014. Disponível em: <https://noticias.uol.com.br/politica/ultimas-noticias/2014/06/10/petrobras-nao-era-casa-de-negocios-diz-paulo-roberto-costa-no-senado.htm>.

35   CARVALHO, M.C. Nova prisão é ilegal, inconstitucional e abusiva, diz defensor de Odebrecht. *Folha de S.Paulo*. 19 out. 2015. Disponível em: <http://www1.folha.uol.com.br/poder/2015/10/1695862-nova-prisao-e-ilegal-inconstitucional-e-abusiva-diz-defensor-de-odebrecht.shtml>.

36   POLITO, R. Entenda truques de retórica que políticos suspeitos usam para negar crimes. *UOL Economia*. 21 jul. 2015. Disponível em: <https://economia.uol.com.br/blogs-e-colunas/coluna/reinaldo-polito/2015/07/21/como-acusados-de-corrupcao-usam-discurso-para-se-defender.htm>.

37   CARVALHO, C. Um dia após ser preso, Léo Pinheiro decide falar com Moro sobre CPMI. *O Globo*. 6 set. 2016. Disponível em: <https://oglobo.globo.com/brasil/um-dia-apos-ser-preso-leo-pinheiro-decide-falar-com-moro-sobre-cpmi-20062083>.

38   Léo Pinheiro confessa a Moro: 'Eu cometi crimes.' *Brasil 247*. 13 set. 2016. Disponível em: <https://www.brasil247.com/pt/247/parana247/255007/L%C3%A9o-Pinheiro-confessa-a-Moro-%E2%80%9Ceu-cometi-crimes%E2%80%9D.htm>.

CAPÍTULO 10 – OS PRESOS

1   O famoso retrato de Pablo Escobar. Disponível em: <https://pt.wikipedia.org/wiki/Pablo_Escobar#/media/File:Pablo_Escobar_Mug.jpg>.

2   PORTO, G. 'Registre o meu sorriso', ironiza Temer sobre depoimento da filha à PF. *O Estado de S.Paulo*. 3 maio 2018. Disponível em: <http://politica.estadao.com.br/blogs/fausto-macedo/registre-o-meu-sorriso-ironiza-temer-sobre-depoimento-da-filha-a-pf/>.

3   LUCAS, A. S. Top 10 ternos mais caros do mundo. *Top 10+*. Disponível em: <http://top10mais.org/top-10-ternos-mais-caros-mundo/>; O homem do terno de ouro. *IstoÉ*. 31 mar. 2017. Disponível em: <http://istoe.com.br/o-homem-terno-de-ouro/>.

4   ONOFRE, R. Lava Jato: Moro manda Adir Assad de volta à prisão. *O Globo*. 18 ago. 2016. Disponível em: <https://oglobo.globo.com/brasil/lava-jato-moro-manda-adir-assad-de-volta-prisao-19951264>.

NOTAS

5   CARAZZAI, E. H. MEGALE, B. Assessor de Palocci preso na Lava Jato tenta suicídio e é transferido. *Folha de S.Paulo*. 6 out. 2016. Disponível em: <http://www1.folha.uol.com.br/poder/2016/10/1820500-assessor-de-palocci-tenta-suicidio-e-e-transferido-de-presidio.shtml>.

6   Apelidos de políticos na Odebrecht: quem é quem. *G1*. 16 abr. 2017. Disponível em: <https://g1.globo.com/politica/operacao-lava-jato/noticia/apelidos-de-politicos-na-odebrecht-quem-e-quem.ghtml>.

7   CARVALHO, C. Ex-deputado André Vargas é condenado a 14 anos de prisão na Lava Jato. *O Globo*. 22 set. 2015. Disponível em: <https://oglobo.globo.com/brasil/ex-deputado-andre-vargas-condenado-14-anos-de-prisao-na-lava-jato-17571139>.

8   Confira algumas obras de arte apreendidas pela PF na casa de Renato Duque. *O Globo*. Disponível em: <https://oglobo.globo.com/brasil/confira-algumas-obras-de-arte-apreendidas-pela-pf-na-casa-de-renato-duque-15623241>.

9   PF apreende quase 500 relógios de luxo em nova etapa da operação Lava Jato. *UOL Notícias*. 5 fev. 2015. Disponível em: <https://noticias.uol.com.br/politica/ultimas-noticias/2015/02/05/pf-apreende-quase-500-relogios-de-luxo-em-nova-etapa-da-operacao-lava-jato.htm>.

10 FONTANA, G.; DIAD, D. Os carros de luxo, superesportivos e clássicos apreendidos na Lava Jato. *Quatro Rodas*. 23 nov. 2016. Disponível em: <https://quatrorodas.abril.com.br/noticias/os-carros-de-luxo-superesportivos-e-classicos-apreendidos-na-lava-jato/>.

11 RAMOS, M. Delator da Lava Jato classifica vinhos caros em rede social. *Época*. 11 jul. 2016. Disponível em: <http://epoca.globo.com/tempo/expresso/noticia/2016/07/delator-da-lava-jato-classifica-vinhos-caros-em-rede-social.html>.

12 ROCHA, M. KANIAK, T. Empresário detido pela Lava Jato paga R$ 3 milhões para sair da prisão. *G1*. 3 nov. 2016. Disponível em: <http://g1.globo.com/pr/parana/noticia/2016/11/justica-federal-estipula-fianca-de-r-3-milhoes-para-soltar-empresario.html>.

13 VIEIRA, A. João Santana e Mônica Moura pagam fiança milionária e deixam prisão. *Valor Econômico*. 1º ago. 2016. Disponível em: <http://www.valor.com.br/politica/4654717/joao-santana-e-monica-moura-pagam-fianca-milionaria-e-deixam-prisao>.

14 BRANDT, R.; AFFONSO, J.; MACEDO, F. 3 anos depois de preso pela Lava Jato, Alberto Youssef passa para o regime aberto. *O Estado de S.Paulo*. 17 mar. 2017. Disponível em: <http://politica.estadao.com.br/blogs/fausto-macedo/3-anos-depois-de-preso-pela-lava-jato-alberto-youssef-passa-para-o-regime-aberto/>.

15 Multado em R$ 40 milhões, delator Julio Camargo lucrou R$ 266 milhões. *Valor Econômico*. 5 set. 2015. Disponível em: <http://www.valor.com.br/politica/4212104/multado-em-r-40-milhoes-delator-julio-camargo-lucrou-r-266-milhoes>.

16 Lava Jato faz quatro anos e recupera R$ 11,5 bi por meio de acordos. *UOL Notícias*. 11 mar. 2018. Disponível em: <https://noticias.uol.com.br/politica/ultimas-noticias/2018/03/11/lava-jato-faz-quatro-anos-e-recupera-r-115-bi-por-meio-de-delacoes.htm>.

17 JUSTI, A. KANIAK, T. Nestor Cerveró passa por dificuldades financeiras, diz advogado. *G1*. 15 jan. 2015. Disponível em: <http://g1.globo.com/pr/parana/noticia/2015/01/depois-de-tres-horas-e-meia-acaba-depoimento-de-nestor-cervero-pf.html>.

18 Ministro diz que comitiva de Dilma não caberia na embaixada em Lisboa. *G1*. 27 jan. 2014. Disponível em: <http://g1.globo.com/politica/noticia/2014/01/ministro-diz-que-comitiva-de-dilma-nao-caberia-na-embaixada-em-lisboa.html>.

19 URIBE, G.; BORELLI, B. Em meio a ajuste, Temer se hospeda em hotel de luxo em Lisboa. *Folha de S.Paulo*. 30 ago. 2017. Disponível em: <http://www1.folha.uol.com.br/poder/2017/08/1914243-em-meio-a-ajuste-temer-se-hospeda-em-hotel-de-luxo-em-lisboa.shtml>.

20 A fartura da família Cunha. Disponível em: <https://oglobo.globo.com/brasil/a-fartura-da-familia-cunha-18827375>.

21 IZAAL, R. Cláudia Cruz esbanja com marcas, mas jamais foi vista na lista das mais bem-vestidas. *O Globo*. 12 jun. 2016. Disponível em: <https://oglobo.globo.com/brasil/claudia-cruz-esbanja-com-marcas-mas-jamais-foi-vista-na-lista-das-mais-bem-vestidas-19489516>.

22 MEGALE, B. Condenado, Pedro Corrêa diz que política se fazia com corrupção e compra de votos. *O Globo*. 7 jan. 2018. Disponível em: <https://oglobo.globo.com/brasil/condenado-pedro-correa-diz-que-politica-se-fazia-com-corrupcao-compra-de-votos-22262940>.

23 DANTAS, D. 'Falta de remorso é o padrão do corrupto', diz Graham Brooks. *O Globo*. 26 nov. 2017. Disponível em: <https://oglobo.globo.com/brasil/falta-de-remorso-o-padrao-do-corrupto-diz-graham-brooks-22115021>.

24 BROWN, J. Por que o mercado costuma empregar psicopatas em postos de chefia – e por que isso pode ser um erro. *BBC Brasil*. 21 nov. 2017. Disponível em: <http://www.bbc.com/portuguese/vert-cap-41981316>.

25 RABELLO, L. 15 coisas que você deveria saber sobre psicopatas. *Mistérios do Mundo*. 21 dez. 2016. Disponível em: <https://misteriosdomundo.org/15-tracos-de-carater-comuns-em-psicopatas/>.

26 COURA, K. Presídio, a escola do crime. *Veja*. 22 maio 2015. Disponível em: <http://veja.abril.com.br/brasil/presidios-a-escola-do-crime/>.

27 Com pressão alta, José Dirceu passa a tarde em hospital. *O Dia*. 28 mar. 2015. Disponível em: <http://odia.ig.com.br/noticia/brasil/2015-03-28/com-pressao-alta-jose-dirceu-passa-a-tarde-em-hospital.html>.

28 ALMEIDA, A. M. O homem incapaz de matar cachorros. *Passa Palavra*. 13 mar. 2014. Disponível em: <http://passapalavra.info/2014/03/93003>.

29 RAMALHO, R. Segunda turma do STF manda soltar ex-ministro José Dirceu. *G1*. 2 maio 2017. Disponível em: <https://g1.globo.com/politica/operacao-lava-jato/noticia/turma-do-stf-manda-soltar-ex-ministro-jose-dirceu.ghtml>.

30 DUARTE, G. J. Existe uma 'Câmara de Gás' no Supremo? *Jota*. 29 set. 2017. Disponível em: <https://jota.info/justica/existe-uma-camara-de-gas-no-supremo-29092017>.

31 RIBEIRO, B. Depoimento de José Dirceu sobre sua experiência na luta contra a ditadura militar (1964-1985). *Twitter*. 26 set. 2017. Disponível em: <https://twitter.com/brsamba/status/912702349470310400?s=12>.

NOTAS

32 Reforma da casa de Dirceu custou R$ 1,8 milhão. *O Estado de S.Paulo*. 4 set. 2015. Disponível em: <http://politica.estadao.com.br/blogs/fausto-macedo/reforma-da-casa-de-dirceu-custou-r18-milhao/>.

33 Lava Jato abre ação de improbidade contra o PP e pede 2,3 bilhões de reais. *Carta Capital*. 30 mar. 2017. Disponível em: <https://www.cartacapital.com.br/politica/lava-jato-abre-acao-de-improbidade-contra-o-pp-e-pede-2-3-bilhoes-de-reais>.

34 BOLDRINI, A. Delator da Lava Jato e manicure que roubou fralda têm penas semelhantes. *Folha de S.Paulo*. 28 fev. 2017. Disponível em: <http://www1.folha.uol.com.br/poder/2017/02/1862406-delator-da-odebrecht-e-manicure-que-furtou-fralda-tem-penas-semelhantes.shtml>.

35 CARAZZAI, E. H. Idem, ibidem.

36 ALBERTI, G. Experimento social prova nossa tendência para seguir os outros sem questionar. *Hypeness*. abr. 2014. Disponível em: <http://www.hypeness.com.br/2016/04/experimento-social-prova-nossa-tendencia-para-seguir-os-outros-sem-questionar/>.

37 Duque diz estar disposto a devolver 20 milhões de euros recebidos como propina. *G1*. 6 maio 2017. Disponível em: <https://g1.globo.com/pr/parana/noticia/duque-diz-estar-disposto-a-devolver-20-milhoes-de-euros-recebidos-como-propina.ghtml>.

38 Os pentamilionários, a nova classe social que não para de crescer no mundo. 26 set. 2016. *BBC Brasil*. 26 set. 2016. Disponível em: <http://www.bbc.com/portuguese/geral-37454105>.

39 PAVANELI, A. Delator da Lava Jato passa a cumprir pena em regime semiaberto. *G1*. 21 maio 2016. Disponível em: <http://g1.globo.com/pr/parana/noticia/2016/05/delator-da-lava-jato-passa-cumprir-pena-em-regime-semi-aberto.html>.

40 Confira algumas obras de arte apreendidas pela PF na casa de Renato Duque. *O Globo*. Disponível em: <https://oglobo.globo.com/brasil/confira-algumas-obras-de-arte-apreendidas-pela-pf-na-casa-de-renato-duque-15623241>.

41 TUROLLO JR., R. Empresário Adir Assad assina delação; PF aponta ligação dele com JBS. *Folha de S.Paulo*. 22 ago. 2017. Disponível em: <http://www1.folha.uol.com.br/poder/2017/08/1912149-empresario-adir-assad-assina-delacao-pf-aponta-ligacao-dele-com-jbs.shtml>.

42 Léo Pinheiro diz que Lula pediu para ele destruir provas de propina. *Folha de S.Paulo*. 20 abr. 2017. Disponível em: <http://www1.folha.uol.com.br/poder/2017/04/1877330-leo-pinheiro-diz-que-lula-pediu-para-ele-destruir-provas-de-propina.shtml>.

43 ASSAD, G. Por que Antonio Palocci é agora o maior foco da Lava Jato? *Nexo Jornal*. 14 maio 2017. Disponível em: <https://www.nexojornal.com.br/expresso/2017/05/14/Por-que-Antonio-Palocci-%C3%A9-agora-o-maior-foco-da-Lava-Jato>.

44 MAZZA, M.; ROCHA, M. Palocci firma acordo de delação premiada com a Polícia Federal. *G1*. 24 abr. 2018. Disponível em: <https://g1.globo.com/pr/parana/noticia/palocci-firma-acordo-de-delacao-premiada-com-a-policia-federal.ghtml>.

45 Justiça concede prisão domiciliar a sócio da Engevix preso pela Lava Jato. *G1*. 9 maio 2017. Disponível em: <http://g1.globo.com/politica/operacao-lava-jato/noticia/2016/05/justica-concede-prisao-domiciliar-empresario-preso-pela-lava-jato.html>.

46 Sobre a Síndrome de Asperger, ver: <https://www.gstatic.com/healthricherkp/pdf/asperger_syndrome_pt_BR.pdf>.

47 COUTINHO, M.; BRANDT, R.; AFFONSO, J. My Web Day, o 'manual da propina' da Odebrecht. *O Estado de S.Paulo*. 23 mar. 2016. Disponível em: <http://politica.estadao.com.br/blogs/fausto-macedo/my-web-day-o-manual-da-propina-da-odebrecht/>.

48 FERREIRA, F. Megabancos de dados dão sobrevida à Lava Jato em Curitiba. 17 mar. 2018. Disponível em: <https://www1.folha.uol.com.br/poder/2018/03/megabancos-de-dados-dao-sobrevida-a-lava-jato-em-curitiba.shtml>.

49 BÄCHTOLD, F. Marcelo Odebrecht critica subordinados e diz ter 'trabalho louco' na prisão. *Folha de S.Paulo*. 5 set. 2017. Disponível em: <https://www1.folha.uol.com.br/poder/2017/09/1916016-marcelo-odebrecht-critica-subordinados-e-diz-ter-trabalho-louco-na--prisao.shtml>.

50 MARIZ, R. Sistemas paralelos foram criados pela Odebrecht para operar propina. *O Globo*. 13 abr. 2017. Disponível em: <https://oglobo.globo.com/brasil/sistemas-paralelos-foram-criados-pela-odebrecht-para-operar-propina-21203712>.

51 CASADO, L.; VIEIRA, A. G. A turma com 'garra' conclui denúncia. *Valor Econômico*. 11 dez. 2014. Disponível em: <http://www.valor.com.br/politica/3812454/turma-do-sangue-nos-olhos-conclui-denuncia>.

52 CARNEIRO, J. Quem é Marcelo Bretas, juiz que mandou Cabral e Eike para Bangu. *BBC Brasil*. 30 jan. 2017. Disponível em: <http://www.bbc.com/portuguese/brasil-38803229>.

53 AZEVEDO, G. Acordos contra corrupção e cartel de construtoras da Lava Jato recuperam R$ 11,5 bilhões. *UOL Notícias*. 6 mar. 2017. Disponível em: <https://noticias.uol.com.br/politica/ultimas-noticias/2017/03/06/acordos-contra-corrupcao-e-cartel-de-construtoras-da-lava-jato-recuperam-r-9-bilhoes.htm>.

54 COUTINHO, M. et al. 'A corrupção foi adotada como modelo de negócio profissional', diz procurador sobre Odebrecht. *O Estado de S.Paulo*. 28 abr. 2016. Disponível em: <http://politica.estadao.com.br/blogs/fausto-macedo/a-corrupcao-foi-adotada-como-modelo-de-negocio-profissional-diz-procurador-sobre-odebrecht/>.

55 The Lewis Powell Memo: A Corporate Blueprint to Dominate Democracy. *Greenpeace*. Disponível em: <https://www.greenpeace.org/usa/democracy/the-lewis-powell-memo-a-corporate-blueprint-to-dominate-democracy/>.

56 FISHMAN, S. As confissões de Madoff. *Época*. 13 maio 2011. Disponível em: <http://epocanegocios.globo.com/Revista/Common/0,,EMI223322-16642,00.html>.

57 CARVALHO, M. C. Bônus pagos a executivos estimulam corrupção, diz conselheiro da Odebrecht. *Folha de S.Paulo*. 30 out. 2017. Disponível em: <http://www1.folha.uol.com.br/

poder/2017/10/1931337-bonus-pagos-a-executivos-estimulam-corrupcao-diz-conselheiro-da--odebrecht.shtml>.

58 Departamento de propina da Odebrecht: origem, destino e finalidade do dinheiro, segundo as delações. *G1*. 12 abr. 2017. Disponível em: <https://g1.globo.com/politica/operacao-lava-jato/noticia/departamento-de-propina-da-odebrecht-origem-destino-e-finalidade-do-dinheiro-segundo-as-delacoes.ghtml>.

59 ESPOSITO, I. R. Para Emílio Odebrecht, imprensa age com 'demagogia' perante delações. *Valor Econômico*. 14 abr. 2017. Disponível em: <http://www.valor.com.br/politica/4938200/para-Emílio-odebrecht-imprensa-age-com-demagogia-perante-delacoes>.

60 MEGALE, B. Idem, ibidem.

61 TREMBALY, R. Terremoto político: A revolução de Trump nos Estados Unidos. *Mondialisation*. 9 nov. 2016. Disponível em: <https://www.mondialisation.ca/terremoto-politico-a-revolucao-de-trump-nos-estados-unidos/5556231>.

62 LIS, L. TCU aponta indícios de irregularidades em 72 de 94 obras públicas fiscalizadas. *G1*. 8 nov. 2017. Disponível em: <https://g1.globo.com/economia/noticia/tcu-aponta-indicios-de-irregularidades-em-72-de-94-obras-publicas-fiscalizadas.ghtml>.

63 MARTELLO, A. Renúncia fiscal soma R$ 400 bi em 2017 e supera gastos com saúde e educação. *G1*. 3 set. 2017. Disponível em: <https://g1.globo.com/economia/noticia/renuncia-fiscal-soma-r-400-bi-em-2017-e-supera-gastos-com-saude-e-educacao.ghtml>.

64 Mudanças no Refis deixam buraco de R$ 4 bi no Orçamento de 2018. *Folha de S.Paulo*. 5 nov. 2017. Disponível em: <http://www1.folha.uol.com.br/mercado/2017/11/1932930-mudancas-no-refis-deixam-buraco-de-r-4-bi-no-orcamento-de-2018.shtml>.

65 A expansão internacional da Lava Jato. *DW*. Disponível em: <http://www.dw.com/pt-br/a-expans%C3%A3o-internacional-da-lava-jato/a-37037158>.

66 REIS, P. Emilio Odebrecht critica hipocrisia da imprensa. *YouTube*. https://www.youtube.com/watch?v=14iZdeAWzy4

67 HENDLEY, N. *Dutch Schultz: The Brazen Beer Baron of New York*. Neustadt, Canadá: Five Rivers, 2011.

68 Doleiro Alberto Youssef é sócio de hotel em Aparecida, SP. *G1*. 20 fev. 2015. Disponível em: <http://g1.globo.com/sp/vale-do-paraiba-regiao/noticia/2015/02/doleiro-alberto-youssef-e-socio-de-hotel-em-aparecida-sp.html>.

69 Consumidores não notam a diferença entre vinhos mais baratos e os caros. *UOL Economia*. 19 abr. 2011. Disponível em: <https://economia.uol.com.br/ultimas-noticias/infomoney/2011/04/19/consumidores-nao-notam-a-diferenca-entre-vinhos-mais-baratos-e-os-caros.jhtm>.

70 Entenda o caso Banestado. *Folha de S.Paulo*. 13 jan. 2004. Disponível em: <http://www1.folha.uol.com.br/folha/brasil/ult96u57148.shtml>.

71   CASTRO, J. R. Alberto Youssef, o doleiro que Moro perdoou duas vezes. *Nexo Jornal*. 16 nov. 2016. Disponível em: <https://www.nexojornal.com.br/expresso/2016/11/16/Alberto-Youssef-o-doleiro-que-Moro-perdoou-duas-vezes>.

72   GOIS, C. Do Banestado ao mensalão, a longa ficha corrida de Youssef. *O Globo*. 8 abr. 2014. Disponível em: <https://oglobo.globo.com/brasil/do-banestado-ao-mensalao-longa-ficha-corrida-de-youssef-12122724>.

73   OYA, C. Receita multa Youssef em R$ 123 milhões. *Folha de Londrina*. 28 fev. 2003. Disponível em: <http://www.folhadelondrina.com.br/politica/receita-multa-youssef-em-r-123-milhoes-436813.html>.

74   CARAZZAI, E. H. Delator da Lava Jato, Youssef passa a regime aberto com dívida de R$ 1 bi. *Folha de S.Paulo*. 17 mar. 2017. Disponível em: <http://www1.folha.uol.com.br/poder/2017/03/1867269-delator-da-lava-jato-youssef-passa-a-regime-aberto-com-divida-de-r-1-bi.shtml>.

75   Doleiro diz que ex-deputado do PP 'dividia operações' com Aécio em Furnas. *O Estado de S.Paulo*. 21 mar. 2015. Disponível em: <http://politica.estadao.com.br/blogs/fausto-macedo/doleiro-diz-que-ex-deputado-do-pp-dividia-operacoes-com-aecio-em-furnas/>.

76   Por que Youssef assinou o atestado de óbito de José Janene? *Opinião & Notícia*. 22 maio 2015. Disponível em: <http://opiniaoenoticia.com.br/brasil/por-que-youssef-assinou-o-atestado-de-obito-de-jose-janene/>.

77   BARAN, K.; AUDI, A. Aliança entre Janene e Youssef se manteve até a morte do ex-deputado. *Gazeta do Povo*. 1º mar. 2015. Disponível em: <http://www.gazetadopovo.com.br/vida-publica/alianca-entre-janene-e-youssef-se-manteve-ate-a-morte-do-ex-deputado-dsjb12ctoj0ldmrhb9oo8uqt7>.

78   MÁXIMO, W. Acordos internacionais ajudam a repatriar recursos descobertos na Lava Jato. *Agência Brasil*. 28 fev. 2016. Disponível em: <http://agenciabrasil.ebc.com.br/economia/noticia/2016-02/acordos-apos-11-de-setembro-ajudam-repatriar-recursos-descobertos-na-lava>.

79   MINISTÉRIO DA FAZENDA. Programa de regularização de ativos brasileiro atinge objetivo. *Receita Federal*. 1º nov. 2016. Disponível em: <http://idg.receita.fazenda.gov.br/noticias/ascom/2016/novembro/programa-de-regularizacao-de-ativos-brasileiro-atinge-objetivos>.

80   SARAIVA, A.; SALES, R. PIB do Brasil recua 3,6% em 2016. *Valor Econômico*. 7 mar. 2017. Disponível em: <http://www.valor.com.br/brasil/4890204/pib-do-brasil-recua-36-em-2016>.

81   CARVALHO, J. Juiz especializado em lavagem de dinheiro está à frente da Lava Jato. *O Globo*. 27 abr. 2014. Disponível em: <https://oglobo.globo.com/brasil/juiz-especializado-em-lavagem-de-dinheiro-esta-frente-da-lava-jato-12311042>.

82   Senado aprova repatriação com acordo para que Dilma vete até 14 trechos. *Folha de S.Paulo*. 15 dez. 2015. Disponível em: <http://www1.folha.uol.com.br/mercado/2015/12/1719537-senado-aprova-repatriacao-com-acordo-para-que-dilma-vete-ate-14-trechos.shtml>. CALGARO, F. Maia diz que governo prevê arrecadar R$ 80 bilhões com

NOTAS

repatriação. *G1.* 20 out. 2016. Disponível em: <http://g1.globo.com/economia/ noticia/2016/10/governo-espera-arrecadar-r-80-bilhoes-com-repatriacao-diz-maia.html>. Repatriação 2.0 termina nesta 2ª; deve arrecadar 6% do valor da 1ª edição. *Poder 360.* 31 jul. 2017. Disponível em: <https://www.poder360.com.br/economia/ repatriacao-2-0-termina-nesta-2a-deve-arrecadar-6-do-valor-da-1a-edicao/>. RODRIGUES, L.; TOMAZELLI, I. Governo arrecada apenas R$ 1.7 bi com repatriação de recursos. *O Estado de S.Paulo.* Disponível em: <http://economia.estadao.com.br/noticias/ geral,governo-arrecada-apenas-r-1-7-bi-com-repatriacao-de-recursos,70001921952>. CÂMARA DOS DEPUTADOS. PL 2960/2015. Disponível em: <http://www.camara.gov.br/ proposicoesWeb/fichadetramitacao?idProposicao=1715687>.

83   Lei da repatriação é usada para lavar dinheiro de propina, diz força-tarefa. *Jornal Nacional.* 16 maio 2017. Disponível em: <http://g1.globo.com/jornal-nacional/noticia/2017/05/ lei-da-repatriacao-e-usada-para-lavar-dinheiro-de-propina-diz-forca-tarefa.html>.

84   FABRINI, F.; MATAIS, A. Mudança na lei abriu brecha para doleiros. *O Estado de S.Paulo.* 6 jul. 2015. Disponível em: <http://politica.estadao.com.br/noticias/ geral,mudanca-na-lei-abriu-brecha-para-doleiros-imp-,1719904>. VALENTE, R. Três anos depois, brechas legais que levaram à Lava Jato persistem. *Folha de S.Paulo.* 20 mar. 2017. Disponível em: <http://m.folha.uol.com.br/poder/2017/03/1867940-tres-anos-depois-brechas--legais-que-levaram-a-lava-jato-persistem.shtml>.

85   Doleira 'Greta Garbo' diz que pagou R$ 40 mil de propina a policial. *O Estado de S.Paulo.* 17 set. 2014. Disponível em: <http://politica.estadao.com.br/blogs/fausto-macedo/ doleira-greta-garbo-diz-que-pagou-r-40-mil-de-propina-a-policial/>.

86   FRIAS, M.C. Dinheiro em papel ou moeda em circulação tem maior alta desde 2014. *Folha de S.Paulo.* 22 dez. 2017. Disponível em: <http://www1.folha.uol.com.br/colunas/ mercadoaberto/2017/12/1945425-dinheiro-em-papel-ou-moeda-em-circulacao-tem-maior-alta-desde-2014.shtml>.

87   BIASETTO, D.; COPLE, J. Lava Jato: Entenda o sistema usado por doleiros para movimentar US$ 1,6 bi. *O Globo.* 3 maio 2018. Disponível em: <https://oglobo.globo.com/brasil/ lava-jato-entenda-sistema-usado-por-doleiros-para-movimentar-us-16-bi-22648187>.

88   NETTO, A. Brasil é o principal alvo de bancos que lavam dinheiro. *O Estado de S.Paulo.* 7 mar. 2015. Disponível em: <http://economia.estadao.com.br/noticias/ geral,brasil-e-o-principal-alvo-de-bancos-que-lavam-dinheiro,1646528>. RIBEIRO, L. Receita identifica 7 mil brasileiros envolvidos no Swissleaks. *O Estado de S.Paulo.* 4 maio 2015. Disponível em: <http://politica.estadao.com.br/noticias/ geral,receita-identifica-7000-brasileiros-envolvidos-no-swissleaks,1680696>. Entenda o escândalo de fraude fiscal que atingiu o HSBC. *Veja.* 13 fev. 2015. Disponível em: <http:// veja.abril.com.br/economia/entenda-o-escandalo-de-fraude-fiscal-que-atingiu-o-banco-hsbc/>.

89   VELASCO, C. 6 das 10 maiores empreiteiras tiveram executivos presos na Lava Jato. *G1.* 7 jul. 2016. Disponível em: <http://g1.globo.com/politica/operacao-lava-jato/noticia/2016/07/6-das-10-maiores-empreiteiras-tiveram-executivos-presos-na-lava-jato.html>. Alvo da Lava

Jato, Queiroz Galvão demite mais da metade dos funcionários. *Brasil 247*. 7 abr. 2017. Disponível em: <https://www.brasil247.com/pt/247/economia/289199/Alvo-da-Lava-Jato-Queiroz-Galv%C3%A3o-demite-mais-da-metade-dos-funcion%C3%A1rios.htm>. ALBUQUERQUE, A. L. et al. Ex-presidente e ex-diretor da Queiroz Galvão são presos de novo na Lava Jato. *Folha de S.Paulo*. 2 ago. 2016. Disponível em: <http://www1.folha.uol.com.br/poder/2016/08/1797910-policia-federal-mira-queiroz-galvao-em-nova-fase-da-lava-jato.shtml>.

90   Mesmo em meio à crise, bancos mantêm lucros invejáveis. *O Estado de S.Paulo*. 29 jun. 2017. Disponível em: <http://publicacoes.estadao.com.br/financasmais2017/2017/06/29/mesmo-em-meio-a-crise-bancos-mantem-lucros-invejaveis/>. PIVETTI, F. Lucro das empresas de capital aberto cresce 17% em 2017. *Poder 360*. 3 abr. 2018. Disponível em: <https://www.poder360.com.br/economia/lucro-das-empresas-de-capital-aberto-cresce-17-em-2017/>.

91   SILVEIRA, D. Em 2016, 24,8 milhões de brasileiros viviam na miséria, 53% a mais que em 2014, revela IBGE. *G1*. 15 dez. 2017. Disponível em: <https://g1.globo.com/economia/noticia/em-2016-248-milhoes-de-brasileiros-viviam-na-miseria-53-a-mais-que-em-2014-revela-ibge.ghtml>.

92   Custo das desonerações fiscais soma R$ 458 bi. *Brasil 247*. 6 set. 2015. Disponível em: <https://www.brasil247.com/pt/247/economia/195816/Custo-das-desonera%C3%A7%C3%B5es-fiscais-soma-R$-458-bi.htm>.

93   COSTA, F.; KOCHINSKI, V. Delação aponta que Odebrecht agiu por MPs que deram R$ 140 bi em benefícios a empresas. *UOL Notícias*. 18 dez. 2016. Disponível em: <https://noticias.uol.com.br/politica/ultimas-noticias/2016/12/18/delacao-aponta-que-odebrecht-agiu-por-mps-que-deram-r-140-bi-em-beneficios-a-empresas.htm>.

94   FGV DAPP. Mosaico Eleitoral. Disponível em: <http://dapp.fgv.br/transparencia-politica/mosaico/>.

95   BOMFIM, C. Funaro diz que Cunha era 'banco de propina' e 'dono de mandatos'; defesa de ex-deputado nega. *G1*. 21 set. 2017. Disponível em: <https://g1.globo.com/politica/operacao-lava-jato/noticia/lucio-funaro-diz-que-eduardo-cunha-era-banco-de-propina-e-dono-de-mandatos-de-deputados.ghtml>.

96   Funaro diz em delação que Cunha distribuiu propina para Temer. *Jornal Nacional*. 21 set. 2017. Disponível em: <http://g1.globo.com/jornal-nacional/noticia/2017/09/funaro-diz-em-delacao-que-cunha-distribuiu-propina-para-temer.html>.

97   MATTOS, M. Funaro ameaçou atear fogo em casa de delator com os filhos dentro, diz PGR. *Veja*. 1º jul. 2016. Disponível em: <http://veja.abril.com.br/politica/funaro-ameacou-atear-fogo-em-casa-de-delator-com-os-filhos-dentro-diz-pgr/>.

98   Grandes Vigaristas: Frank Abagnale #1. *Minilua*. Disponível em: <https://minilua.com/grandes-vigaristas-frank-abagnale-1/>.

99   Doleiros que colaboraram com Operação 'Câmbio, desligo' darão 'aulas' sobre lavagem de dinheiro a procuradores. *G1*. 4 maio 2018. Disponível em: <https://g1.globo.com/rj/

rio-de-janeiro/noticia/doleiros-que-colaboraram-com-operacao-cambio-desligo-darao-aulas-sobre-lavagem-de-dinheiro-a-procuradores.ghtml>.

100   JUSTI, A.; DIONISIO, B. André Vargas é condenado a 4 anos e meio de prisão pela Lava Jato. *G1*. 6 abr. 2017. Disponível em: <http://g1.globo.com/pr/parana/noticia/andre-vargas-e-condenado-a-4-anos-e-meio-de-prisao-pela-lava-jato.ghtml>.

101   MATTOSO, C. Prisão de delatores terá consequências graves, diz ministro da Justiça. *Folha de S.Paulo*. 11 set. 2017. Disponível em: <http://www1.folha.uol.com.br/poder/2017/09/1917322-prisao-de-delatores-tera-consequencias-graves-diz-ministro-da-justica.shtml>.

102   MEDEIROS, D. Crítica: tudo pelo poder. *Cine Alerta*. 3 fev. 2012. Disponível em: <http://www.cinealerta.com.br/filmes/critica-tudo-pelo-poder/>.

103   ABRANCHES, S. *A era do imprevisto*. São Paulo: Companhia das Letras, 2017. p. 355.

EPÍLOGO

1   Perfil de Jonathan Watts no *Guardian:* Disponível em: <https://www.theguardian.com/profile/jonathanwatts>.
    Currículo de Jonathan Watts disponível em: <https://www.linkedin.com/in/jonathan-watts-237110a7/>.

2   Brazil takes off. *The Economist*. 14 nov. 2009. Disponível em: <https://www.economist.com/node/21521493>.

3   WATTS, J. Operation Car Wash: Is this the biggest corruption scandal in history? *The Guardian*. 1º jun. 2017. Disponível em: <https://www.theguardian.com/world/2017/jun/01/brazil-operation-car-wash-is-this-the-biggest-corruption-scandal-in-history>.

4   BÔAS, B. V. Pobreza extrema aumenta 11% e atinge 14,8 milhões de pessoas. *Valor Econômico*. 12 abr. 2018. Disponível em: <http://www.valor.com.br/brasil/5446455/pobreza-extrema-aumenta-11-e-atinge-148-milhoes-de-pessoas>.

5   Desemprego sobe a 12,6% em fevereiro e atinge 13,1 milhões de pessoas. *G1*. 29 mar. 2018. Disponível em: <https://g1.globo.com/economia/concursos-e-emprego/noticia/desemprego-fica-em-126-em-fevereiro.ghtml>.

6   CARAZZAI, E. H. Fim de força-tarefa na PF é retrocesso, dizem procuradores da Lava Jato. *Folha de S.Paulo*. 6 jul. 2017. Disponível em: <http://www1.folha.uol.com.br/poder/2017/07/1899101-fim-de-forca-tarefa-na-pf-e-retrocesso-dizem-procuradores-da-lava-jato.shtml>.

7   QUADROS, V. Discussão sobre delação tira dos bastidores disputa entre polícia e MPF. *Consultor Jurídico*. 9 ago. 2017. Disponível em: <https://www.conjur.com.br/2017-ago-09/discussao-delacao-tira-bastidores-disputa-entre-pf-mpf>.

8   Leia a íntegra do despacho de Moro que determina a prisão de Lula. *G1*. 5 abr. 2018. Disponível em: <https://g1.globo.com/pr/parana/noticia/leia-a-integra-do-despacho-de-moro-que-determina-a-prisao-de-lula.ghtml>.

9   SOUZA, J. STF tornou-se local mais seguro para corruptos. *UOL Notícias*. 17 mar. 2018. Disponível em: <https://josiasdesouza.blogosfera.uol.com.br/2018/03/17/stf-tornou-se-local-mais-seguro-para-corruptos/>.

10 Brasil possui ao menos 58 mil autoridades, de 40 cargos, com foro especial. *Folha de S.Paulo*. 24 abr. 2018. Disponível em: <https://www1.folha.uol.com.br/poder/2018/04/brasil-possui-ao-menos-58-mil-autoridades-de-40-cargos-com-foro-especial.shtml>.

11 SUPREMO TRIBUNAL FEDERAL. Supremo declara extinta punibilidade de deputado federal. 19 fev. 2014. Disponível em: <http://www.stf.jus.br/portal/cms/verNoticiaDetalhe.asp?idConteudo=62228>.

12 BENITES, A. Explosão de caixas-fortes vira novo filão para criminosos brasileiros. *El País*. 7 ago. 2017. Disponível em: <https://brasil.elpais.com/brasil/2017/08/05/politica/1501893025_274188.html>.

13 MORAIS, R. Fim do contrato do sistema de digitais da PF afeta busca de procurados da Interpol e emissão de passaportes. *G1*. 26 set. 2017. Disponível em: <https://g1.globo.com/distrito-federal/noticia/fim-do-contrato-do-sistema-de-digitais-da-pf-afeta-busca-de-procurados-da-interpol-e-emissao-de-passaportes.ghtml>.

14 MINISTÉRIO DA FAZENDA. Coordenação geral de Pesquisa e Investigação da Receita completa 21 anos de inteligência fiscal. *Receita Federal*. 13 abr. 2017. Disponível em: <http://idg.receita.fazenda.gov.br/noticias/ascom/2017/abril/coordenacao-geral-de-pesquisa-e-investigacao-da-receita-completa-21-anos-de-inteligencia-fiscal>.

15 NOGUEIRA, I.; VETTORAZZO, L.; CARAZZAI, E. H. Patrimônio de mulher de Cabral multiplicou-se por dez em sua gestão. *Folha de S.Paulo*. 19 nov. 2016. Disponível em: <http://www1.folha.uol.com.br/poder/2016/11/1833580-patrimonio-de-mulher-de-cabral-multiplicou-se-por-dez-em-sua-gestao.shtml>.

16 Os luxos de Cabral e Adriana Ancelmo. *O Globo*. Disponível em: <https://oglobo.globo.com/brasil/os-luxos-de-cabral-adriana-ancelmo-21121179>.

17 UNAFISCO. Repatriação: Unafisco Nacional requer ingresso como *amicus curiae* na ADI 5729. *Unafisco Nacional*. 22 ago. 2017. Disponível em: <http://unafisconacional.org.br/default.aspx?section=8&articleId=6407>.

18 WATTS, J. Guns, political turmoil and hummingbirds in the living room – my farewell to Latin America. *The Guardian*. 9 jul. 2017. Disponível em: <https://www.theguardian.com/world/2017/jul/09/guns-political-turmoil-and-hummingbirds-in-the-living-room-my-farewell-to-latin-america>.

19 Corrupção não diminuiu na Itália, diz juiz da Mãos Limpas. *O Estado de S.Paulo*. 24 out. 2016. Disponível em: <http://politica.estadao.com.br/blogs/fausto-macedo/corrupcao-nao-diminuiu-na-italia-diz-juiz-da-maos-limpas/>.

20 PRESTES, C. Pelo roteiro da Mãos Limpas, Lava Jato enfrenta agora suas maiores ameaças. *Jota*. 10 abr. 2016. Disponível em: <https://www.jota.info/especiais/pelo-roteiro-da-maos-limpas-lava-jato-enfrenta-agora-suas-maiores-ameacas-10042016>.

NOTAS

21 SERAPIÃO, F. Reação à Lava Jato revive 'era Mãos Limpas'. *O Estado de S.Paulo*. 4 dez. 2016. Disponível em: <http://politica.estadao.com.br/blogs/fausto-macedo/reacao-a-lava-jato-revive-era-maos-limpas/>.

22 ALEGRETTI, L. Tribunais de contas querem veto de Temer a lei. *Folha de S.Paulo*. 11 abr. 2018. Disponível em: <https://www1.folha.uol.com.br/poder/2018/04/tribunais-de-contas-querem-veto-de-temer-a-lei.shtml>.

23 BRAGON, R. FERNANDES, T. Pacote contra corrupção está parado no Congresso. *Folha de S.Paulo*. 26 fev. 2018. Disponível em: <https://www1.folha.uol.com.br/poder/2018/02/pacote-contra-corrupcao-esta-parado-no-congresso.shtml>.

24 MARTELLO, A. Renúncia fiscal soma R$ 400 bi em 2017 e supera gastos com saúde e educação. *G1*. 3 set. 2017. Disponível em: <https://g1.globo.com/economia/noticia/renuncia-fiscal-soma-r-400-bi-em-2017-e-supera-gastos-com-saude-e-educacao.ghtml>. LIMA, F. Servidores do fisco defendem alta de impostos sobre a renda. *Folha de S.Paulo*. 25 abr. 2018. Disponível em: <https://www1.folha.uol.com.br/mercado/2018/04/servidores-do-fisco-defendem-alta-de-impostos-sobre-a-renda.shtml>.

25 WIZIACK, J.; CARNEIRO, M. Alvos da PF usam Refis para parcelar R$ 4 bi em autuações por corrupção. *Folha de S.Paulo*. 15 abr. 2018. Disponível em: <https://www1.folha.uol.com.br/mercado/2018/04/alvos-da-pf-usam-refis-para-parcelar-r-4-bi-em-autuacoes-por-corrupcao.shtml>.

26 GRANER, F. Refis eleva gasto com juros e dívida da União, mostra Receita. *Valor Econômico*. 18 abr. 2018. Disponível em: <http://www.valor.com.br/brasil/5462035/refis-eleva-gasto-com-juros-e-divida-da-uniao-mostra-receita>.

27 WARTH, A. et al. Dominadas por indicações políticas, agências têm 11 vagas na prateleira. *O Estado de S.Paulo*. 23 abr. 2018. Disponível em: <http://economia.estadao.com.br/noticias/geral,dominadas-por-indicacoes-politicas-agencias-tem-11-vagas-na-prateleira,70002279777>.

28 SCHMITT, G. Sem equipe própria, Lava Jato paulista demora a decolar. 24 abr. 2018. Disponível em: <https://oglobo.globo.com/brasil/sem-equipes-proprias-lava-jato-paulista-demora-decolar-22618851>.

29 DANTAS, D. Em um ano, delação da Odebrecht só resultou em uma condenação. *O Globo*. 23 abr. 2018. Disponível em: <https://oglobo.globo.com/brasil/em-um-ano-delacao-da-odebrecht-so-resultou-em-uma-condenacao-22618681>.

30 Lula se entrega à PF e é preso para cumprir pena por corrupção e lavagem de dinheiro. *G1*. 7 abr. 2018. Disponível em: <https://g1.globo.com/sp/sao-paulo/noticia/lula-se-entrega-a-pf-para-cumprir-pena-por-corrupcao-e-lavagem-de-dinheiro.ghtml>.

31 BEZERRA, M. Gilmar diz que Lula poderá ter pena reduzida no STF e que seu gabinete virou 'pátio de milagres petistas'. *UOL Notícias*. 24 abr. 2018. Disponível em: <https://noticias.uol.com.br/politica/ultimas-noticias/2018/04/24/gilmar-diz-que-lula-podera-ter-pena-reduzida-no-stf-e-que-seu-gabinete-virou-patio-de-milagres-petistas.htm>.

32 MAIA, G.; AMORIM, F. Aécio vira réu no STF por corrupção passiva e obstrução de Justiça. *UOL Notícias.* 17 abr. 2018. Disponível em: <https://noticias.uol.com.br/politica/ultimas-noticias/2018/04/17/maioria-no-stf-vota-por-tornar-aecio-reu-por-corrupcao-passiva-e--obstrucao-de-justica.htm>.

33 Cai percepção de que corrupção irá diminuir após Lava Jato. *Datafolha.* 17 abr. 2018. Disponível em: <http://datafolha.folha.uol.com.br/opiniaopublica/2018/04/1965202-cai-percepcao-de-que-corrupcao-ira-diminuir-apos-lava-jato.shtml>.

34 COPLE, J. Japonês da Federal vai assumir presidência do PEN no Paraná. *O Globo.* 24 abr. 2018. Disponível em: <https://oglobo.globo.com/brasil/japones-da-federal-vai-assumir-presidencia-do-pen-no-parana-22622285>.

35 JUSTI, A. 'Japonês da Federal' tem pedido de aposentadoria especial concedido. *G1.* 26 fev. 2018. Disponível em: <https://g1.globo.com/pr/parana/noticia/japones-da-federal-tem-pedido-de-aposentadoria-especial-concedido.ghtml>.

APÊNDICES

1 Em quatro anos, Lava Jato já alcançou 14 partidos. *O Globo.* 8 abr. 2018. Disponível em: <https://oglobo.globo.com/brasil/em-quatro-anos-lava-jato-ja-alcancou-14-partidos-22569538>.

Impressão e Acabamento:
LIS GRÁFICA E EDITORA LTDA.